央财精算科技智库丛书

聚焦保险未来之变局，

科学谋划精算学科与科研的布局发展

漫谈保险

陈 辉 ____ 著

中国经济出版社
CHINA ECONOMIC PUBLISHING HOUSE
·北 京·

图书在版编目（CIP）数据

漫谈保险 / 陈辉著 . -- 北京：中国经济出版社，2021.1

ISBN 978-7-5136-6360-1

Ⅰ . ①漫… Ⅱ . ①陈… Ⅲ . ①保险业务 - 研究 Ⅳ . ① F840.4

中国版本图书馆 CIP 数据核字（2020）第 186572 号

责任编辑　张梦初　陈宇慧　戴　瑛
责任印制　巢新强
封面设计　任燕飞

出版发行　中国经济出版社
印 刷 者　北京柏力行彩印有限公司
经 销 者　各地新华书店
开　　本　710mm × 1000mm　1/16
印　　张　15.5
字　　数　203 千字
版　　次　2021 年 1 月第 1 版
印　　次　2021 年 1 月第 1 次
定　　价　65.00 元
广告经营许可证　京西工商广字第 8179 号

中国经济出版社 **网址** www.economyph.com **社址** 北京市东城区安定门外大街 58 号 **邮编** 100011

本版图书如存在印装质量问题，请与本社销售中心联系调换（联系电话：010-57512564）

大道至简，任何一个险种、一款产品，都要用个人的良知良能去感知、去筛选、去践行。保险产品，区区之见，借作漫谈，贡献行业，倘能有毫厘丝忽之效果，亦匹夫有责之大义微忱，岂敢默而无语！

“央财精算科技书系”序言

精算：从更数理走向更技术

自2003年建院以来，中央财经大学中国精算研究院无论是在学术研究还是在学生培养上都取得了卓越的成绩，被教育部列为“人文社会科学重点研究基地”，被教育部、国家外国专家局列为“高等学校学科创新引智计划——保险风险分析与决策学科创新引智基地”，被北美精算师协会（SOA）授予“Centers of Actuarial Excellence”（CAE）认证，取得英国精算师协会和北美精算师协会精算职业考试免考认证等。学校颁布的“中央财经大学一流学科建设高校建设方案”中，更是对精算未来的发展寄予了厚望。

回忆过去，精算学科取得了优异的成绩；面向未来，面向业界，精算将走向何方？这成为精算学科必须思考和解决的问题。只有发展面向未来和业界的精算技术，方能打造具有一流影响力、支持多学科发展的中国精算智库。

2019年，根据中央财经大学建设世界一流大学（学科）方案要求以及“打造具有一流影响力的中国财经高端智库”的宏伟蓝图，中国精算研究院规划了“面向未来和业界应用的精算科技研究与精算智库建设”一流学科建设项目，致力于把精算基础研究和应用研究、学术研究与智库服务紧密地结合起来，构建面向未来和业界应用的精算技术体系，打造具有一流影响力、支持多学科发展的中国精算科技智库——央财精算科技智库。

为推动“面向未来和业界应用的精算科技研究与精算智库建设”项目的落地，中国精算研究院在原中国精算研究院大数据中心、金融科技中心的基础上成立了中国精算科技实验室（CIAS Lab）①，为“央财精算科技智库”搭建了研究平台和服务平台。

为推动“央财精算科技智库”建设，中国精算科技实验室面向业界，坚持问题导向和需求导向，聚焦保险业未来之变局，科学谋划精算学科与科研的布局及发展，把精算基础研究和应用研究、学术研究与智库服务紧密地结合起来，构建了面向未来和业界应用的“央财精算科技书系”②。

“央财精算科技书系”，将全面展示中央财经大学精算学科的特色，充分发挥中央财经大学精算学科的优势，努力走出一条具有鲜明学科特色的精算、保险智库建设之路，成为国内国际具有一流影响力的精算、保险思想库和智囊库。

中国精算科技实验室

2020年3月

① 中国精算科技实验室，是中央财经大学中国精算研究院下设研究机构，是在原中国精算研究院大数据中心、金融科技中心的基础上发展成立的，是基于中央财经大学一流学科建设项目“面向未来和业界应用的精算科技研究与精算智库建设”搭建的研究平台和服务平台。

② “央财精算科技书系”编审委员会秘书处设在中央财经大学中国精算研究院（地点：中央财经大学沙河校区，邮箱：fintech@yangcai.org），由中国精算研究院联合央财国际研究院等团队策划统筹编辑，由教育部人文社会科学重点研究基地重大课题（编号：16JJD790060）、高等学校学科创新引智计划（111 计划 B17050）、中央财经大学“双一流”建设项目中央财经大学“科研创新团队支持计划”等资助。

前言

精算作为一个历史悠久的学科，在当今时代受到了大数据、人工智能、区块链等科技的影响。我们可以肯定这些新技术和新业态未来将有所改变，甚至颠覆传统精算。

最近几年，人工智能、大数据等技术已经引起精算行业的高度重视。中国精算师协会、英国精算师协会、北美精算师协会等都成立了专门的跨领域研究工作组，致力于前沿技术的研究，并与传统精算模型和技术相结合，探索精算师如何将这些技术运用于日常工作，并为保险业务带来更大价值。

毋庸置疑，精算是现代保险制度的数理基础，“数理”是精算的当然属性。但随着科技的进步，精算被赋予越来越多的科技内涵，其属性也在渐变。我们已经能够明显地感觉到，科技在精算中的作用和地位变得更加重要和突出。

因此，精算将从一个更数理的平台走向一个更技术的平台。这是一种必然的趋势，也是一个不争的事实。值得我们思考的是，这种变化带来的不仅是提升效率，也不仅是提供可能，它的背后还有一些更深层次的东西，即精算存在的基础和方式。

面向未来，面向业界，精算将走向何方？这成为精算学科必须思考和解决的问题。只有发展面向未来和业界的精算技术，才能引领全球精算变革方向。为此，我们需要重新审视未来的精算，重新定义未来的精算，并借此构建全新精算学科体系。

我们的一个基本判断是：精算的未来将属于科技，科技将成为构建精算未来的核心力量。所以，我们要思考“融合金融科技的精算与风险量化”的发展思路；规划“精算：从更数理走向更技术”的发展路径；设计“面向未来和业界应用的精算技术”的发展研究；提出“构建全新精算支撑体系，引领全球精算变革”的发展方向；确立“打造具有一流影响力、支持多学科发展的中国精算学科体系”的发展目标。

精算科技能产生蝴蝶效应，加速许多事情的进程。关于精算科技的影响，我们总是看到各种各样的碎片化信息和思考，但很少有人能将精算科技与其对保险、精算等的影响结合在一起进行研究。为此，我们希望通过“央财精算科技书系”，重新思考未来的精算，重新定义未来的精算，借此构建全新精算支撑体系，引领全球精算变革方向。

“央财精算科技书系”初步规划了《数说保险》《漫谈保险》《闲叙保险》《保险思辨》《保险属性与空间》《保险与疫情》《保险力量》等；本书基于笔者在公众号“小城不小”连载内容整理而成。漫谈保险，细品产品。大道至简，任何一个险种、一款产品都要用个人的良知良能去感知、去筛选、去践行。保险产品，区区之见，借作漫谈，贡献行业，倘能有毫厘丝忽之效果，亦匹夫有责之大义微忱，岂敢默而无语！

本书由陈辉撰写，感谢央财国际研究院提供的数据支持，关于本书内容可以通过笔者公众号“小城不小”进行讨论。

笔者在撰写过程中，参考了国际国内的相关著作、论文、报告和案例，中央财经大学中国精算研究院的多位专家学者提出了许多有益的修改意见，在此一并表示感谢。由于时间紧迫和笔者水平有限，书中疏漏、错误之处在所难免，敬请读者批评指正。

最后，再次重申一点，本书观点难免偏颇，但笔者只想通过数据说明问题，且仅代表个人观点，欢迎讨论。

中央财经大学中国精算研究院　陈辉

2020 年 4 月于北京

目录

第一篇　保险产品

第一章　财产保险公司产品概述　//　3
财产保险概念和特征　//　3
财产保险产品的分类　//　7

第二章　人身保险公司产品概述　//　15
人身保险概念和特征　//　15
人身保险产品的分类　//　20

第二篇　产险产品

第三章　漫谈产品（一）　//　37
企财险，经济发展的晴雨表　//　37
工程险，不温不火很多年　//　43
责任险，期待下一个十年　//　49

第四章 漫谈产品（二） // 56
家财险，扶不起的阿斗 // 56
车险，靠什么打天下 // 62
农险，靠天吃饭 // 69

第五章 漫谈产品（三） // 78
信用险，曾经的贵族 // 78
保证险，金融乱象的替罪羊 // 85
其他险，包罗万象 // 93

第六章 漫谈产品（四） // 102
船舶险，从中国的“泰坦尼克号”说起 // 102
货运险，错不在你 // 110
特殊险，国之重险 // 119

第七章 漫谈产品（五） // 127
产险健康险，不要忘记短期 // 127
产险意外险，虚假繁荣不再 // 135
产险布局14×88棋盘，如何落子 // 144

第三篇 寿险产品

第八章 漫谈产品（六） // 153
寿险，寿险公司的主战场 // 153
健康险，寿险公司的新战场 // 160

意外险，寿险公司的后战场 // 168

第九章　漫谈产品（七） // 175
普通型寿险，存在即合理？ // 175
分红型寿险，谜一样的存在 // 183
万能型寿险，躲过一劫 // 191
投资连结型寿险，从两次风波说起 // 201

第十章　漫谈产品（八） // 211
年金保险，所谓的养老保险 // 211
寿险布局7×91棋盘，如何落子 // 222

参考文献 // 232

第一篇

保险产品

财产保险公司产品概述

人身保险公司产品概述

第一章 财产保险公司产品概述

财产保险概念和特征

一、财产保险概念

国学大师胡适先生谈起保险时曾说过：“保险的意义，只是今天作明天的准备；生时作死时的准备；父母作儿女的准备；儿女幼时作儿女长大的准备；如此而已。今天预备明天，这是真稳健；生时预备死时，这是真旷达；父母预备儿女，这是真慈爱。能做到这三步的人，才能算作是现代人。”保险已经成为我们生活的一部分，需要我们深入了解。

通常而言，产品是指经营者向市场提供的能令人留意、获取、使用或消费的，能满足人们的某种欲望和需要的一切商品。可见，产品是能够给最终用户带来有形和无形好处的复合品。它既包含有形的物品，也包含无形的服务，其目的在于满足最终用户的需求和愿望。

虽然保险服务本身是无形的，但提供的大多数服务不可能不使用有形的商品。在提供服务过程中所使用的商品可能具有支撑或提供方便的作用。作支撑用的商品是服务者在提供服务时使用的，它们是有形的，而提供方便的商品则是购买者在接受服务过程中所使用的，它们也是有形的。也就是说，保险机构虽然提供的是无形的服务，但往往要通过有形的商品作为中介或媒体。因此，广义上的保险产品，不仅包括保险机构提供的各种服务，也包括保险机构提供服务所需的中介，以及保险机构提供服务的渠道，甚至包括为提供服务而开发的各种保险工具等。

综上，保险产品是保险机构为市场提供的有形产品和无形服务的综合体。保险产品在狭义上是指由保险机构创造、可供客户选择并在保险市场进行交易的金融工具；在广义上是指保险机构向市场提供并可由客户取得、利用或消费的一切产品和服务，都属于保险产品服务的范畴。

保险产品，按照保险机构的分类，可以分为财产保险公司产品、人身保险公司产品和再保险公司产品等，本书第二篇和第三篇将分别探讨产险产品（产险指财产保险公司）和寿险产品（寿险指人身保险公司）。

财产保险是以财产及其有关利益为保险标的的一种保险，或者以物质财产及有关利益、责任和信用为保险标的的保险。

二、财产保险特征

财产保险特征主要包括财产风险的特殊性、保险标的的特殊性、保险利益的特殊性、保险金额的特殊性、保险期限的特殊性、保险合同的特殊性。

（一）财产风险的特殊性

财产保险所要处理的风险是多种多样的。各种自然灾害、意外事故、法律责任以及信用行为均可作为财产保险承保的风险和保险责任。在财产保险中，由于保险标的的复杂性和多样性，风险事故的发生也表现出不同的形态，既包括暴风、暴雨、泥石流、滑坡、洪水等自然灾害，也包括火灾、爆炸、碰撞、盗窃、违约等意外事故。风险事故所造成的损失，既包括直接的物质损失、赔偿责任，也包括间接的费用损失、利润损失等。

（二）保险标的的特殊性

广义的财产保险是以财产及其有关的经济利益和损害赔偿责任为保险标的的。按标的具体存在的形态通常可划分为有形财产、无形财产或有关利益。有形财产是指厂房、机器设备、机动车辆、船舶、货物、家用电器等；无形财产或有关利益是指各种费用、产权、预期利润、信用、责任等。狭义财产保险的标的仅指有形财产中的一部分普通财产（如企业财产保险的保险标的、家庭财产保险的保险标的、机动车辆保险的保险标的等）。财产保险的保险标的必须是可以用货币衡量价值的财产或利益，而无法用货币衡量价值的财产或利益不能作为财产保险的保险标的，如空气、江河、国有土地等。

（三）保险利益的特殊性

在财产保险中，财产损失保险是最基本的一类业务。就财产损失保险而言，与人身保险相比，其保险利益的特殊性体现在以下三个方面：

（1）就保险利益的产生而言。财产保险的保险利益产生于人与物之间的关系，即投保人与保险标的之间的关系；人身保险的保险利益则产生于人与人之间的关系。

（2）就保险利益的量的限定而言。在财产保险中，保险利益有量的规定性，不仅要考虑投保人对标的有没有保险利益，还要考虑保险利益的额度大小。投保人对保险标的的保险利益仅限于保险标的的实际价值，因此保险金额须以财产的实际价值为限，保险金额超过财产的实际价值部分将因投保人无保险利益而无效。人身保险的保险利益，除债权人与债务人之间的保险利益外，一般没有量的限定。

（3）就保险利益的时效而言。在一般情况下，财产保险的保险利益要求在保险合同订立时到损失发生时的全过程中都存在。在财产保险中，保险利益不仅是订立保险合同的前提条件，而且也是维持保险合同效力、保险人支付赔款的条件。一旦投保人对保险标的丧失保险利益，即使发生保险事故，保险人也不负赔偿责任。人身保险的保险利益仅要求在保险合同订立之时存在即可，在发生保险事故时，投保人对保险标的（被保险人）丧失保险利益，并不影响保险合同的效力。

（四）保险金额的特殊性

财产保险的保险金额确定一般参照保险标的的实际价值，或者根据投保人的实际需要参照最大可能损失、最大可预期损失确定其所购买的财产保险的保险金额。确定保险金额的依据即为保险价值。保险人和投保人在保险价值限度以内，按照投保人对该保险标的存在的保险利益程度来确定保险金额，作为保险人承担赔偿责任的最高限额。由于各种财产都可依据客观存在的质量和数量来计算或估计其实际价值的大小，因此，在理论上，财产保险的保险金额的确定具有客观依据。

（五）保险期限的特殊性

大部分财产保险的保险期限较短。通常，普通财产保险的保险期限为1年或者1年以内，并且保险期限就是保险人实际承担保险责任的期限。不过也有一些特殊的情况。如在工程保险中，尽管在保单上也有列明的保险期限，但保险人实际承担保险责任的起止点往往要根据工程的具体情况确定，即受到承保风险的区间限制。一般根据工程的具体情况，保险责任的起止点可以向前追溯至运输期和制造期，向后延至试车期、保证期和潜在缺陷保证期。即工程保险的保险期限实际上包括了制造期、运输期、主工期、试车期、保证期和潜在缺陷保证期。在货物运输保险和船舶保险中，保险期限实际是一个空间范围。例如，我国海上运输货物保险的保险期限确定依据是“仓至仓条款”，即保险人对被保险货物所承担责任的空间范围是从货物运离保险单所载明起运港发货人的仓库时开始，一直到货物运抵保险单所载明的目的港收货人的仓库时为止；在远洋船舶航程保险中，保险期限以保单上载明的航程为准，即自起运港到目的港为保险责任的起讫期限。

（六）保险合同的特殊性

不同于人身保险合同，由于财产保险合同属于损失补偿合同，保险人只有在合同约定的保险事故发生并造成被保险人的财产损失时才承担经济补偿责任，而且补偿的额度以被保险人在经济利益上恢复到损失以前的状况为限，绝不允许被保险人获得额外利益。因此，在财产保险合同中，尽管可能出现超额保险、不足额保险，也可能出现重复保险的现象，但是保险人在赔付过程中都会按照损失补偿原则进行处理。例如，对重复保险进行损失分摊；对不足额保险实行比例赔付；对由于第三者的行为导致被保险人遭受保险责任范围内的损失时，保险人先行赔偿，再依法行使代位求偿权。

财产保险产品的分类

一、按个人客户划分

（一）交通出行

（1）风险提示：汽车已成为现代生活不可或缺的一部分，极大地方便了人们的生活。工作、商务、应酬、旅游，都离不开汽车这个亲密伙伴，节假日驾车出游也日益成为现代人享受生活的一种新方式，驾驶着自己的爱车尽情地放松身心、享受生活，非常惬意。但是汽车可能产生针对第三方的法律责任，另外交通出行也需要安全等方面的保障。

（2）解决之道：财产保险公司经营的汽车保险可以有效避免或降低交通事故引发的损失；另外，除解决第三者责任损失以外，还可以通过意外伤害保险产品保障自己及家人的意外伤害风险。

（3）产品推荐：机动车第三者责任险、机动车车身损失保险、意外伤害保险等。

（二）家庭置业

（1）风险提示：安居乐业是每个人最朴实的愿望，无论是已经成家立业还是刚刚踏上工作岗位，每一个人都希望能有一个属于自己的港湾，这就要求我们关注家庭财产的风险。

（2）解决之道：财产保险公司经营的家庭财产保险、个人贷款抵押房屋综合保险、借款人意外伤害保险等，可以为我们提供一把遮风挡雨的保护伞。

（3）产品推荐：家庭财产保险、个人贷款抵押房屋综合保险等。

（三）居家生活

（1）风险提示：安全和健康是幸福的基础，同时风险也无处不在，需要通过保险解决我们的后顾之忧。

（2）解决之道：财产保险公司经营的意外伤害保险、健康保险、居家责任险、个人第三者责任险、宠物饲养责任险、监护人责任险等，可以为我们的居家生活提供放心的保障。

（3）产品推荐：意外伤害保险、健康保险、个人及居家责任险等。

二、按企业客户划分

（一）普通财产

（1）风险提示：财产、机器、计算机、现金的安全等都是需要企业决策人缜密思考的问题，防灾防损防意外，以少量固定的支出稳定公司财务，防患于未然，是现代企业家的战略选择。

（2）解决之道：财产保险公司一直高度重视企业的财产安全，为企业的普通财产和经营提供全方位的保障。财产险等可以为企业经营提前做好防御计划，减少未来的麻烦和经济损失，有效化解不可预料的意外风险。为企业未雨绸缪，让企业在目前竞争激烈的商界，没有后顾之忧地快速发展。

（3）产品推荐：普通财产保险、机器损坏保险、利润损失保险、计算机保险、现金保险等。

（二）运输工具

（1）风险提示：每年因为交通事故造成的人身伤亡和财产损失触目惊心，机动车辆安全与人们的日常生活密切相关。突如其来的意外事故，或造成巨大损失，或背负赔偿责任，增添不必要的麻烦。如何排除这些琐碎的干扰，让企业毫无顾虑地发展？

（2）解决之道：财产保险公司为企业提供机动车辆保险，企业有了它，可避免未来可能的巨额财产支出，使企业没有后顾之忧。

（3）产品推荐：机动车车身损失保险、机动车第三者责任险等。

（三）工程建设

（1）风险提示：企业在建筑工程、安装工程中不可避免地会存在一些风险隐患。潜在的风险有可能导致建筑项目延迟完工，使利润面临巨大损失，如何提高保障、分散风险是企业面对的当务之急。

（2）解决之道：工程保险已经发展成为财产保险领域中的一个主要的险种，发挥着巨大的风险保障作用，建筑工程保险、安装工程保险，可以化解工程建设和安装过程中的危险因素所致的损失。

（3）产品推荐：建筑工程保险、安装工程保险等。

（四）货物运输

（1）风险提示：物流货运的特殊性使其可能会遭遇到自然灾害、意外事故等各种风险，有效规避风险是保证货物运输正常完成的重要途径。一旦遭遇风险，怎样才能使损失最小化？

（2）解决之道：财产保险公司经营货运险，使企业无论采用水运还是陆运、空运，都可以保障货物的安全，避免因自然灾害、意外事故等遭受财产损失。

（3）产品推荐：海洋货物运输保险、国内货物运输保险、物流货物保险、船舶保险等。

（五）法律责任

（1）风险提示：法制是社会进步和文明的标志，快节奏、纷繁的现代生活与法律息息相关。某些产品可能会产生社会不良影响，造成他人损害的意外事故可能会使公司信用、形象受损，雇用的员工在工作过程中会面临一些职业风险，该怎样解决这些困扰？

（2）解决之道：财产保险公司充分考虑到企业可能面临的产品生产风险、服务风险和职业责任风险等，会提供完备的责任保障，减轻企业的后顾之忧。

（3）产品推荐：产品责任保险、公众责任保险、雇主责任保险、职业责任保险等。

（六）信用保证

（1）风险提示：随着我国经济社会的发展以及国际化进程的加快，特别是在全球经济下行的当下，加快社会信用体系建设和加强信用管理，已成为我国社会经济发展中十分重要而紧迫的课题。

（2）解决之道：财产保险公司充分考虑到企业可能面临的财务信用风险、商业信用风险、预付款信用风险、保证信用风险、诚实信用风险等，设计开发了一系列产品，以减轻企业的后顾之忧。

（3）产品推荐：信用保险、雇员忠诚保证保险、履约保证保险等。

（七）员工保障

（1）风险提示：人才日益成为企业核心竞争力。各企业都在为自己的员工设计个性化的风险保障方案，以保生产生活的顺利进行。

（2）解决之道：财产保险公司为企业提供意外和健康保险，能有效保障企业员工生产生活，减少企业未来的巨大经济支出。

（3）产品推荐：意外伤害保险、短期健康保险等。

（八）特殊风险

（1）风险提示：航班的频繁起降、卫星的探索苍穹、钻井平台的开采能源等，这些都是特殊行业，特殊的行业自然需要特殊的避险策略。

（2）解决之道：特殊风险具有“三高”的特点，即高保额、高技术、高风险。特殊风险一般承保的标的价值巨大，风险高度集中，识别和控制风险的技术要求高、难度大，而一旦发生事故损失巨大，影响范围广。保险公司主要为航空航天、核电站和石油开发等领域提供特殊风险保障。

（3）产品推荐：航空保险、航天保险、石油保险等。

三、按保险责任划分

为了改善和加强对财产保险公司保险条款和保险费率的监督管理，保护投保人、被保险人和受益人的合法权益，维护保险市场竞争秩序，鼓励财产保险公司创新，根据《中华人民共和国保险法》，2010年原中国保监会（原中国保险监督管理委员会已与原中国银行业监督管理委员会合并，合并后为中国银行保险监督管理委员会，以下简称“中国银保监会”或“银保监会”；“原中国保险监督管理委员会”以下简称“原中国保监会”或“原保监会”；“原中国银行业监督管理委员会”以下简称“原中国银监会”或“原银监会”）颁布了《财产保险公司保险条款和保险费率管理办法》（原中国保监会令2010年第3号）。

《财产保险公司保险条款和保险费率管理办法》按照保险责任及保险产品监管的需要，把财产保险公司经营险种细分为14大类和18细类（见表1–1）。

表 1-1　财产保险公司经营险种分类

序号	险种名称		险种简称
1	机动车辆保险	非强制保险	商车险
2		法定强制保险	交强险
3	企业财产保险		企财险
4	家庭财产保险	普通家财险	家财险
5		投资型家财险	投家财
6	工程保险		工程险
7	责任保险		责任险
8	信用保险		信用险
9	保证保险		保证险
10	船舶保险		船舶险
11	货物运输保险		货运险
12	特殊风险保险		特殊险
13	农业保险		农险
14	短期健康保险	普通健康险	健康险
15		投资型健康险	投健康
16	意外伤害保险	普通意外险	意外险
17		投资型意外险	投意外
18	其他		其他险

根据表1-1中的险种分类，表1-2给出了2015—2019年财产保险公司分险种的保费收入数据，表1-3给出了2015—2019年财产保险公司分险种的赔付支出数据。

表 1-2　财产保险公司分险种保费收入数据（2015—2019 年）

项目	2019 年保费收入 / 亿元	保费增长率 /%					
		2019 年	2018 年	2017 年	2016 年	2015 年	5 年年化
保费收入合计	13016	11	12	14	10	12	12
1. 企业财产保险	464	10	8	3	–1	0	4
2. 家庭财产保险	91	19	22	21	25	24	22

续表

项目	2019 年保费收入 / 亿元	保费增长率 /%					
		2019 年	2018 年	2017 年	2016 年	2015 年	5 年年化
其中：投资型家财险	0	–12	4	–91	–10	257	–24
3. 机动车辆保险	8188	5	4	10	10	12	8
其中：交强险	2188	8	9	10	8	11	9
4. 工程保险	118	–2	10	18	13	2	8
5. 责任保险	753	28	31	25	20	19	24
6. 信用保险	200	–18	13	7	4	–4	0
7. 保证保险	844	31	70	106	–12	4	33
其中：机动车辆消费贷款保证保险	4	277	–37	–27	3	221	42
其中：个人贷款抵押房屋保证保险	1	21	–49	–5	–21	–28	–20
8. 船舶保险	56	5	10	–6	–7	0	0
9. 货物运输保险	130	7	21	17	–3	–8	6
10. 特殊风险保险	69	16	18	25	–5	1	11
11. 农业保险	672	17	20	15	11	15	16
12. 健康险	840	48	44	34	29	35	38
其中：投资型健康险	0	—	—	—	—	—	—
13. 意外伤害保险	527	26	33	26	24	16	25
其中：投资型意外险	0	–85	2	–73	46	386	–21
14. 其他险	64	107	20	22	–5	74	38

表 1–3　财产保险公司分险种赔付支出数据（2015—2019 年）

项目	2019 年保费收入 / 亿元	简单赔付率 /%					
		2019 年	2018 年	2017 年	2016 年	2015 年	5 年平均
赔款支出合计	7279	56	55	52	54	53	54
1. 企业财产保险	237	51	57	58	70	56	58
2. 家庭财产保险	37	40	45	40	45	40	42
其中：投资型家财险	0	51	90	115	14	10	20

续表

项目	2019年保费收入/亿元	简单赔付率/%					
		2019年	2018年	2017年	2016年	2015年	5年平均
3. 机动车辆保险	4613	56	56	52	53	54	55
其中：交强险	1342	61	63	65	65	63	63
4. 工程保险	68	57	45	43	49	44	48
5. 责任保险	342	45	45	45	46	43	45
6. 信用保险	113	57	53	44	46	23	45
7. 保证保险	377	45	36	21	34	31	36
其中：机动车辆消费贷款保证保险	5	119	335	145	82	49	122
其中：个人贷款抵押房屋保证保险	0	22	47	17	8	12	18
8. 船舶保险	35	63	72	73	72	61	68
9. 货物运输保险	70	54	56	62	65	52	57
10. 特殊风险保险	39	57	34	58	43	45	48
11. 农业保险	528	78	69	70	72	63	71
12. 健康险	623	74	76	78	80	82	77
其中：投资型健康险	0	—	—	—	—	—	—
13. 意外伤害保险	154	29	30	32	33	33	31
其中：投资型意外险	6	6572	879	761	146	174	439
14. 其他险	43	67	50	65	70	68	64

第二章
人身保险公司产品概述

人身保险概念和特征

一、人身保险的概念

人身保险是以人的寿命和身体为保险标的的保险。其基本内容是：投保人与保险人通过订立保险合同确立双方的权利和义务，投保人向保险人支付保险费，在保险期限内，当被保险人发生死亡、残疾、疾病、年老等保险事故或生存到保险合同约定的年龄或期限时，由保险人向被保险人或受益人给付保险金。

从人身保险的上述概念中可以看出：

（1）人身保险的保险标的是人的寿命和身体。人的寿命，是一个抽象概念，当其作为保险保障的对象时，是以生存和死亡两种状态存在。生存保险和死亡保险就是以人的寿命作为保险标的的保险。人的身体作为保险保障的对象时，是以人的健康、生理机能、劳动能力等状态存在。人身意外伤害保险和健康保险就是以人的身体作为保险标的的保险。

（2）人身保险的权利义务关系所指向的是人的寿命和身体。人的寿命和身体是无价的，无法以货币加以度量，因此，除费用补偿型医疗保险等个别险种外，人身保险的保险金额没有确定的标准，而是由保险双方当事人在保险合同订立时按照投保方合理的需求协商确定的。也正是这个原因，人身保险一般不存在重复保险、超额赔付以及代位求偿等问题。

（3）人身保险的保险责任包括生、老、病、死、伤、残等各个方面，即人们在日常生活中可能遭受的意外伤害、疾病、衰老、死亡等各种不幸事故。人身保险的给付条件是当被保险人遭受保险责任范围内的保险事故，由保险人依据保险合同向被保险人或其受益人给付保险金。

（4）从风险范围看，人身保险所承保的责任涵盖了人生中与人的身体和寿命相关的各种风险，大到人的生死存亡，小到人的疾病伤害。事实上，人的死亡概率、疾病率、伤残率等都是可以测度的，可以通过大量的观察发现其规律性，这就是人身保险经营中至关重要的大数法则。人身保险公司也正是科学地运用这一原理设计出各种各样的人身保险产品，满足不同人群的保险保障需要。

二、人身保险的特征

人身保险的保险标的是人的寿命和身体，与其他任何保险标的有本质的不同，既不是物质财富，也不是与物质财富有联系的信用、保证形式，所以，人身保险有着区别于其他任何保险的特征。

人身保险的特征可以从人身保险事故、人身保险产品和人身保险业务等方面来论述。

（一）人身保险事故的特征

在人身保险中，人的生存、死亡、意外伤害、疾病等作为人身保险的保险事故，从表面上看，是偶然发生的，其发生的原因和后果事先都无法预知；但是从整体来看，这些现象也呈现一定的规律性，带有某种必然性。其中，死亡事故的概率与被保险人的年龄密切相关。

第一，人身保险的保险事故的发生通常具有必然性。生老病死是客观存在的，一般来说，对每个人都是必然发生的，只是发生的时间具有不确定性。以人的寿命为标的，以生存或者死亡为保险事故的人身保险，保险事故的发生具有必然性。“人有旦夕祸福”是人们遭遇意外伤害事故的真实写照。“吃五谷，生百病”则反映了人们对疾病的认识。

第二，人身保险的保险事故的发生具有分散性。人身保险的保险事故的发生比较分散，一般不会出现大量标的同时发生保险事故的情况，通常按照人的寿命规律等自然规律发生，因此，在同一时间段，人身保险的保险事故往往分散于不同的家庭及地区。只有意外的大型灾害的出现，如火山爆发、特大洪灾等，才可能导致大量保险标的同时遭受损失。

第三，人身保险中死亡事故的发生概率随被保险人年龄的增长而增加，但具有相对稳定性。在人身保险中，特别是死亡保险，保险事故的发生与被保险人年龄的大小紧密相关。总体而言，根据人的寿命规律，被保险人的年龄越大，死亡的概率越大，因此，死亡事故的发生概率是随被保险人年龄的增长而增加的。但是，较其他非寿险风险事故发生概率的波动而言，短期内整体死亡率波动不会太大，具有相对的稳定性。

（二）人身保险产品的特征

人身保险产品的特征与人身保险保险标的的特殊性有关。具体来说反映在保险产品的需求、保险金额的确定、保险金的给付、保险利益的确定、保险期限的长短以及寿险保单的储蓄性等方面。

第一，人身保险产品的需求面广，需求弹性较大。一方面，无论人的年龄大小、性别、财富状况如何，都会面临生、老、病、死等问题，因此，与人的切身利益关系密切的人身保险产品有广泛的市场需求。另一方面，人身保险产品具有较大的需求弹性。影响其需求的因素很多，包括经济状况、保险观念、对人身保险产品及对保险公司的了解等，都极大地影响着人身保险的需求。另外，与保险相关的替代服务，甚至人们对银行储蓄、现金的依赖，对证券投资的期望以及受养儿防老思想的影响，都会影响人们对人身保险产品的需求。

第二，人身保险的保险金额是依据多种因素来确定的。在人身保险中，人的寿命和身体是保险标的，其价值难以衡量。因此，在人身保险中，保险金额不是以保险标的的价值来确定的，而是依据被保险人对保险的需求程度和投保人的缴费能力，以及保险公司的风险选择来确定的。另外，在一些保险产品中还存在没有确定的最高给付限额，而只规定保险公司在一定时期内定期给付保险金的情况。如有的养老保险，受益人在约定的领取期开始后一直领取养老保险金直到被保险人死亡，其领取期限是不确定的。

第三，人身保险的保险金给付属于约定给付。作为定额保险的人身保险，当发生保险事故时，保险公司按照合同约定的保险金额承担保险金给付责任，而不能有所增减。另外，人身保险的给付通常不实行比例分摊原则，不实行代位追偿原则，也表明人身保险的保险金给付为约定给付。

第四，人身保险的保险利益决定于投保人与被保险人之间的关系。人身保险的保险利益是以人与人的关系来确定，而不是以人与物或责任的关系来确定。具体来讲，投保人对自己的寿命或身体具有保险利益，投保人对有亲属关系或劳动关系的人一般具有保险利益，投保人对与其有经济利益关系且同意作为被保险人的人具有保险利益。

第五，人身保险的保险期限具有长期性的特征。人身保险的保险期限大都是长期性的，特别是人寿保险，保险的有效期限往往可以持续几年甚至几十年；而且，人身保险的缴费期和领取期也可能长达几十年。该期限与保险险种、被保险人的年龄、投保人的选择有关，视具体情况而定。

第六，人寿保险保单通常具有一定的储蓄性。人寿保险在为被保险人提供风险保障的同时，兼有储蓄的特点。这主要是由于人寿保险缴费期限比较长，且一般都是均衡缴纳保费，投保人前期缴纳的保费中只有一部分用于风险保障，剩余部分以一定利率进行积累，从而具有一定的储蓄性质。对于终身寿险和两全保险来说，储蓄性通常比较强，储蓄保费的投资收益使投保人不仅用以获得保障，还可以享受到投资所带来的收益。由于保单具有的储蓄性，投保人可以用保单作抵押贷款，在中途退保时可以得到退保金。

（三）人身保险业务的特征

人身保险的保险事故和保险产品的特征，对人身保险的业务经营产生的影响，使其与财产保险明显不同。主要表现在保费的收取、准备金的提取、资金运用、保单的调整和连续性管理等方面。

第一，人身保险通常按年度均衡费率计收保险费。这是由于人身保险期限的长期性和死亡率变动等因素决定的。因为人身保险业务一般都是长期性业务，而人身保险的死亡事故发生概率往往随被保险人的年龄的增大而增加。如果保险费按照被保险人当年的死亡概率计算，则易出现年老的投保人的保险负担过重而放弃续保的情况，不能有效满足客户需求。因此，对于长期的人身保险，通常采用年度均衡费率来计收保险费。年度均衡费率计收保险费的具体做法是：保险人每年向投保人收取相同的保险费，保险费率在整个保险缴费期间保持不变。显然，在投保人缴费的早期，均衡费率高于自然费率；而在缴费后期，均衡费率低于自然费率。保险人通过用投保人早期多缴纳的保险费来弥补后期的保费不足，均衡投保人的经济负担，保证被保险人在晚年也能得到保险保障。

第二，经营人身保险的保险公司需要对每张人身保险单计提责任准备金。人身保险以投保人缴纳保费为保险人履行保险责任的前提，投保人缴纳的保费相当于是保险公司对被保险人的负债。为了履行将来的保险责任，保险人必须计提责任准备金。在人身保险中，由于每张保单的具体情况不同，每年保险金给付责任准备不同，因此保险人通常需要每年对每张保单的责任准备金进行精算评估。

第三，人身保险公司通常有较多资金用于投资。在人身保险经营过程中，保险公司通常以年度均衡费率收取保险费。这就意味着在每笔业务的缴费期，保险公司都可以获得稳定的保险费，而在保险前期多收的保费，通常需要经过一定时间才被用于保险支付。因此，保险人可以将此笔资金用于投资。

第四，人身保险经营管理具有连续性。人身保险业务的长期性特征，要求人身保险经营管理具有连续性。在比较长的保险期间内，被保险人可能会发生各种变化，可能会有要求减保或加保的情况，以及迁移或退保的情形。这些情况的变化，要求保险公司必须有严格的经营管理制度，对被保险人的变化进行及时记录，以便准确核算，并随时查阅。

人身保险产品的分类

一、按保险责任划分

随着保险业的不断创新与发展，人身保险产品呈现体系内部融合、行业之间渗透的趋势。根据这种发展趋势，结合目前的实际情况，建立科学的人身保险产品分类体系应遵循“细化单元，以线为主，线面结合”的基本思路，构建多维度、多层次、多视角的立体式人身保险产品分类体系。

具体做法是：尽可能地细化小产品的基本单元，使其要素化、元件化和标准化，确保基本单元的单一性和稳定性，在此基础上，以线分类法为主要维度，同时结合面分类法，形成一种互补与结合的模式。线分类法，亦称为层级分类法。该分类法将保险产品按选定的若干属性或特征，逐次地分成若干个层级的类目，并排成有层次的、逐级展开的分类体系。同位类目之间存在着并列关系，下位类目与上位类目之间存在着从属关系。面分类法是指将保险产品的若干个属性视为若干个“面”，每面又可分为独立的若干个类目，将这些类目加以组合，形成一个复合类目。

在人身保险产品的分类中，按照不同的目的，可以构建不同的保险产品分类标准，按照不同的分类标准具有不同的分类体系。根据上述思路，人身保险产品通常可以按照以下几种维度进行分类：

（1）保险责任。按照产品的保险责任进行分类，如人寿保险、健康保险、意外伤害保险等。

（2）设计类型。按照产品的设计类型进行分类，如普通型保险、分红型保险、万能型保险、投资连结型保险等。

（3）投保方式。为了营销和拓展市场的便利，按照目标市场特征对其进行产品分类，将保险产品分为个人保险产品和团体保险产品。

（4）产品功能。从保险产品功能角度出发，分为风险保障型产品和长期储蓄型产品。

原中国保监会发布的《人身保险产品定名暂行办法》（保监发〔2000〕42号）和中国银保监会发布新修订的《健康保险管理办法》，按照保险责任对人身保险产品作了分类，如图2–1所示。

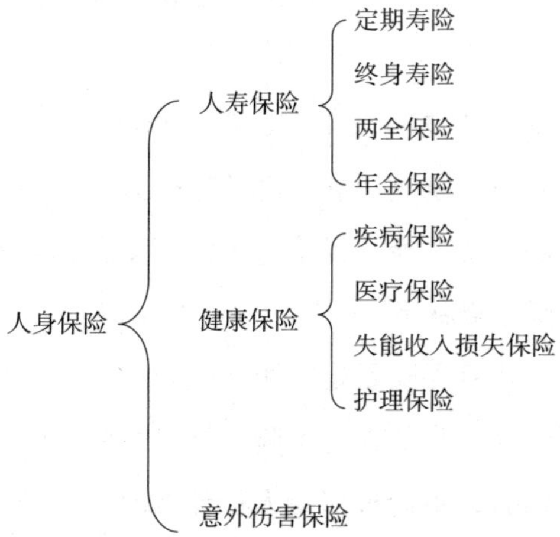

图 2–1　人身保险产品按保险责任分类

（一）人寿保险

人寿保险是主要以人的寿命为保障对象的人身保险。人寿保险通常以被保险人在保险期间内生存或身故为给付保险金的条件。有的人寿保险产品还包括保险合同约定的全残责任。

人寿保险按照保险责任分为定期寿险、终身寿险、两全保险和年金保险。

（1）定期寿险。定期寿险是指按照保险合同约定，以死亡为给付保险金条件，且保险期间为固定年限的人寿保险。

定期寿险提供一个固定期间的保障，如10年、20年或到被保险人达到某个年龄为止。在保险期间内，如果被保险人不幸身故，保险公司给付保险金；保险期间结束时，如果被保险人仍然生存，保险公司不给付保险金，也不退还保险费，保险合同终止。

一般来说，定期寿险费率比其他寿险产品低，可以用较少的钱获得较高的身故保障；定期寿险的保险期间可灵活选择，能够满足消费者特定时期的保障需求。

由于定期寿险只提供固定期限的保障，消费者在保险期满后再购买定期寿险可能会因年龄、健康状况等情况的变化而面临保险公司拒保或提高费率等问题。

定期寿险比较适合收支节余不多，但要承担较重家庭责任的消费者，例如事业处于起步阶段、刚刚建立家庭的年轻人，若不幸身故，其家庭可能会失去主要的经济来源，身故保险金可以用于分担家庭生活开支、赡养父母、抚养子女或偿还贷款等。

（2）终身寿险。终身寿险是指按照保险合同约定，以死亡为给付保险金条件，且保险期间为终身的人寿保险。终身寿险能够为被保险人提供终身的保险保障。投保后，不论被保险人在什么时间身故，保险公司都要按照合同约定给付保险金。

由于保险期间较长，终身寿险带有一定的储蓄功能，具有一定的现金价值。在其他条件相同的情况下，终身寿险费率比定期寿险高，但保险期间更长。

（3）两全保险。两全保险是指按照保险合同约定，在保险期间内以死亡或生存为给付保险金条件的人寿保险。

两全保险同时具有保障和储蓄功能。在其他条件相同的情况下，两全保险储蓄功能比终身寿险更为突出。由于两全保险同时包含身故给付和生存给付，在其他条件相同的情况下，两全保险费率相对定期寿险和终身寿险都要高。

两全保险的身故保障功能与定期寿险、终身寿险类似，生存保险金可以用于教育、养老等支出。

（4）年金保险。年金保险是指按照保险合同约定，以生存为给付保险金条件，按约定分期给付生存保险金，且分期给付生存保险金的间隔不超过一年（含一年）的人寿保险。年金保险因其在保险金的给付上大多采用每年定期支付的形式而得名，实际操作中年金保险还有每季度给付、每月给付等多种形式。

常见的年金保险有养老年金保险和教育年金保险等。养老年金保险可以为被保险人提供老年生活所需的资金，教育年金保险则可以为子女教育提供必要的经费支持。

（二）健康保险

健康保险是指对因健康原因导致的损失给付保险金的保险，包括疾病保险、医疗保险、失能收入损失保险和护理保险。

（1）疾病保险。疾病保险是指以保险合同约定的疾病的发生为给付保险金条件的保险。

疾病保险的保险金给付与具体医疗费用支出没有直接关系。

重大疾病保险是目前市场上最常见的疾病保险。重大疾病保险是当被保险人在保险期间内发生保险合同约定的疾病、达到约定的疾病状态或实施了约定的手术时给付保险金的健康保险产品。重大疾病保险的根本目的是为病情严重、花费巨大的疾病治疗提供经济支持。

（2）医疗保险。医疗保险是指以保险合同约定的医疗行为的发生为给付保险金条件，为被保险人接受诊疗期间的医疗费用支出提供保障的保险。

医疗保险按照保险金的给付性质分为费用补偿型医疗保险和定额给付型医疗保险。

费用补偿型医疗保险是指，根据被保险人实际发生的医疗费用支出，按照约定的标准确定保险金数额的医疗保险。这种类型的医疗保险的给付金额不能超过被保险人实际发生的医疗费用金额。

定额给付型医疗保险是指，按照约定的数额给付保险金的医疗保险。

（3）失能收入损失保险。失能收入损失保险是指以因保险合同约定的疾病或者意外伤害导致工作能力丧失为给付保险金条件，为被保险人在一定时期内收入减少或者中断提供保障的保险。

（4）护理保险。护理保险是指以因保险合同约定的日常生活能力障碍引发护理需要为给付保险金条件，为被保险人的护理支出提供保障的保险。

（三）意外伤害保险

一般来说，意外伤害是指遭受外来的、突发的、非本意的、非疾病的使身体受到伤害的客观事件。意外伤害保险是指在约定的保险期间内，因发生意外伤害而导致被保险人身故或残疾，保险公司给付约定保险金的保险。

意外伤害保险的保险期间多为一年期或一年期以下，最常见的有综合意外伤害保险、交通工具意外伤害保险等。相对于其他人身保险产品而言，意外伤害保险一般费率比较低，保障金额比较高，购买手续简便。

意外伤害保险与定期寿险的主要区别为：第一，意外伤害保险承保因意外伤害而导致的身故，不承保因疾病而导致的身故。这两种原因导致的身故都属于定期寿险的保险责任范围。

第二，意外伤害保险承保因意外伤害导致的残疾，并依照不同的残疾程度给付保险金。定期寿险有的不包含残疾保险责任，有的虽然包含残疾责任，但仅包括保险合同约定的全残责任。

第三，意外伤害保险保险期间一般较短，多为一年期及一年期以下。定期寿险保险期间一般较长。

二、按设计类型划分

人身保险产品按照设计类型可以分为普通型保险、分红型保险、万能型保险、投资连结型保险等。

（一）普通型保险

普通型保险是相对于新型保险（分红型保险、万能型保险、投资连结型保险）的一种产品设计类型，具有如下特点：

第一，保单持有人不具有利润分配权。即不论保险公司实际经营状况如何，客户不与保险公司一起分享经营成果。

第二，交费固定，费用不透明。通常来说，投保人每期的缴费都是提前确定的，保险公司不需要向投保人明示所收取的各项费用。

第三，灵活性不高。比如，投保人在保险期限内不可以提高或降低保险金额，不可以部分退保，等等。

（二）分红型保险

分红型保险是指保险公司将其实际经营成果优于评估假设的盈余，按照一定比例向保单持有人进行分配的人寿保险，具有以下特点：

第一，保单持有人可以获得红利分配。分红保险除具有基本保障功能外，保险公司每年还根据分红保险业务的实际经营状况，决定红利分配，即客户可以与保险公司一起分享公司的经营成果。

第二，红利分配方式包括现金红利和增额红利。现金红利分配是指直接以现金的形式将盈余分配给保单持有人，保险公司可以提供多种红利领取方式，比如现金、抵交保费、累积生息以及购买交清保额等。增额红利分配是指在整个保险期限内每年以增加保额的方式分配红利。

第三，红利的分配是不确定的。分红水平主要取决于保险公司的实际经营成果。

（三）万能型保险

万能型保险是指包含保险保障功能并设立有保底收益投资账户的人寿保险，具有以下特点：

第一，交费灵活，收费透明。通常来说，投保人交纳首期保费后，可不定期不定额地交纳保费。同时，保险公司向投保人明示所收取的各项费用。

第二，灵活性高，保额可调整。账户资金可在合同约定的条件下灵活支取。按照合同约定，投保人通常可以提高或降低保险金额。

第三，通常设定最低保证利率，定期结算投资收益。此类产品为投资账户提供最低收益保证，并且可以与保险公司分享最低保证收益以上的投资回报。

（四）投资连结型保险

投资连结型保险是指包含保险保障功能并至少在一个投资账户拥有一定资产价值的人寿保险，具有以下特点：

第一，交费灵活，收费透明。通常来说，投保人交纳首期保费后，可不定期不定额地交纳保费。同时，保险公司向投保人明示所收取的各项费用。

第二，灵活性高，账户资金可自由转换。由于投资连结保险通常具有多个投资账户，不同投资账户具有不同的投资策略和投资方向，投保人可以根据自身偏好将用于投资的保费分配到不同投资账户，按合同约定调整不同账户间的资金分配比例，并可在合同约定条件下灵活支取投资账户的资金。

第三，通常不设定最低保证利率。投资收益可以在账户价格波动中反映出来（保险公司目前通常不迟于一周公布一次账户价格），因此，若具体投资账户运作不佳或随股市波动，投入该投资账户的投资收益可能会出现负数。

三、按投保方式划分

按投保方式的不同，人身保险可以分为个人保险和团体保险两类。

个人保险是为满足个人和家庭需要，以个人作为承保单位的保险。个人保险的保险对象为个人。保险人承保时要进行较严格的审查，必要时对其身体状况进行医务检查，比如普通个人人寿险、个人健康保险等；但也有无须体检的情况，如简易人身保险、个人意外伤害保险等。

团体保险是用一份总的保险合同，向一个团体中的众多成员提供人身保险保障的保险。在团体保险中，投保人是“团体组织”，如机关、社会团体、企事业单位等独立核算的单位组织，被保险人是团体中的在职人员。已退休、退职的人员不属于团体的被保险人。另外，对于临时工、合同工等非投保单位的正式职工，保险人可接受单位对其提出的特约投保。对于团体保险，保险人在承保时并不对团体内各被保险人进行一一审查、选择，而是考虑这一团体的总体风险程度能否承保。在团体保险中，投保人是团体组织，被保险人是团体中的在职人员，由团体组织缴纳保险费为其内部成员投保人身保险。团体保险可以分为团体人寿保险和团体健康保险，与个人保险相比有许多不同之处。

四、按产品功能划分

按产品功能的不同，人身保险可以分为风险保障类保险和长期储蓄类保险两类。

风险保障功能和长期储蓄功能是寿险产品的最主要功能。对于人身保险产品而言，按照其功能不同可以划分为风险保障类产品和长期储蓄类产品。但在目前，哪些产品属于风险保障类产品，哪些产品属于长期储蓄类产品，还存在不一致的看法：有的认为应结合产品设计类型划分，即普通型寿险产品属于风险保障类产品，分红、投连、万能等新型产品属于长期储蓄类产品；有的认为应结合产品类别划分，即定期寿险、终身寿险、健康保险、意外伤害保险属于风险保障类产品，两全保险、年金保险属于长期储蓄类产品。无论哪种划分方式，都存在一定的道理，但也存在一定的片面性。

从国外情况看，美国、欧洲、日本等国家保险监管部门并未对风险保障类产品和长期储蓄类产品进行明确的界定。韩国《保险业监管规定》将人身保险分为保障型保险和储蓄型保险（包括年金保险）。保障型产品是指生存至保险期间届满时仍生存，累计给付的生存保险金不超过已交保费的产品；除保障型产品之外的其他产品称为储蓄型产品。具体来说，保障型产品包括：死亡保险（包括终身寿险、定期寿险、万能型、变额万能型）、意外伤害保险、医疗保险、疾病保险、重大疾病保险等；储蓄型产品包括：年金储蓄保险（税收优惠：年300万韩元限额内可税前扣除）、年金保险（万能型、变额万能型）、年金外储蓄型保险（万能型、变额万能型）等。

此外，美国税务部门间接地对风险保障类产品和长期储蓄类产品进行了区分。美国税法准则（Internal Revenue Code Section 7702）规定，满足下列条件的产品风险保障性质较强，可以享受税收优惠政策：①满足累积现金价值测试（Cash Value Accumulation Test）；②满足标杆保费要求（Guideline Premium Requirement）和现金价值区间要求（Cash Value Corridor）。

对于不能满足上述两个条件的产品属于长期储蓄型产品，不能享受税收优惠政策。

（1）累积现金价值测试。要通过累积现金价值测试，人身保险合同在保单有效的任何一个时点的现金价值（退保价值）不得超过该时点按合同条件所要求的相应趸交保费，计算趸交保费的年利率为合同最低保证收益率和4%二者之间的最小者。

（2）标杆保费要求。要符合标杆保费要求，人身保险合同在保单有效的任何一个时点所缴保费之和不得超过：①保单签发时计算的标杆趸交保费之和；②该时点标杆均衡保费之和的二者之间的较大值。计算以上两种保费的假设以合同的合理收费的假设为基础不超过规定的上限，计算假设的利率不同。

（3）现金价值区间要求。要符合现金价值区间要求，人身保险合同的死亡利益给付与现金价值（退保价值）的比值必须落在所规定的现金价值区间之内。人身保险合同的死亡利益给付与现金价值（退保价值）的比值区间的设定依据合同生效时的被保险人的到达年龄确定，具体如表2-1所示：

表2-1　现金价值区间

合同生效时被保险人的到达年龄段 / 岁		现金价值区间上限 /%	
0	40	250	250
40	45	250	215
45	50	215	185
50	55	185	150

续表

合同生效时被保险人的到达年龄段 / 岁		现金价值区间上限 /%	
55	60	150	130
60	65	130	120
65	70	120	115
70	75	115	105
75	90	105	105
90	95	105	100

注：现金价值区间根据合同生效时被保险人的到达年龄段递减，表中给出的是现金价值的上限。

结合我国现实情况，并参考国际上多个国家的分类方式，原中国保监会于2009年下发了《关于加快业务结构调整进一步发挥保险保障功能的指导意见》（保监发〔2009〕11号）。该文件明确规定，鼓励各保险公司在产品开发、培训、销售和管理等各个工作环节，积极采取措施，有效配置资源，加大力度发展风险保障型人身保险产品，主要包括意外伤害保险、健康保险、养老年金保险、定期寿险和有效保额不低于10倍期交保险费或2倍趸交保险费的终身寿险、两全保险。有效保额是指在各种给付条件下该保险产品的最小给付金额。鼓励各保险公司强化长期储蓄型人身保险产品的长期储蓄功能。两全保险保险期间不得短于5年，鼓励发展保险期间不短于10年的两全保险。该定义较为科学地明确了风险保障类和长期储蓄类产品的范畴，明确了寿险业应重点发展的产品方向，有利于推动寿险公司进一步发挥自身优势，提升核心竞争力。

根据人身保险公司经营险种分类，表2–2给出了2015—2019年人身保险公司分险种的保费收入数据，表2–3给出了2015—2019年人身保险公司分险种的赔付支出数据，表2–4给出了2015—2019年人身保险公司分险种的退保金数据。

表 2-2　人身保险公司分险种保费收入数据（2015—2019 年）

项目		2019 年保费收入 / 亿元	保费增长率 /%					
			2019 年	2018 年	2017 年	2016 年	2015 年	5 年年化
保费收入合计		29628	13	1	20	37	25	18
（一）按险种分：保费收入		29628	13	1	20	37	25	18
1. 寿险小计		22754	10	–3	23	32	21	16
（1）个人业务	新单保费	9011	9	–32	16	44	40	11
	其中：新单趸交	4252	3	–45	6	32	40	2
	续期保费	13680	10	35	35	17	5	20
其中：年金保险	新单保费	3511	–16	–47	23	59	143	16
	其中：新单趸交	330	–76	–69	–7	53	154	–23
	续期保费	7406	18	86	67	53	19	46
（2）团体业务	新单保费	48	30	–25	–14	–1	–15	–7
	其中：新单趸交	34	65	–37	–26	–4	–16	–9
	续期保费	15	120	–5	–32	–19	–9	1
其中：年金保险	新单保费	9	–46	–39	–25	6	–19	–26
	其中：新单趸交	1	–73	–78	–45	–8	–25	–53
	续期保费	12	227	36	–19	–20	3	24
2. 意外伤害险小计		649	–2	12	17	15	18	12
（1）一年期以内业务		86	90	25	22	–11	7	23
（2）一年期业务		348	–14	6	9	9	11	4
（3）一年期以上业务		215	3	23	40	52	68	35
3. 健康险小计		6226	28	22	7	72	54	34
（1）短期	个人业务	589	39	61	53	28	21	39
	团体业务	958	26	19	16	30	34	25
（2）长期	个人业务	4557	27	21	2	88	69	38
	团体业务	121	3	–11	18	52	3	11
（二）按销售渠道分：保费收入		29628	13	1	20	37	25	18
1. 公司直销小计		2383	18	15	8	21	6	13
（1）寿险		1120	13	11	4	19	–8	7
（2）意外伤害险		96	–18	2	–8	–9	12	–5

续表

项目		2019 年保费收入 / 亿元	保费增长率 /%					
			2019 年	2018 年	2017 年	2016 年	2015 年	5 年年化
（3）健康险		1167	29	22	17	32	34	27
2. 个人代理小计		17230	12	18	30	33	22	23
（1）寿险		12405	7	13	27	30	20	19
（2）意外伤害险		375	9	19	37	49	31	28
（3）健康险		4450	26	40	46	47	35	39
3. 保险专业代理小计		363	55	31	49	38	17	37
（1）寿险		190	80	23	50	56	8	41
其中：直属保险代理公司		24	28	10	43	40	30	30
（2）意外伤害险		21	–3	–9	20	–10	12	1
其中：直属保险代理公司		1	–32	70	–7	–2	–22	–4
（3）健康险		152	41	54	60	51	35	48
其中：直属保险代理公司		10	15	82	86	144	16	62
4. 银行邮政代理小计		8976	12	–24	11	45	34	13
（1）寿险		8789	12	–22	21	35	28	13
其中：新单趸交		3811	–2	–44	11	30	44	3
（2）意外伤害险		52	–15	7	12	20	22	8
（3）健康险		136	35	–79	–60	204	311	7
5. 其他兼业代理小计		307	13	0	15	20	21	13
6. 保险经纪业务小计		369	44	39	47	47	38	43
（三）按设计类型分：寿险保费收入		22754	10	–3	23	32	21	16
（1）普通寿险	新单保费	4290	15	–61	9	53	66	5
	其中：新单趸交	556	–65	–77	5	40	53	–29
	续期保费	6183	15	56	93	66	21	47
（2）分红寿险	新单保费	4759	4	66	43	11	–9	20
	其中：新单趸交	3726	46	400	22	–33	–18	38
	续期保费	7408	7	22	14	6	1	10
（3）投资连结保险		4	7	5	1	–8	–5	0
（4）万能寿险		109	1	–3	5	11	4	4

表 2-3 人身保险公司分险种赔付支出数据（2015—2019 年）

项目	2019 年保费收入 / 亿元	赔付增长率 /%					
		2019 年	2018 年	2017 年	2016 年	2015 年	5 年年化
赔付支出合计	5694	–3	3	4	30	30	12
1. 赔款支出	1184	24	28	23	29	25	26
（1）意外伤害险	144	0	17	20	20	17	14
一年期以内业务	21	196	126	10	3	33	59
一年期业务	123	–10	14	20	20	17	12
（2）短期健康险	1040	28	30	23	31	27	28
个人业务	214	50	45	34	13	3	28
团体业务	826	24	27	21	35	33	28
2. 死伤医疗给付	978	28	28	29	23	20	26
（1）寿险	297	11	12	13	11	9	11
个人业务	278	9	12	13	10	9	11
团体业务	20	39	24	14	20	11	21
（2）长期健康险	681	37	38	43	37	32	38
个人业务	640	42	43	45	39	32	40
团体业务	41	–12	6	30	22	34	14
3. 满期给付	2313	–18	–17	–7	31	30	2
（1）寿险	2306	–18	–17	–7	31	30	2
个人业务	2275	–17	–17	–8	32	33	2
其中：年金保险	94	52	–7	48	62	190	58
团体业务	31	–57	–28	26	10	–29	–21
其中：年金保险	1	–4	18	7	–10	15	4
（2）长期健康险	7	92	29	–62	75	92	26
个人业务	7	99	25	–62	78	88	26
团体业务	0	–71	470	–55	–47	1713	49
4. 年金给付	1139	–13	37	28	25	44	22
个人业务	1066	–14	39	30	28	52	25
其中：年金保险	833	–24	44	39	31	66	27
团体业务	74	2	6	5	1	1	3
其中：年金保险	72	2	6	5	1	1	3

表 2-4 人身保险公司分险种退保金数据（2015—2019 年）

项目	2019 年保费收入 / 亿元	退保金增长率 /%					
		2019 年	2018 年	2017 年	2016 年	2015 年	5 年年化
退保金合计	5841	−19	18	37	12	23	13
1. 寿险	5521	−18	14	36	13	20	12
（1）个人业务	5514	−18	15	38	13	19	12
其中：年金保险	3030	−22	11	117	171	101	59
（2）团体业务	6	−61	−25	−57	58	82	−18
其中：年金保险	6	−57	−22	−58	130	12	−18
2. 长期健康险	321	−33	102	61	−2	206	46

第二篇

产险产品

漫谈产品（一）
漫谈产品（二）
漫谈产品（三）
漫谈产品（四）
漫谈产品（五）

第三章 漫谈产品（一）

企财险，经济发展的晴雨表

一、产品导读

保险行业发展迅速，保险产品品种在不断充实和扩增，对我国宏观经济的发展起着保险保障作用；与此同时，宏观经济的不断发展也加大了其对保险产品的需要，所以，在双方互相发展与促进的同时，保险行业与宏观经济起到了互利作用。

我们知道，工程险与固定资产投资密切相关；出口信用险与出口形势密切相关；企财险和货运险与工业运行状况、宏观经济景气情况密切相关；科技保险与新动能发展密切相关。可见，保险已经成为经济发展的晴雨表。

企业财产保险的快速发展除了有多种政策的支撑，宏观经济发展的需求也对企财险有着提振的作用，企财险与宏观经济呈现一种互利共进的趋势。

二、企财险概述

（1）风险：财产、机器、计算机、现金的安全等都是需要企业决策人缜密思考的问题，防灾防损防意外，以少量固定的支出稳定公司财务，防患于未然，是现代企业家的战略选择。

（2）产品：企财险主要是为企业经营提前做好防御计划，减少未来的麻烦和经济损失，有效化解不可预料的意外风险。为企业未雨绸缪，让企业在目前竞争激烈的商界，没有后顾之忧地快速发展。主要产品包括企业财产保险、机器损坏保险、利润损失保险、计算机保险、现金保险等。

三、企财险数据

表3-1给出了2000—2019年企财险经营数据，包括企财险保费收入（保费收入本书又简称保费）、企财险增长率、产险保费收入、产险增长率、企财险占比、企财险赔款支出（赔款支出本书又简称赔款）、产险赔款支出、企财险简单赔付率（简单赔付率=当年赔款支出/当年保费收入）、产险简单赔付率等指标（本书除特殊说明之外，所列示的数据都没有剔除通货膨胀的影响）。

表 3-1　2000—2019 年企财险经营数据

年份	企财险保费/亿元	产险保费/亿元	企财险增长率/%	产险增长率/%	企财险占比/%	企财险赔款/亿元	产险赔款/亿元	企财险简单赔付率/%	产险简单赔付率/%
2000	117	637	—	—	18.3	51	324	44	51
2001	122	717	4	13	17.0	56	349	46	49
2002	123	807	1	13	15.2	56	422	46	52
2003	125	894	2	11	14.0	64	487	51	54
2004	139	1125	11	26	12.4	70	584	50	52
2005	150	1281	8	14	11.7	94	693	62	54
2006	158	1580	6	23	10.0	95	845	60	53
2007	187	2086	18	32	9.0	101	1067	54	51
2008	210	2446	12	17	8.6	176	1475	84	60
2009	221	2993	6	22	7.4	128	1638	58	55

续表

年份	企财险保费 / 亿元	产险保费 / 亿元	企财险增长率 / %	产险增长率 /%	企财险占比 /%	企财险赔款 / 亿元	产险赔款 / 亿元	企财险简单赔付率 /%	产险简单赔付率 /%
2010	272	4027	23	35	6.7	121	1815	45	45
2011	330	4779	21	19	6.9	130	2249	39	47
2012	360	5530	9	16	6.5	165	2897	46	52
2013	379	6481	5	17	5.8	214	3556	56	55
2014	387	7544	2	16	5.1	215	3968	56	53
2015	386	8423	0	12	4.6	216	4448	56	53
2016	382	9266	−1	10	4.1	266	5042	70	54
2017	392	10541	3	14	3.7	226	5497	58	52
2018	423	11756	8	12	3.6	243	6455	57	55
2019	464	13016	10	11	3.6	237	7279	51	56

从图3–1可以看出，企财险在产险中的保费占比逐年下降，从2000年的18.35%下降到2019年的3.6%，这与工业总产值占GDP的比重完全不成比例。

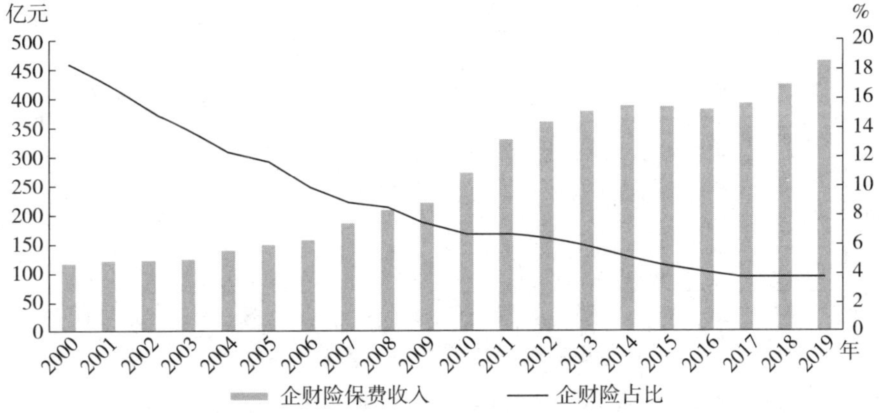

图 3–1　2000—2019 年企财险保费收入及占比情况

从图3–2可以看出，除2011年之外，企财险增长率都低于产险增长率，2011年高速增长后急剧下降，2015年、2016年连续两年负增长（2016年因为营业税改增值税，税收不再确认为收入），2017年、2018年企财险增长率开始提高，2019年基本与产险增长率一致。

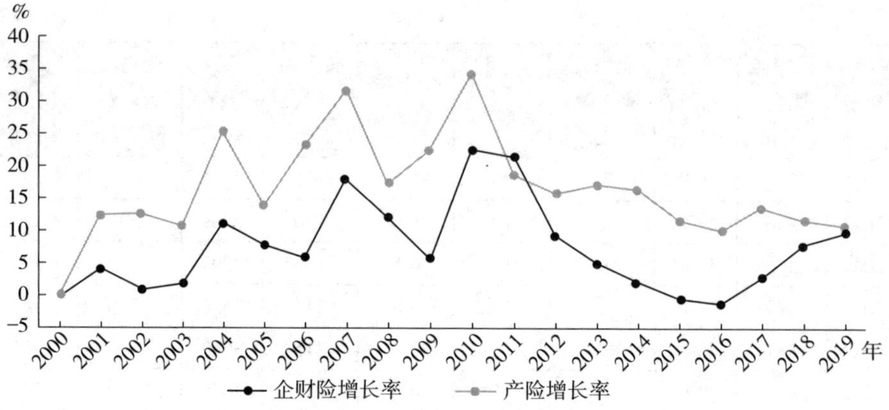

图 3-2　2000—2019 年企财险与产险增长率情况

从图3-3可以看出，大多数年份企财险简单赔付率大于产险简单赔付率，2008年的雪灾导致企财险简单赔付率高达84.03%，其他年份赔付率数据相对正常。

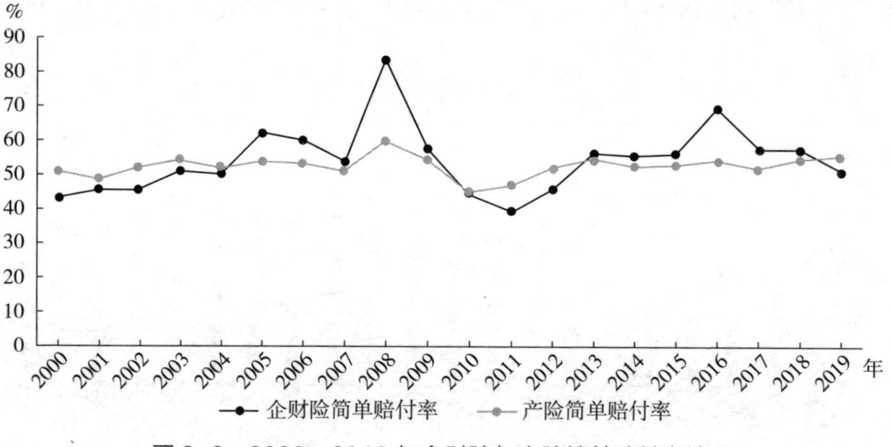

图 3-3　2000—2019 年企财险与产险简单赔付率情况

四、企财险发展

企财险与工业运行状况、宏观经济景气情况密切相关，这是我们的直观印象。下面我们来分析企财险发展与这些指标之间的关系。

图3-4给出了企财险增长率与工业增加值增长率之间的关系（数据未剔除通货膨胀率影响，因此工业增加值增长率实际为工业增加值名义增长率，以下类同），可以看出，企财险增长率与工业增加值增长率基本保持一致，但最近几年企财险增长率开始偏离工业增加值增长率。

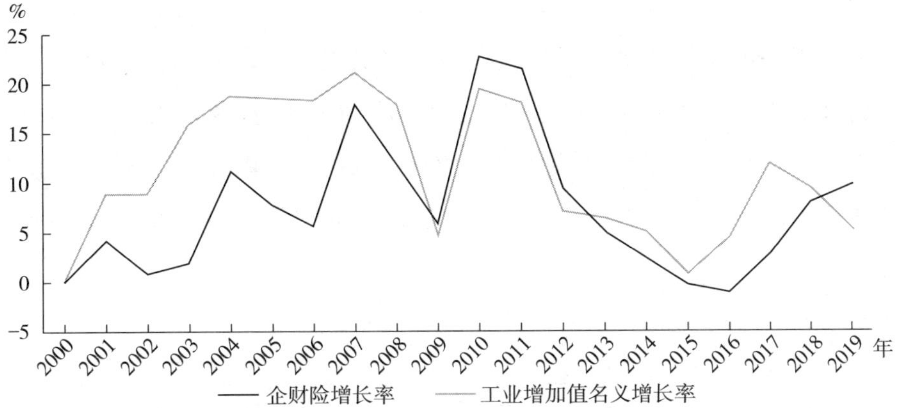

图 3-4　2000—2019 年企财险与工业增加值增长率对比情况

图3-5给出了企财险在产险中的保费占比、工业增加值在国内生产总值中的占比，企财险占比从2000年的18.35%下降到2019年的3.60%，而同期工业增加值占比从40.15%下降到32.00%，显然企财险发展规模严重偏离我国工业增加值发展规模。

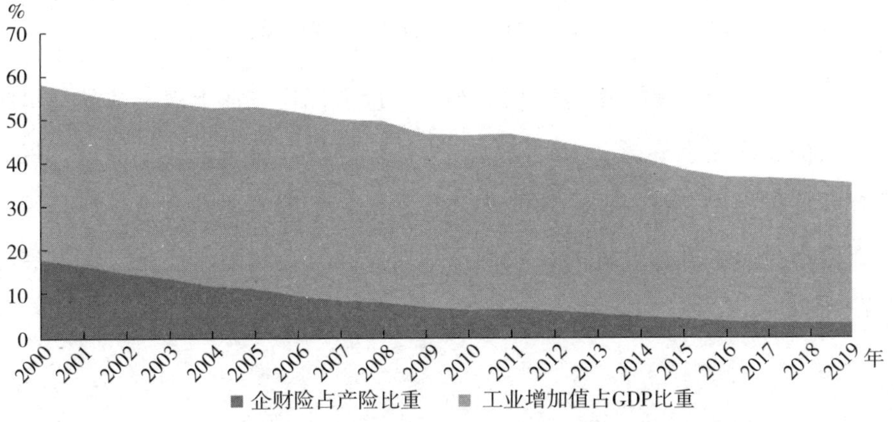

图 3-5　2000—2019 年企财险与工业增加值对比情况

通过图3-4、图3-5可以看出，我国企财险的发展严重滞后于我国工业的发展；同时，最近几年增长情况更是严重偏离工业增长情况。

五、企财险思考

从1980年我国开始恢复保险业务以来的很长一段时间，企财险一直占据我国保险业的主导地位。但自1988年车险保费收入首度超过企财险之后，尽管企财险的保费绝对数额逐年递增，其占产险的总份额却已处于下降的状态，2019年企财险已经退居产险第7大险种（如图3-6所示）。

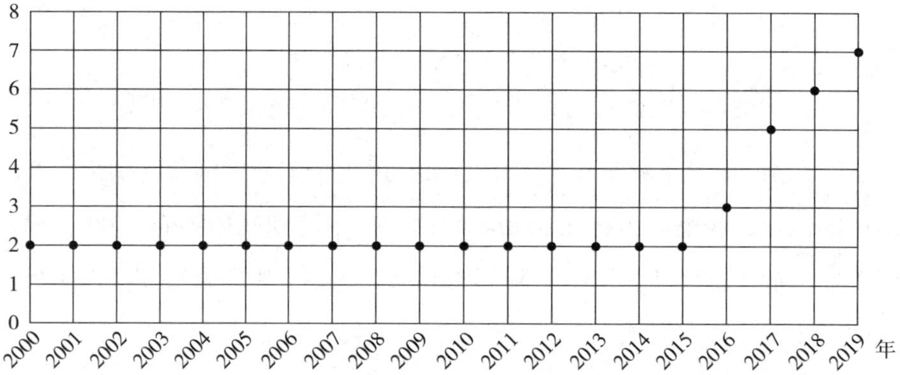

图 3-6　企财险在产险中的规模排名

我国经济总体增长率各项相关经济增量指标均飞速上涨，成就举世瞩目，目前已跃居世界第二大经济体，固定资产投资总量也逐年递增，保险业亦跃居世界第二位，但企财险却逐年下滑，是因为恶性竞争，还是因为企财险本身出了问题？此时，我们不禁要反问：企财险，还是经济发展的晴雨表吗？

工程险，不温不火很多年

一、产品导读

工程保险（工程险）是财产保险业的传统险种、基石险种。但从近20年的发展来看，工程险的发展却遭遇了明显瓶颈：国家每年建筑业总产值、固定资产投资总额逐年增大，工程险增速却一直不温不火，在产险整体中占比逐渐下降。

我们知道，现代意义的建设项目一般都需要投入巨大的人力、物力和财力等社会资源。从它自身产生、形成和发展过程看，都要经历项目策划、可行性研究、场地选择、勘察设计、建设准备、施工安装等环节，最后才能提供生产和使用。在这个过程中，不仅工程项目内部构成极其复杂，而且项目与所处的社会经济系统中的外部环境也有着千丝万缕的联系。任何一个内部和外部因素的变异，都可能影响项目正常进行甚至导致整个建设项目的失败。

因此，工程建设领域需要标准化、专业化风险管理流程，从源头系统地控制风险，而保险公司作为天然的风险管理者，应当参与工程风险管理，使市场化管理机制和政府行政管理机制形成合力。

根据国家统计局数据，2019年我国建筑业总产值为24.84万亿元，自2000年以来年复合增长率为17.04%；建筑业增加值达7.09万亿元，占国内生产总值的7.16%。可见，工程建设产业是国民经济的支柱产业，也是保险业服务于实体经济的重要载体。

工程险，可谓占尽天时地利人和，但却陷入了困局，保费规模与中国经济发展严重不匹配。

二、工程险概述

（1）风险：企业在建筑工程、安装工程中不可避免地会存在一些风险隐患。潜在的风险有可能导致建筑项目延迟完工，使利润面临巨大损失，如何提高保障、分散风险是企业目前的当务之急。

（2）产品：工程险已经发展成为财产保险领域中的一个主要险种，其发挥着巨大的风险保障作用，建筑工程保险、安装工程保险，可以化解在工程建设和安装过程中由危险因素所致的损失。

三、工程险数据

表3-2给出了2000—2019年工程险经营数据，包括工程险保费收入、工程险增长率、产险保费收入、产险增长率、工程险占比、工程险赔款支出、产险赔款支出、工程险简单赔付率、产险简单赔付率等指标。

表 3-2　2000—2019 年工程险经营数据

年份	工程险保费 / 亿元	产险保费 / 亿元	工程险增长率 /%	产险增长率 /%	工程险占比 /%	工程险赔款 / 亿元	产险赔款 / 亿元	工程险简单赔付率 /%	产险简单赔付率 /%
2000	6	637	—	—	0.9	3	324	50	51
2001	6	717	13	13	0.9	3	349	50	49
2002	8	807	22	13	0.9	4	422	50	52
2003	12	894	62	11	1.4	6	487	50	54
2004	16	1125	30	26	1.4	8	584	50	52
2005	23	1281	44	14	1.8	13	693	57	54
2006	25	1580	7	23	1.6	9	845	38	53
2007	31	2086	28	32	1.5	10	1067	31	51
2008	39	2446	25	17	1.6	14	1475	35	60

续表

年份	工程险保费 / 亿元	产险保费 / 亿元	工程险增长率 /%	产险增长率 /%	工程险占比 /%	工程险赔款 / 亿元	产险赔款 / 亿元	工程险简单赔付率 /%	产险简单赔付率 /%
2009	52	2993	32	22	1.7	17	1638	33	55
2010	71	4027	37	35	1.8	19	1815	26	45
2011	74	4779	4	19	1.5	27	2249	37	47
2012	62	5530	–16	16	1.1	26	2897	42	52
2013	79	6481	26	17	1.2	30	3556	38	55
2014	82	7544	4	16	1.1	35	3968	43	53
2015	83	8423	2	12	1.0	37	4448	44	53
2016	93	9266	13	10	1.0	45	5042	49	54
2017	110	10541	18	14	1.0	47	5497	43	52
2018	121	11756	10	12	1.0	54	6455	45	55
2019	118	13016	–2	11	0.9	68	7279	57	56

从图3–7可以看出，工程险在产险中的保费占比逐年下降，从2010年的1.76%下降到2019年的0.91%，这与建筑业增加值占GDP比重完全不成比例。

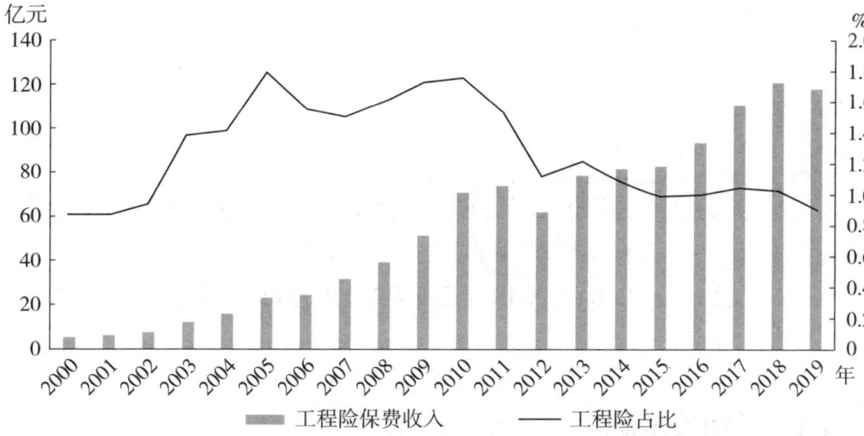

图 3–7　2000—2019 年工程险保费收入及占比情况

从图3–8可以看出，工程险增长率波动巨大，大多数年份都围绕产险增长率上下波动，并且多年出现负增长。

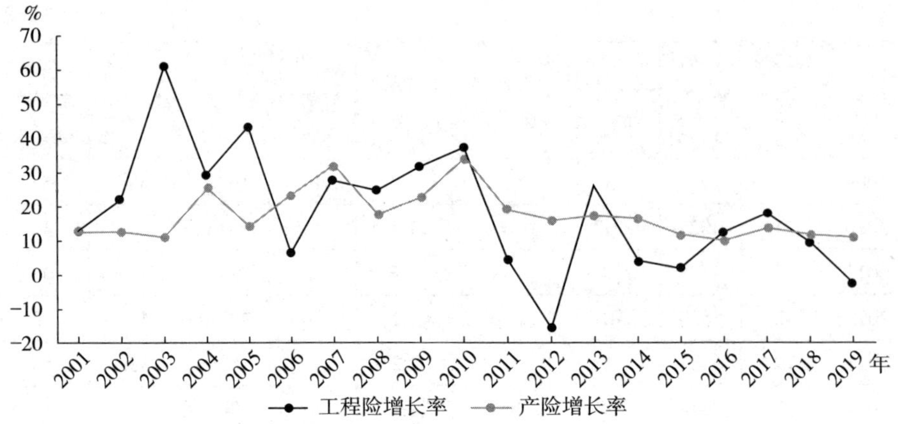

图 3-8　2001—2019 年工程险与产险增长率情况

从图3-9可以看出，2005年之后，工程险赔付率都小于产险总体赔付率，差额在10%左右，最近几年赔付率维持在40%左右，2019年略有增加。

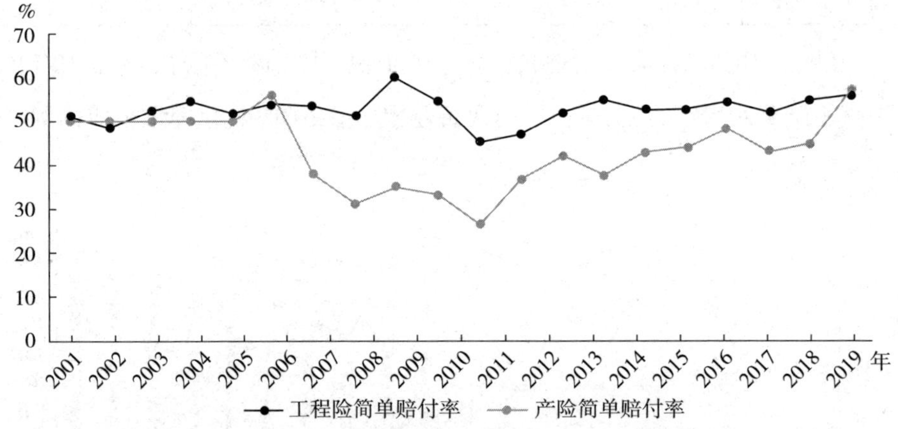

图 3-9　2001—2019 年工程险与产险简单赔付率情况

四、工程险发展

工程险与建筑业总产值、建筑业增加值等指标密切相关，这是我们的直观印象。下面我们来分析工程险发展与这些指标之间的关系。

图3-10给出了工程险增长率与建筑业总产值增长率之间的关系，可以看出，工程险增长率基本围绕建筑业总产值增长率上下波动，与建筑业总产值增长率趋势相一致。

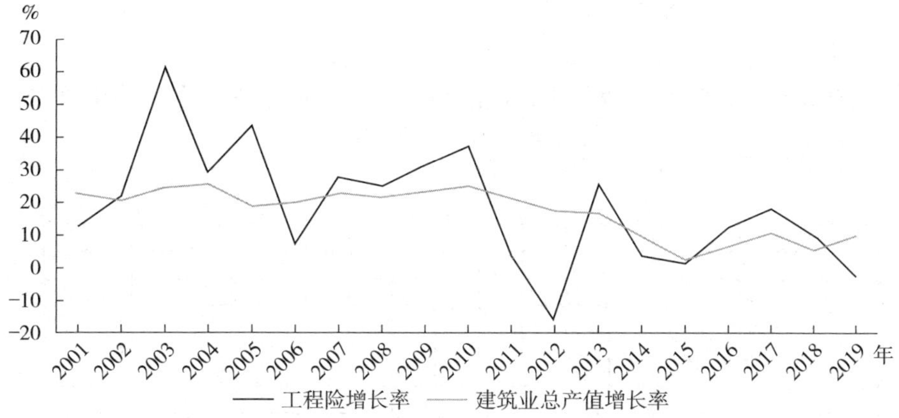

图 3-10　2001—2019 年工程险与建筑业总产值增长率情况

图3-11给出了工程险在产险中的保费占比、建筑业增加值在国内生产总值中的占比。工程险占比从2000年的0.87%上升到2019年的0.91%，而同期建筑业增加值占比从5.52%增加到7.16%，显然工程险发展规模严重偏离我国建筑业增加值发展规模。

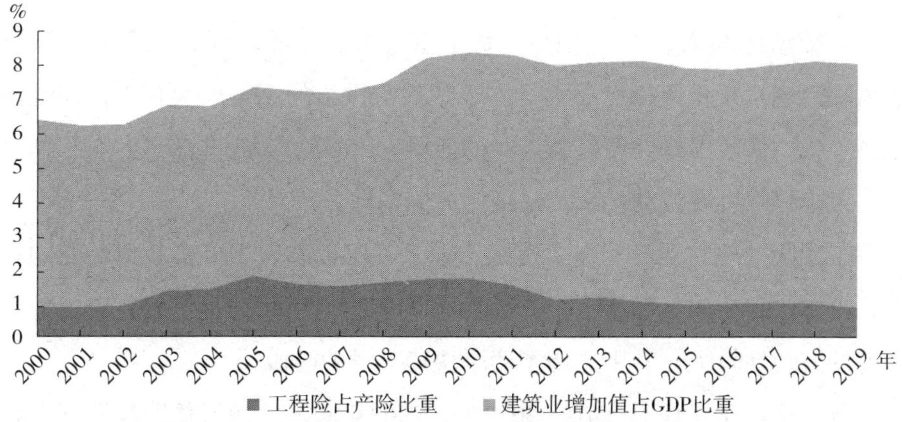

图 3-11　2000—2019 年工程险与建筑业增加值对比情况

通过图3–10、图3–11可以看出，我国工程险的发展严重滞后于我国建筑业的发展，说好的保驾护航去哪里了？

五、工程险思考

建筑产业规模大、增速快，风险敞口较大，而工程险在产险中排名已经下降到第10位（见图3–12）。

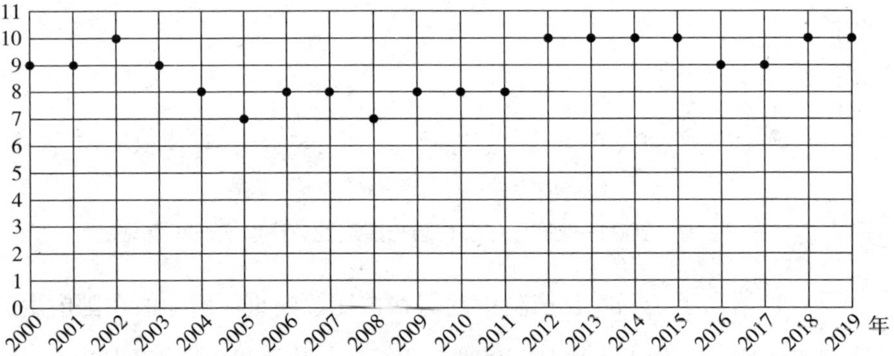

图3–12　工程险在产险中的规模排名

根据住建部披露的数据，2018年，全国共发生房屋市政工程生产安全事故734起、死亡840人，与2017年相比，事故起数增加42起、上升6.1%，死亡人数增加33人、上升4.1%。每个事故都有血的教训，工程建设领域的风险管理水平保险助力了多少？显然保险供给的不是风险管理，而是保单，一张“你若安好，便是晴天”的保单。

工程保险发展波动性大，呈现明显周期性。

工程险受建筑业开工率、房地产业景气度以及宏观经济政策等影响较大，据2007年以来的数据，与产险整体增速相对平稳的走势相比，工程险增速的波动性较大，其中经历了两个快速下滑的阶段：

（1）第一个阶段是2010—2012年，2008年国家“四万亿”投资计划启动后，工程险连续三年的高速增长于2011年终结，2012年在产险整体增长15.71%的情况下，工程险出现了-15.64%的增长。

（2）第二个阶段是2013—2015年，全行业工程险保费增速再次连续下滑，从26.27%跌至1.54%；2016年之后略有回升。

周期性波动的表象下是工程险相对萎缩的趋势。从保费占产险领域的比例来看更直观，在2010年达到1.76%的占比顶峰后，工程险占比逐渐下降，近两年已经下降到1%以下。

工程险是在周期性地波动，还是在随风飘扬？

随着工程建设行业的深化改革以及建筑科技的发展，重环节、轻流程的工程险的经营管理模式，越来越不适应当今工程建设产业链的发展，不能满足现有的工程建设领域风险防范和转移的要求，保险业需顺势而为，配套建筑业供给侧结构性改革，加强工程建设领域的保险改革。

工程险的发展不适应当今工程建设领域的发展已经成为事实，接下来要做的就是破局，寻找新的增长极，而不是“随风飘扬”，更不是“你若安好，便是晴天”。

责任险，期待下一个十年

一、产品导读

随着社会的发展与进步，尤其是法制体系的完善，近年来，我国各类民事侵权赔偿案件的数量与赔偿金额呈快速上升趋势。据统计，2010年，全国发生的侵权案件有470多万件，涉案金额高达5900多亿元。2019年，检察院决定起诉侵权案件数达到65万件。

侵权责任认定与赔偿机制的建立和完善，对保障社会公众利益、促进社会和谐具有重要作用。随着侵权法律的建立健全，特别是危险责任的不断扩展，作为风险分散和损失补偿重要途径的责任保险（责任险）制度，对完善公众权益保障和矛盾调处的市场化机制具有重要作用。

2010年7月1日，《侵权责任法》正式实施，责任保险迎来发展的春天，从2010年起年化增长率达到20.83%，我们仿佛看到了责任保险的明天。

10年过去了，客观地讲，责任险的发展并不理想，与自身相比有了较大的发展，但基于行业和社会的指标仍相对较低，远不能适应社会经济发展的需要。

二、责任险概述

（1）风险：法制是社会进步和文明的标志，快节奏、纷繁的现代生活与法律息息相关。人们在社会生活中的行为，都受到一定法律制度的规范，因疏忽或过失触犯法律造成他人财产损失或人身伤害就需要承担损害赔偿责任。

（2）产品：损害赔偿是一种法律制度，即由侵权行为法确定的赔偿原则、赔偿范围、赔偿方法等构成的各项制度的总和。只要存在某种行为以法律形式确认为应负经济上的赔偿责任，就可以通过责任保险来转嫁和分散这种风险。

三、责任险数据

表3-3给出了2000—2019年责任险经营数据，包括责任险保费收入、责任险增长率、产险保费收入、产险增长率、责任险占比、责任险赔款支出、产险赔款支出、责任险简单赔付率、产险简单赔付率等指标。

表 3-3 2000—2019 年责任险经营数据

年份	责任险保费/亿元	产险保费/亿元	责任险增长率/%	产险增长率/%	责任险占比/%	责任险赔款/亿元	产险赔款/亿元	责任险简单赔付率/%	产险简单赔付率/%
2000	21	637	—	—	3.2	11	324	53	51
2001	28	717	34	13	3.9	12	349	43	49
2002	37	807	33	13	4.6	16	422	43	52
2003	35	894	–5	11	3.9	20	487	57	54
2004	33	1125	–5	26	3.0	18	584	54	52
2005	45	1281	37	14	3.5	18	693	39	54
2006	56	1580	24	23	3.6	23	845	41	53
2007	67	2086	18	32	3.2	26	1067	39	51
2008	82	2446	23	17	3.3	33	1475	40	60
2009	92	2993	13	22	3.1	39	1638	42	55
2010	121	4027	31	35	3.0	47	1815	39	45
2011	146	4779	21	19	3.1	57	2249	39	47
2012	179	5530	22	16	3.2	75	2897	42	52
2013	217	6481	21	17	3.3	89	3556	41	55
2014	253	7544	17	16	3.4	108	3968	43	53
2015	302	8423	19	12	3.6	129	4448	43	53
2016	362	9266	20	10	3.9	166	5042	46	54
2017	451	10541	25	14	4.3	201	5497	45	52
2018	591	11756	31	12	5.0	265	6455	45	55
2019	753	13016	28	11	5.8	342	7279	45	56

从图3-13可以看出，责任险在产险中的保费占比逐年上升，从2000年的3.25%上升到2019年的5.79%。2010年7月1日《侵权责任法》实施后，2010—2019年责任保险年化增长率达到20.83%，2019年总体规模达到753亿元。

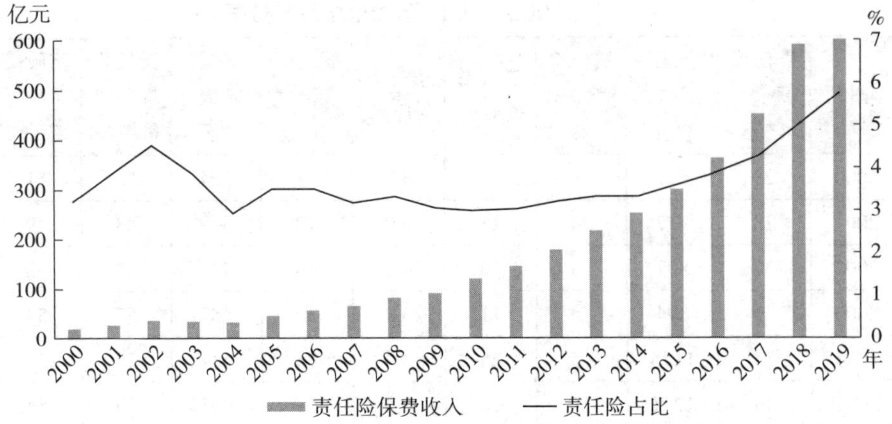

图 3-13　2000—2019 年责任险保费收入及占比情况

从图3-14可以看出，2010年以前，责任险增长率波动巨大；2010年之后，责任险增长率都高于产险增长率，并且在产险增长率放缓的情况下，最近几年仍保持了高速增长。

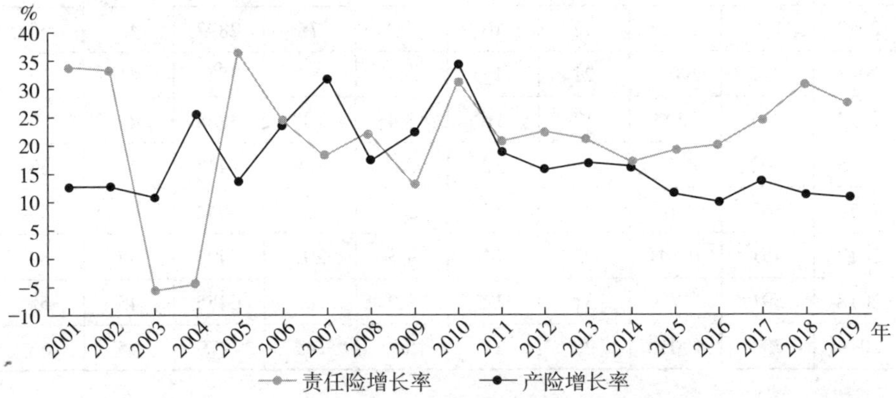

图 3-14　2001—2019 年责任险与产险增长率情况

从图3-15可以看出，除个别年份，责任险简单赔付率都小于产险简单赔付率，这可能与责任险的索赔期限比较长有关，同时也说明了目前责任险产品设计还相对保守，主要针对一些低风险事件。

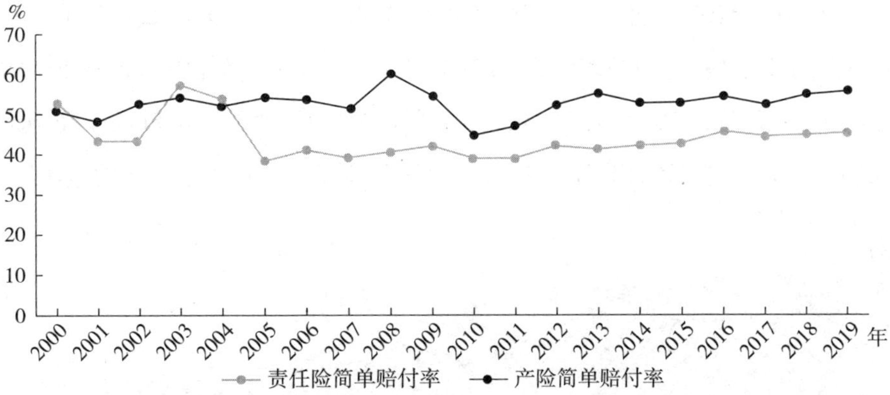

图 3-15　2000—2019 年责任险与产险简单赔付率情况

四、责任险发展

责任险与侵权案件数、侵权案件金额等指标密切相关，这是我们的直观印象。下面我们来分析责任险发展与这些指标之间的关系。

图3-16给出了责任险增长率与侵权案件数增长率之间的关系（采用了人民检察院决定起诉的侵权案件数），可以看出，责任险增长率与侵权案件数增长率之间基本没有关系。总体来看，责任险增长率高于侵权案件数增长率，责任保险的渗透率越来越高。

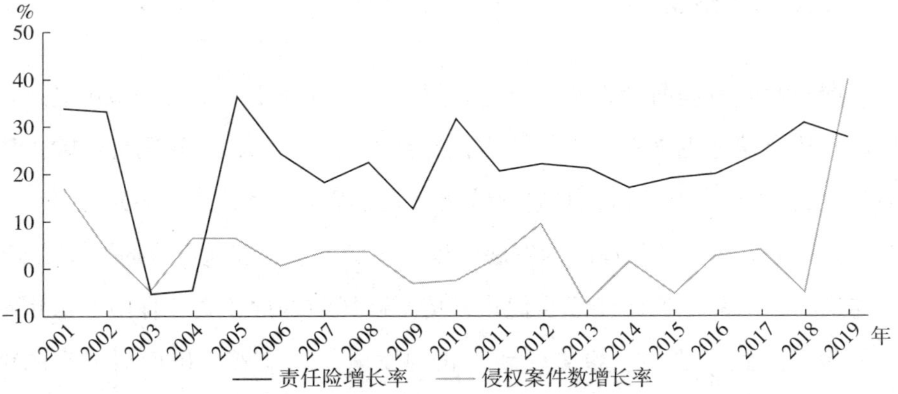

图 3-16　2001—2019 年责任险与侵权案件数增长率情况

图3–17给出了责任险在产险中的保费占比、侵权案件数在所有案件中的占比（采用了人民检察院决定起诉的案件数），责任险占比从2000年的3.25%上升到2019年的5.79%，而同期侵权案件数占比从71.55%下降到46.16%，希望这是责任保险的功劳，真正发挥了责任险社会治理的作用。

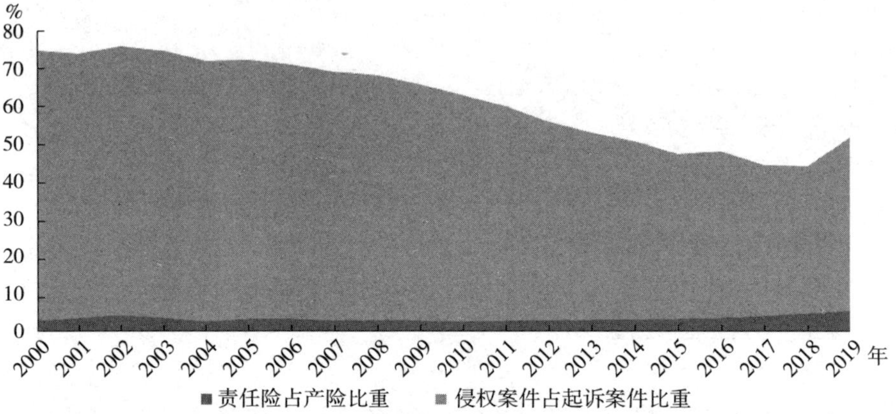

图 3–17　2000—2019 年责任险与侵权案件占比情况

通过图3–16、图3–17可以看出，我国责任险的发展对于缓解社会侵权责任起到了积极的作用；特别是2010年之后，我们看到了责任保险的快速发展和侵权案件数占比的急剧下降。

五、责任险思考

责任险的市场前景光明，未来会更好，图3–18给出了责任险市场规模排名。从全球范围来看，责任险占比在16%左右，2019年我国责任险占比为5.79%，预计2025年占比有望突破10%，总规模将突破2000亿元。

纵观最近10年责任保险的发展历程，改变了过去起起伏伏的发展状态，总体来看，产品结构已经逐步优化，传统高风险的雇主责任保险、医疗责任保险等得到了改善。希望在新一轮的发展中，能够正确面对未来的市场、未来更加不确定的侵权责任市场。

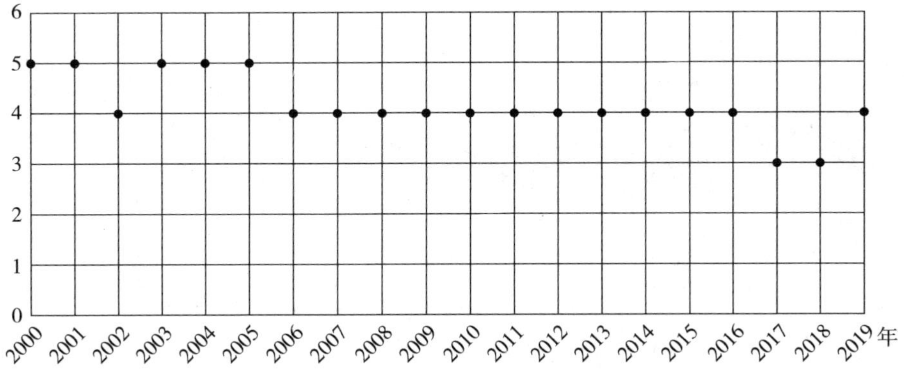

图 3-18　责任险在产险中的规模排名

回顾过去10年，责任险仍然缺乏持续健康发展的内在驱动力，缺乏一种基于市场和客观的需求动力，更多的是政府在推动责任保险的发展。在中国银保监会的协调和推动下，在各大部委的大力支持和配合下，从行业层面推动了火灾公众责任保险、承运人责任保险、旅行社责任保险、医疗责任保险、环境污染责任保险、食品安全责任保险等业务的发展，成为近10年推动责任险发展的主要动因，但这些均属于带有一定行政色彩的“总对总”业务，而常规业务领域却存在发展乏力，甚至出现萎缩的现象。

展望未来，社会对责任风险转移存在巨大需求，因为侵权责任与赔偿已逐渐成为企业和公民面临的主要潜在风险。2018年我国责任险深度为0.08%，远低于全球0.23%的平均水平；按照国际相关数据估计，2019年我国至少应有2000亿元责任险市场资源，而这个数字我们有望在2025年实现。

此时，面对2000亿元的数字，我们看到了责任险的下一个10年，一个充满希望的10年。

第四章
漫谈产品（二）

家财险，扶不起的阿斗

一、产品导读

家庭财产保险（家财险）是与我们生活密切相关的一个保险产品，它是个人财产保险业务的主要险种，同时也是一国财产保险普及程度高低的重要衡量指标。2000年以来，我国家财险险种不断丰富，保障越发充分，功能更加全面，更好地满足了不同层次消费者的保险需求。

尽管我国经济持续快速发展、居民收入水平不断提高，但家财险却仍连续多年出现了大幅负增长，显然与其市场期望发展趋势相悖：

（1）家财险业务与宏观经济背景相悖。

（2）家财险业务与我国房屋保有量、家庭户数等指标相悖。

（3）家财险业务与产险业整体发展趋势相悖。

（4）家财险业务与保险业发达国家的发展经验相悖。

这就是我们所认识的家财险，难道是“扶不起的阿斗”？

二、家财险概述

（1）风险：安居乐业是每个人最朴实的愿望，无论是已经成家立业还是刚刚踏上工作岗位，每一个人都希望能有一个属于自己的港湾，但是同时也要关注家庭财产面临的风险。

（2）产品：家庭财产保险、个人贷款抵押房屋综合保险等，可以为家庭财产提供一把遮风挡雨的保护伞。

三、家财险数据

表4-1给出了2000—2019年家财险经营数据，包括家财险保费收入、家财险增长率、产险保费收入、产险增长率、家财险占比、家财险赔款支出、产险赔款支出、家财险简单赔付率、产险简单赔付率等指标。

表 4-1　2000—2019 年家财险经营数据

年份	家财险保费 / 亿元	产险保费 / 亿元	家财险增长率 / %	产险增长率 /%	家财险占比 /%	家财险赔款 / 亿元	产险赔款 / 亿元	家财险简单赔付率 /%	产险简单赔付率 /%
2000	13	637	—	—	2.0	4	324	32	51
2001	19	717	49	13	2.6	4	349	21	49
2002	24	807	26	13	2.9	4	422	17	52
2003	19	894	−18	11	2.2	4	487	19	54
2004	15	1125	−21	26	1.4	3	584	20	52
2005	12	1281	−24	14	0.9	3	693	26	54
2006	11	1580	−3	23	0.7	3	845	28	53
2007	17	2086	51	32	0.8	3	1067	20	51
2008	13	2446	−25	17	0.5	7	1475	58	60
2009	15	2993	19	22	0.5	6	1638	38	55
2010	19	4027	28	35	0.5	6	1815	33	45

续表

年份	家财险保费/亿元	产险保费/亿元	家财险增长率/%	产险增长率/%	家财险占比/%	家财险赔款/亿元	产险赔款/亿元	家财险简单赔付率/%	产险简单赔付率/%
2011	23	4779	21	19	0.5	6	2249	26	47
2012	28	5530	22	16	0.5	11	2897	37	52
2013	38	6481	33	17	0.6	17	3556	45	55
2014	34	7544	−11	16	0.4	11	3968	34	53
2015	42	8423	24	12	0.5	17	4448	40	53
2016	52	9266	25	10	0.6	24	5042	45	54
2017	63	10541	21	14	0.6	25	5497	40	52
2018	77	11756	22	12	0.7	35	6455	45	55
2019	91	13016	19	11	0.7	37	7279	40	56

从图4-1可以看出，家财险在产险中的保费占比逐年下降，从2000年的1.98%下降到2019年的0.70%，这与住宅商品房销售额占GDP的比重完全不成比例。

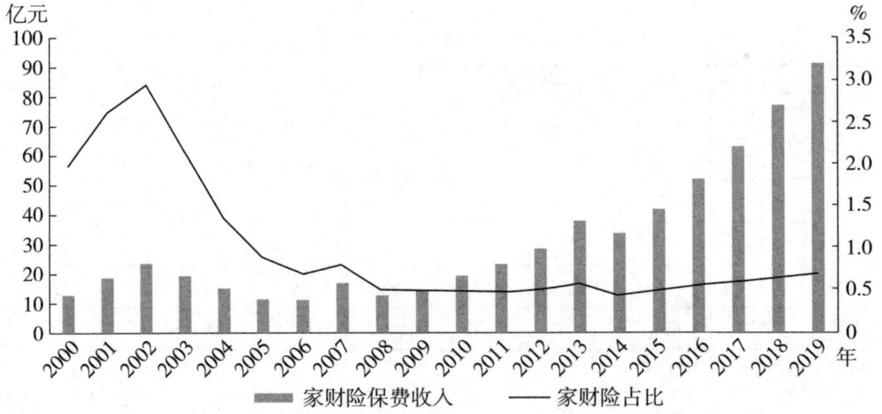

图 4-1 2000—2019 年家财险保费收入及占比情况

从图4-2可以看出，家财险增长率波动巨大，大多数年份都低于产险增长率，并且多年出现负增长，最近四年增长开始平稳，每年增长率维持在20%以上。

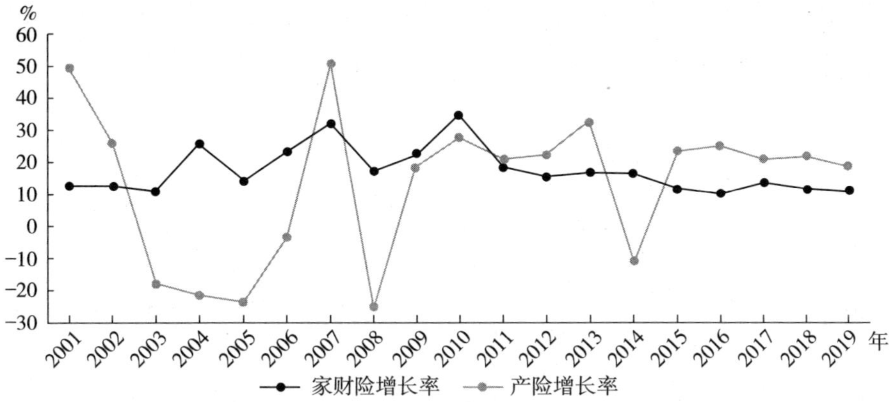

图 4-2　2001—2019 年家财险与产险增长率情况

从图4-3可以看出，所有年份家财险简单赔付率都小于产险简单赔付率，最近几年赔付率维持在40%左右。

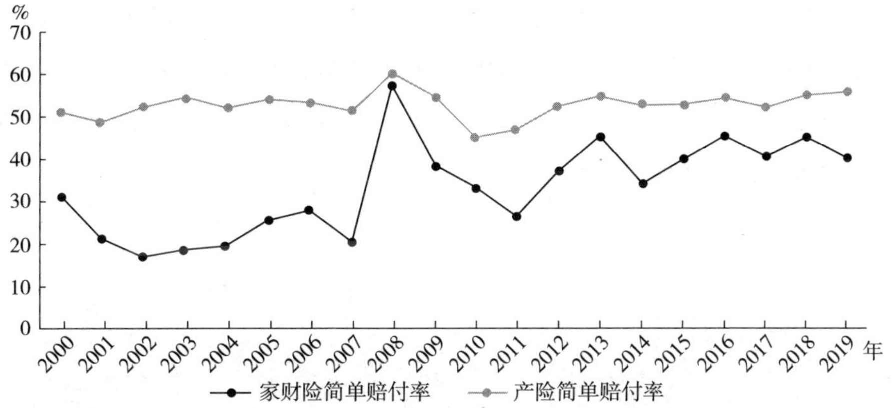

图 4-3　2000—2019 年家财险与产险简单赔付率情况

四、家财险发展

家财险与住宅商品房保有量、家庭数目等指标密切相关，这是我们的直观印象。下面我们来分析家财险发展与这些指标之间的关系。

图4-4给出了家财险增长率与住宅商品房销售额增长率之间的关系，

可以看出，家财险增长率与住宅商品房销售额增长率之间基本没有关系，无论商品房销售额如何波动，家财险增长率都不温不火。

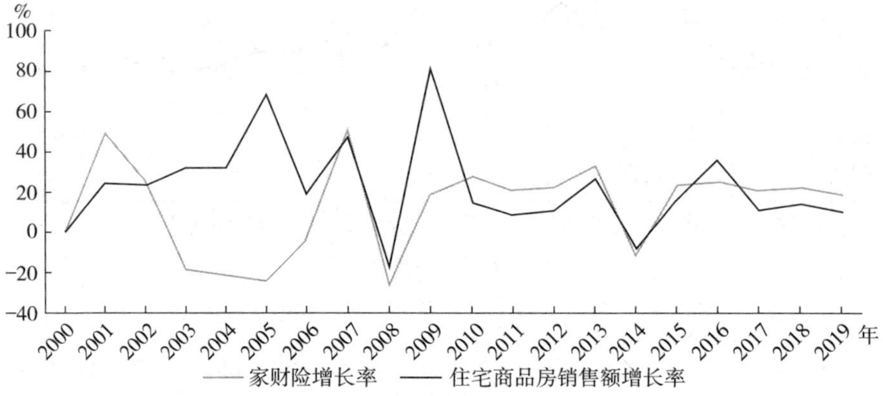

图 4-4　2000—2019 年家财险与住宅商品房销售额增长率情况

图4-5给出了家财险在产险中的保费占比、房地产业增加值在国内生产总值中的占比，家财险占比从2000年的1.98%下降到2019年的0.70%，而同期房地产业增加值占比从4.13%增加到7.03%，显然家财险发展规模严重偏离我国商品房保有量发展规模。

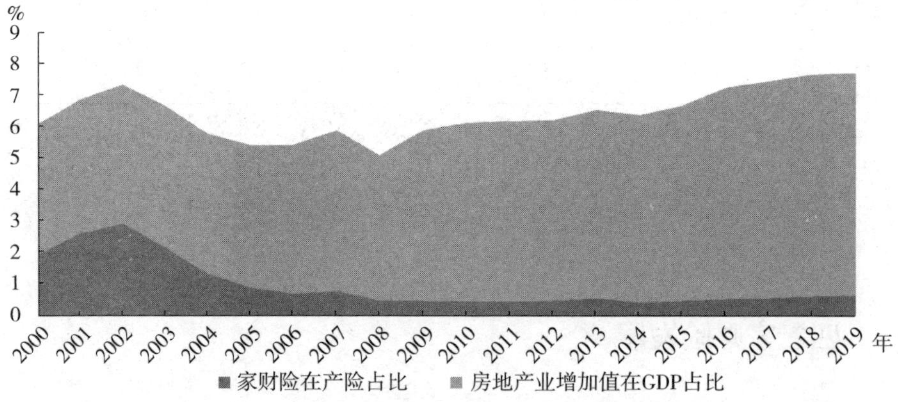

图 4-5　2000—2019 年家财险与房地产增加值对比

通过图4-4、图4-5可以看出，我国家财险的发展严重滞后于我国商品房的发展；同时，最近几年增长情况更是严重偏离商品房增长情况。

五、家财险思考

家财险是我国财产保险传统的“老三险”（即企财险、车险、家财险）之一，自20世纪80年代初期国内保险业务恢复至今，经过40年的发展，家财险在化解个人和家庭面临的财产损失风险、维护城乡居民生活安定等方面发挥了积极作用。

但是，相对于车险的持续快速发展，我国家财险的发展却一直存在投保率低、市场规模小、业务比重小和发展缓慢等问题。2019年家财险已经退居产险第11大险种（如图4-6所示），最近四年有所好转，希望这种势头能够持续下去。

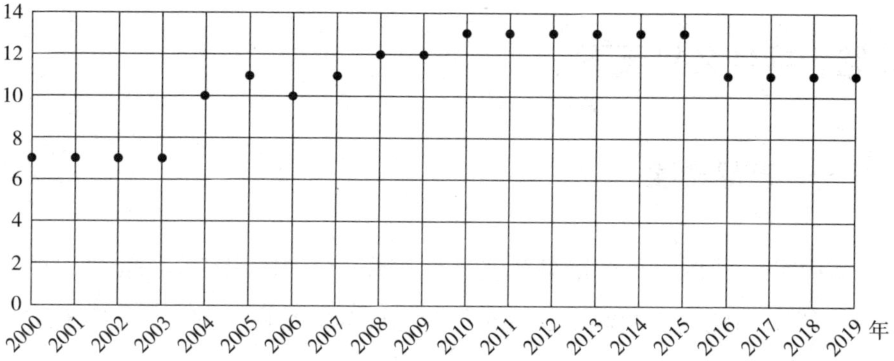

图 4-6　家财险在产险中的规模排名

据统计，保险业较发达国家的家财险普及率均在70%以上，美国更是达到95%。尽管我国拥有超过14亿人口和3亿多户家庭，我国城镇拥有的房子就有3.03亿套，保源十分丰富，但我国家财险的投保率却长期低于10%。家财险的发展现状直接凸显了当前我国家财险面临的主要矛盾，即潜在需求巨大但实际业务规模却很小。

要解决我国家财险市场“潜在需求巨大”和实际业务规模很小的矛

盾，使家财险的发展迈上新台阶，保险公司不仅应当准确定位目标市场，还应加强产品创新和改善销售体制。

家财保险是与人民生活密切相关的保险产品，是典型的个人保险业务，它的全面发展有利于从根本上提高消费者的保险认知度和风险防范意识，从而带动其他险种的发展，进一步扩大产险市场规模。

可喜的是，最近四年家财险仿佛已经摆脱“扶不起的阿斗”的魔咒，开始看到一点希望之光，期待这是“一路朝阳”，而不是“日薄西山”。

此时，我们好像看到了希望，家财险，已经不是当年的阿斗？

车险，靠什么打天下

一、产品导读

2019年，我国汽车产销量突破2577万辆，全国民用汽车保有量超过2.6亿辆，面对如此庞大的数字，汽车保险已成为关乎民生的大事。从保险行业发展的角度看，汽车保险（车险）也举足轻重，在产险领域，其超过60%的比重决定着产险的兴衰。

国内保险业务恢复40多年来，车险早已成为产险的当家险种。20世纪80年代人保统计数据显示，国内业务恢复的第一年（1980年），全国运输工具及责任险保费收入仅为792万元（包括汽车保险、拖拉机保险、船舶保险和飞机保险，其中业务量最大的是汽车及其第三者责任险），第二年该险种同比增长545.33%，达到5111万元。1980—1988年的9年间，运输工具及其责任险年均增幅为103.87%。1988年，全国车险保费收入达到

20.45亿元，占产险的比重达到37.6%（占总保费收入的21.99%），开始超过企财险35.99%的比重，成为产险乃至当时国内所有保险业务的第一大险种。

2019年，新车销售量下降8.23%，车险应声而降，增幅4.52%，在产险中的占比下降3.73%，连续12年超过70%以上之后2018年首次低于70%，2019年继续下降到62%，预计2020年将低于60%。

这就是我们所认识的车险，是时候开始考虑“靠什么打天下”的问题了，因为市场已经饱和，“蛋糕”已经做成，产险公司没有机会再做“蛋糕”了，只能分“蛋糕”了。

二、车险概述

（1）风险：汽车已成为现代生活不可或缺的一部分，极大地方便了人们的生活。工作、商务、应酬、旅游，都离不开汽车这个亲密伙伴，节假日驾车出游也日益成为现代人享受生活的一种新方式。但是，汽车带来的风险也越来越大，特别是针对第三方的法律责任。

（2）产品：车险是指对机动车辆由于自然灾害或意外事故所造成的人身伤亡或财产损失负赔偿责任的一种商业保险。车险主要包括交强险和商业车险，适用于客车、货车、客货两用车、摩托车、拖拉机和特种车等车辆。

三、车险数据

表4–2给出了2000—2019年车险经营数据，包括车险保费收入、车险增长率、产险保费收入、产险增长率、车险占比、车险赔款支出、产险赔款支出、车险简单赔付率、产险简单赔付率等指标。

表 4-2 2000—2019 年车险经营数据

年份	车险保费/亿元	产险保费/亿元	车险增长率/%	产险增长率/%	车险占比/%	车险赔款/亿元	产险赔款/亿元	车险简单赔付率/%	产险简单赔付率/%
2000	375	637	—	—	58.9	203	324	54	51
2001	422	717	13	13	58.9	218	349	52	49
2002	472	807	12	13	58.5	271	422	57	52
2003	540	894	14	11	60.4	328	487	61	54
2004	752	1125	39	26	66.8	419	584	56	52
2005	858	1281	14	14	66.9	483	693	56	54
2006	1108	1580	29	23	70.1	616	845	56	53
2007	1484	2086	34	32	71.1	793	1067	53	51
2008	1703	2446	15	17	69.6	1047	1475	61	60
2009	2156	2993	27	22	72.0	1201	1638	56	55
2010	3004	4027	39	35	74.6	1401	1815	47	45
2011	3505	4779	17	19	73.3	1717	2249	49	47
2012	4005	5530	14	16	72.4	2248	2897	56	52
2013	4721	6481	18	17	72.8	2720	3556	58	55
2014	5516	7544	17	16	73.1	3027	3968	55	53
2015	6199	8423	12	12	73.6	3336	4448	54	53
2016	6835	9266	10	10	73.8	3648	5042	53	54
2017	7521	10541	10	14	71.3	3938	5497	52	52
2018	7834	11756	4	12	66.6	4402	6455	56	55
2019	8188	13016	5	11	62.9	4613	7279	56	56

从图4–7可以看出，车险在产险中的保费占比逐年上升，从2000年的58.9%上升到2016年的73.8%，2017年随着新车销量的下降，车险增幅放缓，2018年占比为66.64%，2019年为62.91%。车险增幅与新车销售量增幅基本一致。

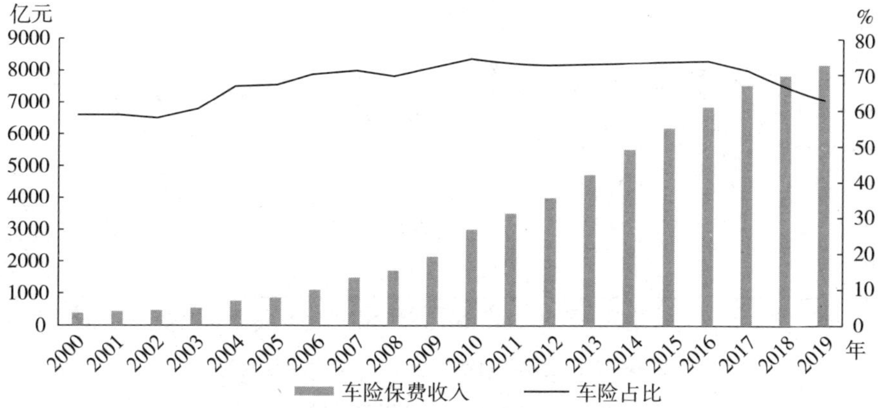

图 4-7　2000—2019 年车险保费收入及占比情况

从图4-8可以看出，车险增长率波动巨大，因为2018年以前70%多的业务都是车险，所以产险增长率基本与车险同步。2010年作为一个分水岭，之后车险增幅持续下滑。

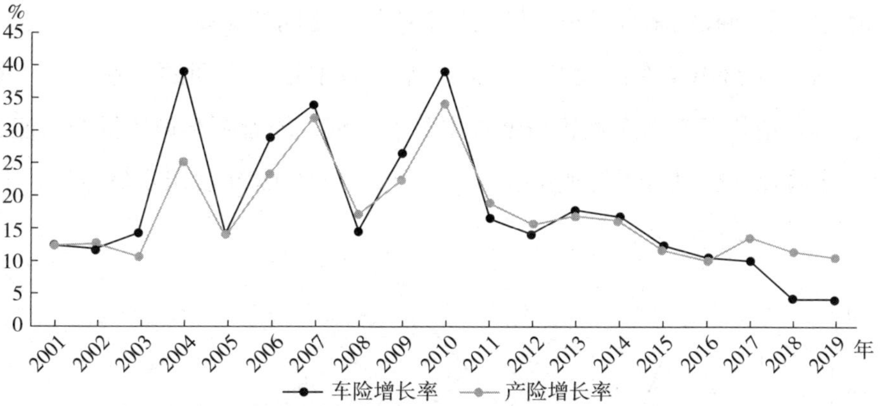

图 4-8　2001—2019 年车险与产险增长率情况

从图4-9可以看出，除了2016年，其他年份车险简单赔付率都大于产险简单赔付率，除了2010年因为高速增长导致简单赔付率低于50%以外，其他年份基本都在50%~60%波动。

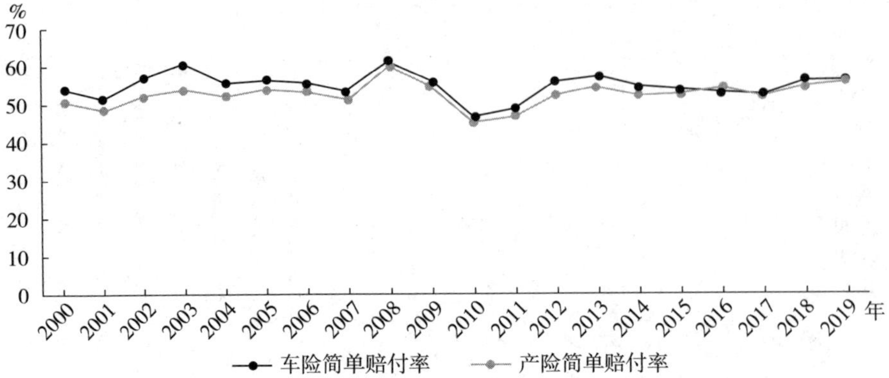

图 4-9　2000—2019 年车险与产险简单赔付率情况

四、车险发展

车险与新车销售量、民用汽车保有量等指标密切相关，这是我们的直观印象。下面我们来分析车险发展与这些指标之间的关系。

图4-10给出了车险增长率与新车销售量增长率之间的关系，可以看出，车险增长率与新车销售量增长率基本一致，随着新车销售量的急速下降，车险保费也进入了低速增长时代，可以预期2020年将出现负增长。

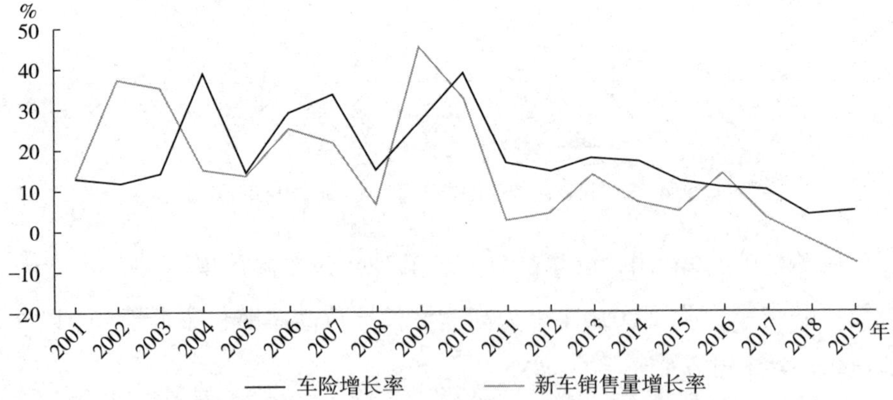

图 4-10　2001—2019 年车险与新车销售量增长率情况

图4-11给出了车险平均保费（车险保费/民用汽车保有量），2006年交强险的实施，导致平均保费增幅较大，2010年因为行业监管，保险公司乱用折扣系数现象有所改善，平均保费有所上升，最近几年因为商业车险改革等，平均保费开始下降。

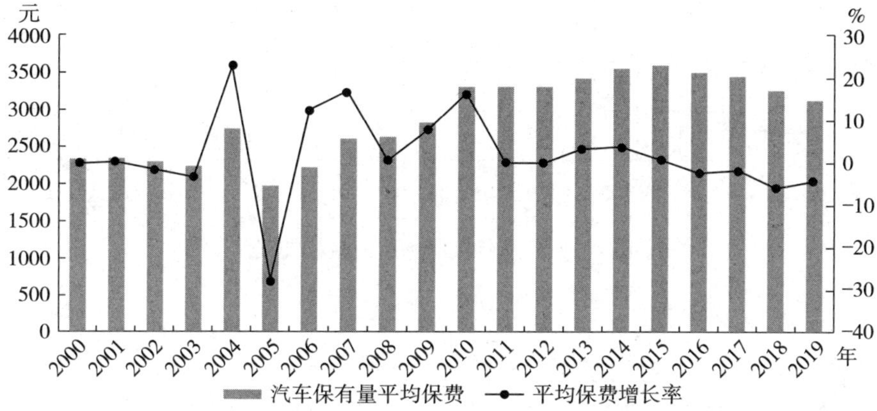

图 4-11　2000—2019 年汽车保有量平均保费变化情况

通过图4-10、图4-11可以看出，我国车险的发展与我国汽车销售量、汽车保有量发展基本同步，车险的发展不是因为保险公司，而是受益于中国经济的发展。

这么多年，我们不禁要反问，产险公司练就了什么看家本领，靠什么经营自己的看家业务？

五、车险思考

自1998年之后，车险是我国产险业务的主力，一直稳居第一大险种（如图4-12所示），短期内看不到哪个险种能超越车险。

车险，这么多年一直呈现效益与规模背离现象（如图4-13所示），车险综合成本率大多数年份在100%以上，2019年受益于车险强监管，综合成本率下降到98.64%。预计2020年车险将继续实现承保盈利，主要受益于强监管和因疫情导致的出行减少。

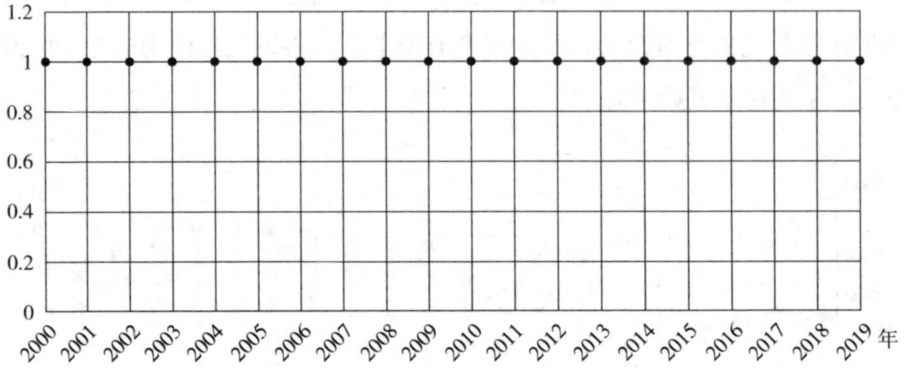

图 4-12　车险在产险中的规模排名

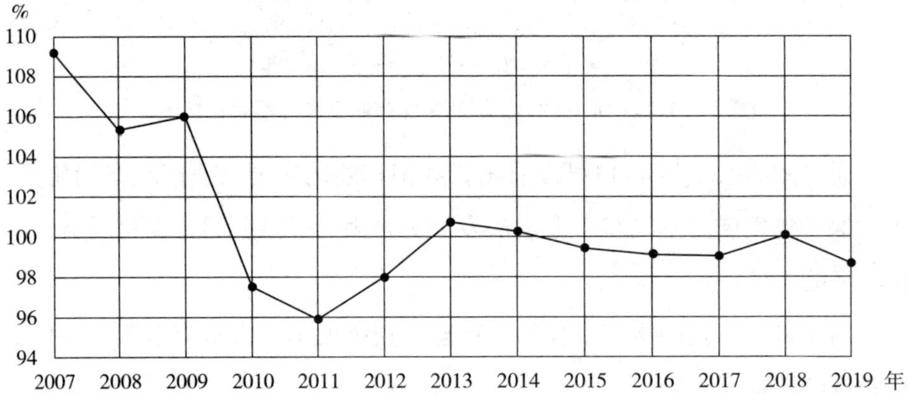

图 4-13　2007—2019 年车险综合成本率

经过一系列整顿，近年来车险似乎已逐渐走上规范发展的轨道；但是新一轮的商业车险改革，却让很多公司迷失了方向，负面信息频频出现，无论是商业车险“高手续费”，还是“费用赔付倒挂”等都在遭诟病，多多少少给行业形象带来了一些不良影响，车险经营主体都在干什么？在闭门思过、在和监管博弈？还是在苦练基本功？不得而知。

车险市场的激烈竞争使其已进入微亏时代，至于亏多少，那就看产险公司的看家本领是什么了。

中国保险市场拥有88家产险公司，超过50%的公司车险占比超过90%，如果没有点儿真本事，靠什么行走江湖，更不用说还要用车险去打天下。

综观当今车险市场，88家产险公司，十八般武艺，样样精通！唯独没有看家本领。

农险，靠天吃饭

一、产品导读

农业是国民经济发展的基础，同时又是典型的高风险行业。作为风险管理的重要手段，农业保险（农险）是世界各国普遍采用的转移和分散农业风险以及降低农业生产不确定性的重要保障措施，也是WTO“绿箱”政策部分允许的农业政策支持和保护工具。

中国农业保险制度经过几十年的曲折探索，从2007年中央财政农业保险保费补贴试点开始，农业保险进入了快速发展期：

一是业务规模迅速扩大，成为仅次于美国的全球第二大农业保险市场。2019年实现保费收入672亿元，承保作物面积约12亿亩，占作物总播种面积的50%左右，承保品种基本覆盖了关系国计民生和粮食安全的大宗农产品。

二是保障程度不断提高。农业保险提供的风险保障从2007年的1126亿元增长到2019年的3.6万亿元，占2019年农林牧渔业总产值（除特指以外，本书农林牧渔业简称农业）的29%，占农林牧渔业增加值的49%，占农林牧渔业总成本或农林牧渔业投入（农林牧渔业总产值与农林牧渔业增加值之差）的72%。

三是经营体系日臻完善。2019年农险经营机构增加到32家，形成了以商业保险公司为主、多元化保险经营主体参与的农业保险供给体系。

可以说，农业保险已经成为我国现代农业风险管理体系和现代农村金融体系中不可或缺的组成部分，在促进现代农业发展、保障国家粮食安全和增加农民收入方面发挥了越来越重要的“防火墙”和“安全网”作用。

这就是我们所认识的农险，正在解决农民靠天吃饭的局面。

二、农险概述

（1）风险：农业风险是人们在从事农业生产和经营过程中所遭受的不可抗力的不确定事件。农业区别于其他行业的特点是农业的主要活动都是露天进行的，这就决定了农业的生产、经营活动更直接和紧密地依赖于自然界的力量，也最易受自然界的影响，在人类拥有的知识技术手段还未能更好地克服自然界的影响时，农业已成为自然风险最大最集中的行业。

（2）产品：农业保险是农业生产者在从事种植业、林业、畜牧业和渔业生产过程中，对遭受自然灾害、意外事故（疫病、疾病）等保险事故所造成的经济损失提供保障的一种保险。

三、农险数据

表4-3给出了2000—2019年农险经营数据，包括农险保费收入、农险增长率、产险保费收入、产险增长率、农险占比、农险赔款支出、产险赔款支出、农险简单赔付率、产险简单赔付率等指标。

表 4-3　2000—2019 年农险经营数据

年份	农险保费 / 亿元	产险保费 / 亿元	农险增长率 /%	产险增长率 /%	农险占比 /%	农险赔款 / 亿元	产险赔款 / 亿元	农险简单赔付率 /%	产险简单赔付率 /%
2000	6	637	—	—	0.9	3	324	54	51
2001	3	717	–40	13	0.5	3	349	91	49
2002	5	807	44	13	0.6	4	422	84	52
2003	5	894	–3	11	0.5	3	487	73	54
2004	4	1125	–14	26	0.4	3	584	73	52
2005	7	1281	80	14	0.6	6	693	77	54
2006	7	1580	3	23	0.5	6	845	82	53
2007	52	2086	613	32	2.5	29	1067	56	51
2008	111	2446	113	17	4.5	64	1475	58	60
2009	134	2993	21	22	4.5	95	1638	71	55
2010	136	4027	1	35	3.4	96	1815	71	45
2011	174	4779	28	19	3.6	82	2249	47	47
2012	241	5530	38	16	4.4	131	2897	55	52
2013	307	6481	27	17	4.7	195	3556	64	55
2014	326	7544	6	16	4.3	206	3968	63	53
2015	375	8423	15	12	4.5	237	4448	63	53
2016	418	9266	11	10	4.5	299	5042	72	54
2017	479	10541	15	14	4.5	334	5497	70	52
2018	573	11756	20	12	4.9	393	6455	69	55
2019	672	13016	17	11	5.2	528	7279	78	56

从图4–14可以看出，农险在产险中的保费占比逐年增加，从2000年的0.87%增加到2019年的5.17%，这主要得益于中央财政农业保险保费补贴。

从图4–15可以看出，2014年以前农险增长率波动巨大，2014年之后基本与产险增长率一致，主要是因为2014年之后农业保险承保面增幅不大，农业保险主要开始转向林业、渔业、牧业等，但基本上每年增幅都高于产险增幅。

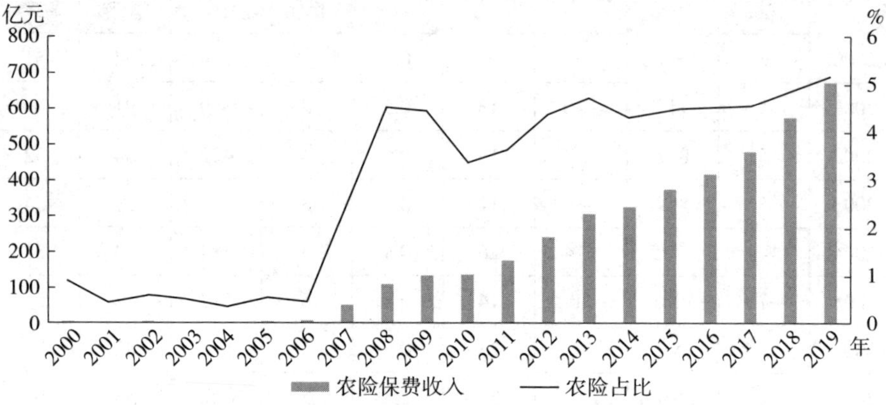

图 4-14　2000—2019 年农险保费收入及占比情况

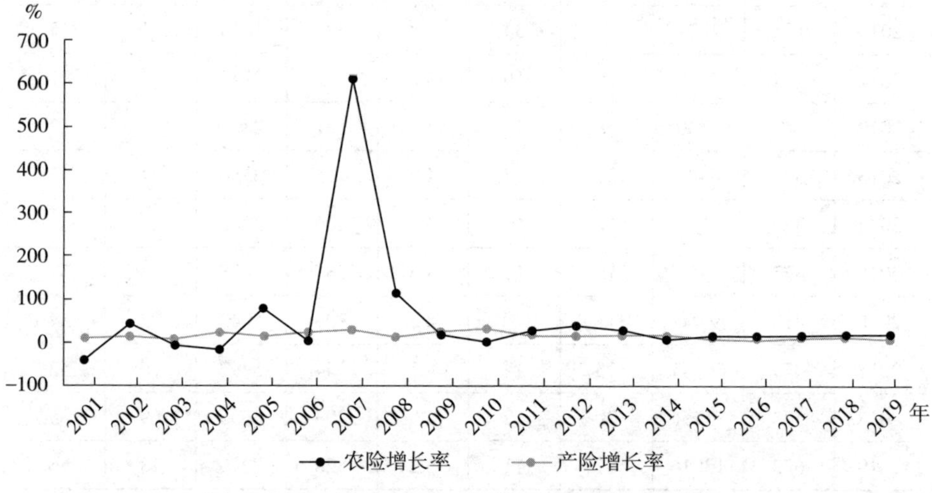

图 4-15　2001—2019 年农险与产险增长率情况

从图4-16可以看出，除个别年份之外农险简单赔付率都大于产险简单赔付率，最近几年赔付率维持在70%左右，整体来看与农险制度的设计初衷一致，作为一个政策性险种，要让利于农民。反观我们的车险，赔付率和费用率已经倒挂了，说好的让利于消费者呢？

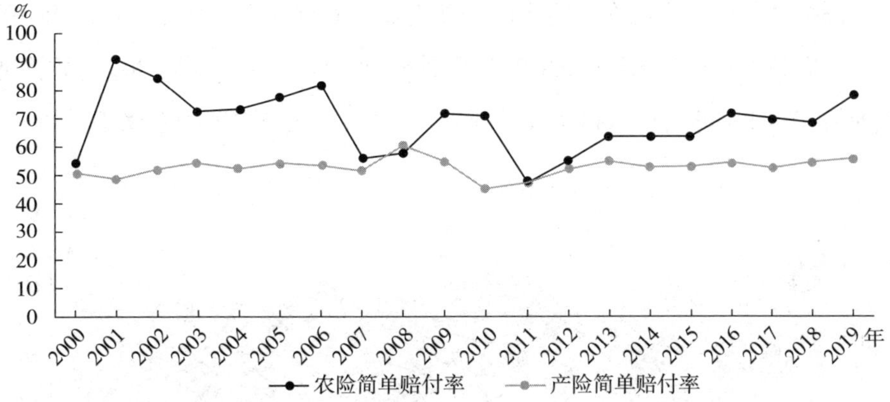

图 4-16　2000—2019 年农险与产险简单赔付率情况

四、农险发展

农险与农林牧渔业总产值、耕地面积、林业面积等指标密切相关，这是我们的直观印象。下面我们来分析农险发展与这些指标之间的关系。

图4-17给出了农险增长率与农业总产值增长率之间的关系，因为中国农业保险发展较晚，所以我们看到农险增长率高于农业总产值增长率，但随着农险覆盖度的提高，农险增长率开始回归稳定。

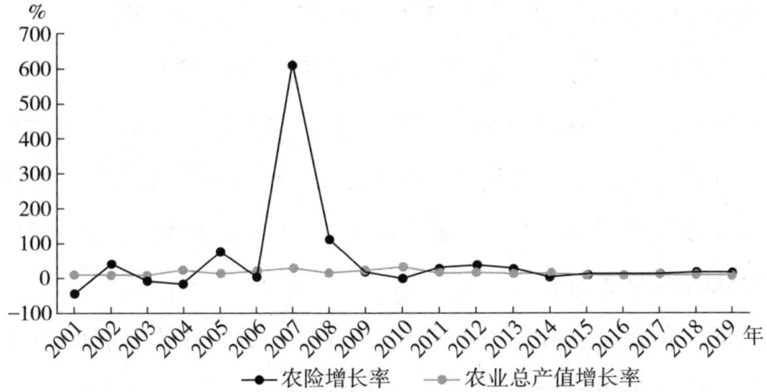

图 4-17　2001—2019 年农险与农业总产值增长情况

图4–18给出了农险在产险中的保费占比、农林牧渔业增加值在GDP中的占比，农险占比从2000年的0.87%上升到2019年的5.17%，而同期农林牧渔业增加值在GDP中的占比从14.90%下降到7.43%，相应农险覆盖率逐年增加。

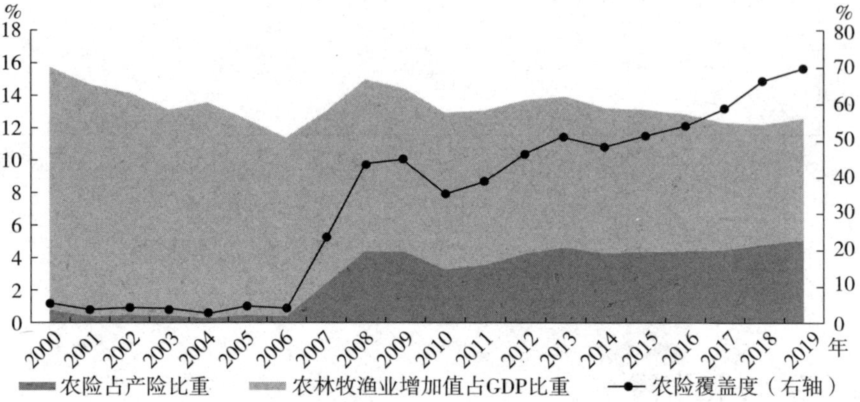

图 4–18 2000—2019 年农险与农林牧渔业增加值占比情况

通过图4–17、图4–18可以看出，我国农险经过10年的发展已经开始进入平稳发展期，预期未来将保持一个平稳的发展。

五、农险思考

农险的规模排名从2006年的13名上升到2017年的第2名，2019年受健康险、保证险的高速增长，排名下降到第5名（见图4–19）。

我国农业保险的发展脉络是“保成本、保产量、保收益”，为了研判中国农业保险的未来，我们需要明确这几个因素背后的逻辑。“保成本”接近于农林牧渔业投入，“保产量”接近于农林牧渔业总产值，“保收益”接近于农林牧渔业增加值。

2019年，农林牧渔业总产值为12.40万亿元，农林牧渔业增加值为7.66万亿元，可计算得出农林牧渔业总成本为5.03万亿元；农林牧渔业投入占比41%，农林牧渔业增加值占比59%。

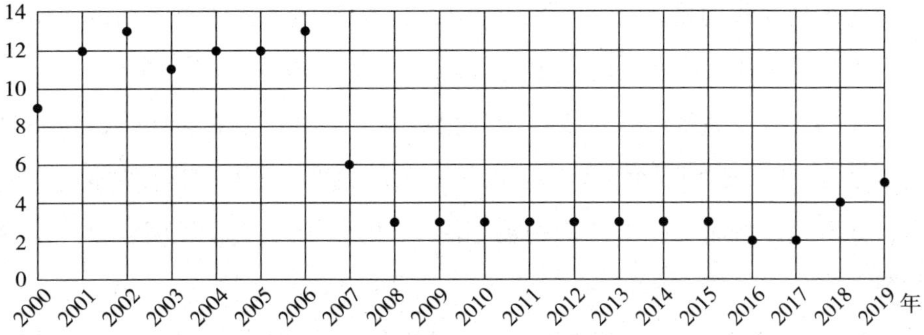

图 4-19　农险在产险中的规模排名

图4-20给出了2000—2019年农业险风险保障、农林牧渔业总产值保障比例（农业风险保障/农林牧渔业总产值）、农林牧渔业增加值保障比例、农林牧渔业投入保障比例数据，从图中可以看出，农林牧渔业投入保障比例从2000年的6%增加到2019年的72%，风险保障水平已经接近于农林牧渔业的总成本；农林牧渔业增加值保障比例从2000年的4%增加到2019年的49%，风险保障水平已经接近于农林牧渔业总收益的50%；农林牧渔业总产值保障比例从2000年的2%增加到2019年的29%，风险保障水平已经接近于农林牧渔业总收益的50%。

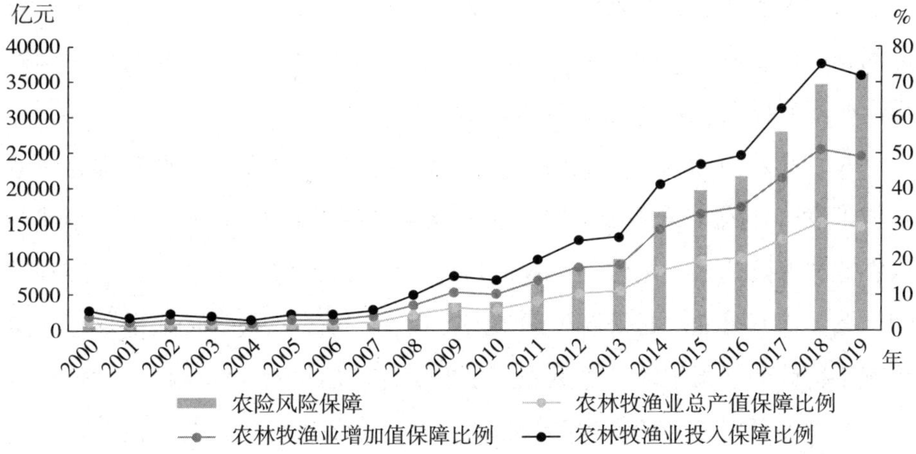

图 4-20　农险风险保障比例情况

如果现在我们是保成本，可以想象一下保产量、保收益之后的农险规模真的会像有些报道所说的“千亿市场待开拓”“万亿级市场诱人”吗？

2019年农林牧渔业投入保障比例已经达到72%，但农业保险覆盖面目前不足70%[①]，显然已经承保农险的农林牧渔业投入已经实现了成本的全覆盖，并且是超额覆盖，是我们的数据出了问题，还是其他原因？百思不得其解。

2018年8月28日，财政部、农业农村部、银保监会共同印发《关于开展三大粮食作物完全成本保险和收入保险试点工作的通知》（财金〔2018〕93号），推动保障水平在目前种子、化肥等物化成本和地租成本的基础上，进一步增加劳动力成本至覆盖全部农业生产成本或直接开展收入保险，切实促进农业保险转型升级，保障农户种粮积极性。

如果按照该文件给出的风险保障水平计算，预计试点结束，我国农业投资如风险保障水平将超过100%，农业增加值风险保障水平将接近100%，农业总产值风险保障水平将超过50%。

风险保障水平是衡量农业保险功效的主要标准，是农业保险政策效果的集中体现，是反映农业保险“三农”服务能力、现代农业发展护航能力和参与国家农业农村治理能力的一个核心指标。因此，党中央、国务院对此问题高度重视，在2016年、2017年中央一号文件等多个政策文件中明确提出要不断提高农业保险风险保障水平。

2019年2月11日，中国人民银行、银保监会、证监会、财政部、农业农村部联合印发《关于金融服务乡村振兴的指导意见》，明确提出组建中国农业再保险公司。组建一个农业再保险公司显然不能解决当前农险存在的问题，而有可能会是一种资源浪费。因为目前全国各地的农业保险普遍依赖于行政的强力推动，虽然降低了农业保险的经营成本，但这种低成本很大程度上是以较大的违规为代价的，已经对农业保险声誉造成了严重的

① 数据来源：2019年10月财政部下发的《关于加快农业保险高质量发展的指导意见》。

伤害，注定难以持续。

由于保险公司的关注点主要在政府补贴上，而忽视自身能力建设，经营管理不规范、虚假承保理赔等问题比较突出。甚至在一些地方，一定程度上存在“保费是垫出来的、赔款是谈出来的、财政补贴是套出来的”现象，已经背离了农业保险的政策目标。

保险公司要真正深耕农险市场，提高业务的可持续性，关键要在提高自身产品创新能力、风险控制能力上下足功夫。虽然说农业保险解决了农民几千年“靠天吃饭”的局面，但是保险公司经营农险不能“靠天吃饭”。

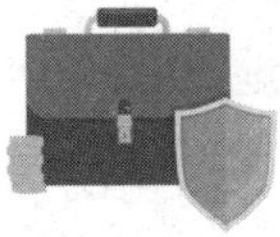

第五章 漫谈产品（三）

信用险，曾经的贵族

一、产品导读

谈到信用保险（信用险），传统就是指“出口信用保险”，一种“由国家财政支持的保险机构对本国出口商和银行在出口收汇、出口信贷等业务中所面临的商业风险和政治风险提供的政策性保险”。

早期的出口信用保险皆为政策性保险，并大多由政府直接承办。比如世界上第一家出口信用保险机构——1919年在英国成立的出口信用担保局（Export Credit Insurance Guarantee Department，ECGD），以及后来成立的加拿大出口发展公司（Export Development Canada，EDC）、挪威出口信用担保局（The Norwegian Guarantee Institute for Export Credits，GIEK）等都是典型的国有政策性出口信用保险机构。

迄今为止，中国出口信用保险已经历30年的发展历程：

（1）1989年，中央政府责成中国人民保险公司负责办理以短期业务为主的出口信用保险业务。

（2）1992年，人保公司（PICC）为支持大型成套机电设备、船舶、飞机和汽车等资本性货物的出口而开办了中长期业务。

（3）1994年，政策性银行——中国进出口银行成立并开始办理出口信用保险业务，并和PICC进行了简单的分工：PICC主要经营短期出口险，中国进出口银行主要经营机电产品和大型成套设备中长期出口的信用险。

（4）2001年12月18日，中国出口信用保险公司（中国信保）正式揭牌运营，成为我国唯一的专业出口信用保险机构。

截至2019年末，中国信保累计支持的国内外贸易和投资规模超过4.6万亿美元，为超过16万家企业提供了信用保险及相关服务，累计向企业支付赔款141.6亿美元，累计带动200多家银行为出口企业融资超过3.6万亿元人民币。根据伯尔尼协会统计，2015年以来，中国信保业务总规模连续在全球官方出口信用保险机构中排名第一。

这就是我们所认识的信用险，出生于“贵族”家庭。这个曾经的贵族，现在怎么样了？

二、信用险概述

（1）风险：信用保险会在投保企业的欠款遭到延付的情况下，按照事先与企业约定好的赔付比例赔款给企业。引发这种拖延欠款的行为可能是政治风险（包括债务人所在国发生汇兑限制、征税、战争及暴乱等）或者商业风险（包括拖欠、拒收货物、无力偿付债务、破产等）。

（2）产品：信用保险是保险人根据权利人的要求担保被保证人信用的行为。如果由于被保证人的作为或不作为导致权利人遭受经济损失，保险人必须按照保险合同的约定赔偿权利人的损失，并取得向被保证人追偿的权利。

三、信用险数据

表5-1给出了2000—2019年信用险经营数据，包括信用险保费收入、信用险增长率、产险保费收入、产险增长率、信用险占比、信用险赔款支出、产险赔款支出、信用险简单赔付率、产险简单赔付率等指标。

表 5-1　2000—2019 年信用险经营数据

年份	信用险保费 / 亿元	产险保费 / 亿元	信用险增长率 / %	产险增长率 /%	信用险占比 /%	信用险赔款 / 亿元	产险赔款 / 亿元	信用险简单赔付率 /%	产险简单赔付率 /%
2000	3	637	—	—	0.5	1	324	30	51
2001	3	717	–12	13	0.4	2	349	68	49
2002	7	807	150	13	0.9	8	422	108	52
2003	8	894	13	11	0.9	8	487	101	54
2004	16	1125	92	26	1.4	10	584	63	52
2005	23	1281	44	14	1.8	10	693	43	54
2006	29	1580	25	23	1.8	13	845	46	53
2007	35	2086	21	32	1.7	2	1067	7	51
2008	37	2446	6	17	1.5	28	1475	76	60
2009	70	2993	91	22	2.3	31	1638	44	55
2010	96	4027	37	35	2.4	31	1815	32	45
2011	115	4779	20	19	2.4	57	2249	49	47
2012	161	5530	39	16	2.9	68	2897	42	52
2013	155	6481	–3	17	2.4	70	3556	45	55
2014	201	7544	29	16	2.7	58	3968	29	53
2015	193	8423	–4	12	2.3	45	4448	23	53
2016	201	9266	4	10	2.2	91	5042	46	54
2017	214	10541	7	14	2.0	95	5497	44	52
2018	242	11756	13	12	2.1	128	6455	53	55
2019	200	13016	–18	11	1.5	113	7279	57	56

从图5-1可以看出，信用险在产险中的保费占比在2012年达到峰值，最近几年逐年下降，从2012年的2.90%下降到2019年的1.54%，这与进出口总额增长率趋势基本一致。

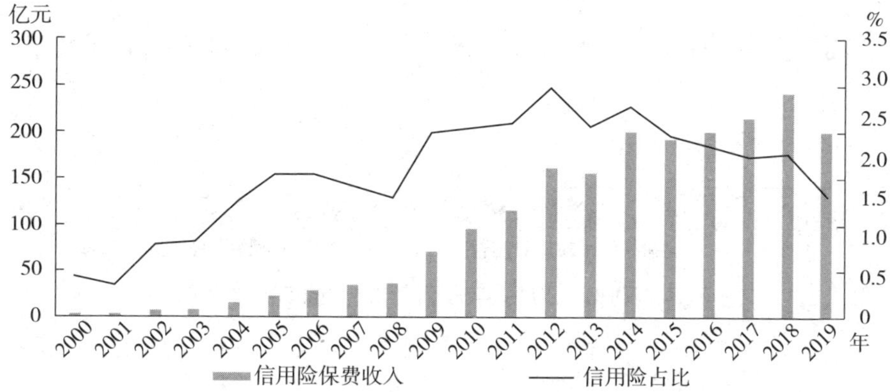

图 5-1　2000—2019 年信用险保费收入及占比情况

从图5-2可以看出，信用险增长率波动巨大，围绕产险增长率上下波动，并且在一些年份出现了负增长。2019年受全球贸易环境恶化影响，信用险保费下降为-18%。

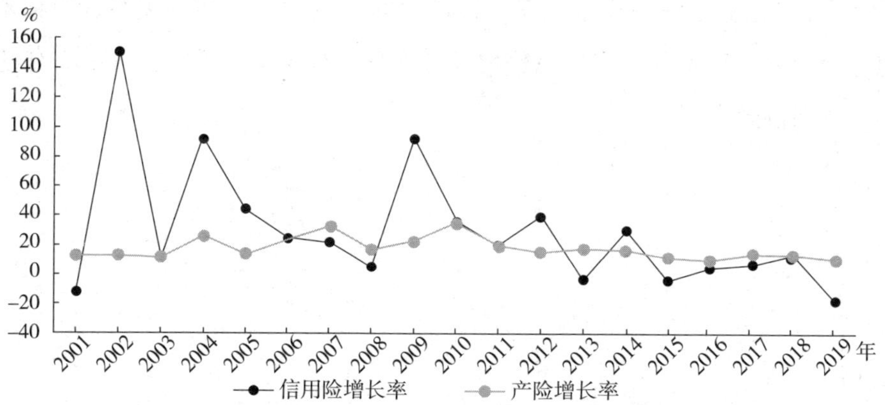

图 5-2　2001—2019 年信用险与产险增长率情况

从图5-3可以看出，除了个别年份，信用险简单赔付率都低于产险简单赔付率，受全球贸易环境恶化的影响，2014年之后逐年上升，2018年达到52.75%，2019年继续上升到56.72%，预计未来几年会进一步恶化。

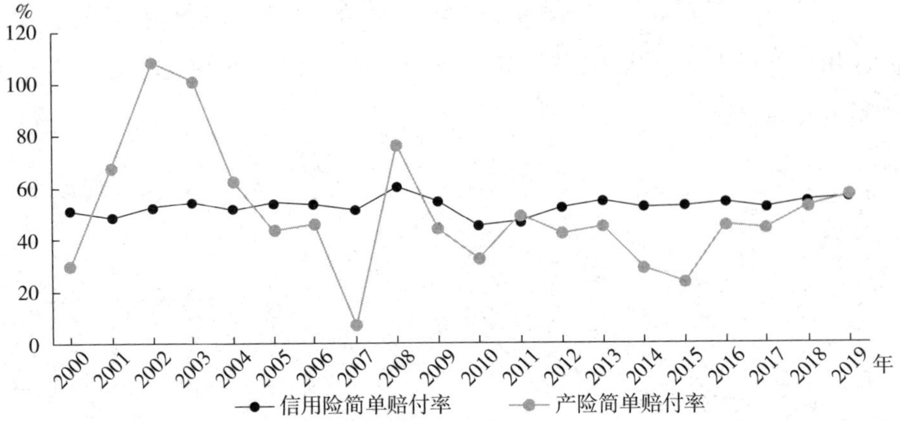

图 5-3　2000—2019 年信用险与产险简单赔付率情况

四、信用险发展

信用险与进出口总额等指标密切相关，这是我们的直观印象。下面我们来分析信用险发展与这些指标之间的关系。

图5-4给出了信用险增长率与进出口总额增长率之间的关系，可以看出，信用险增长率与进出口总额增长率变化趋势基本一致，并在2015年之后基本保持同步。

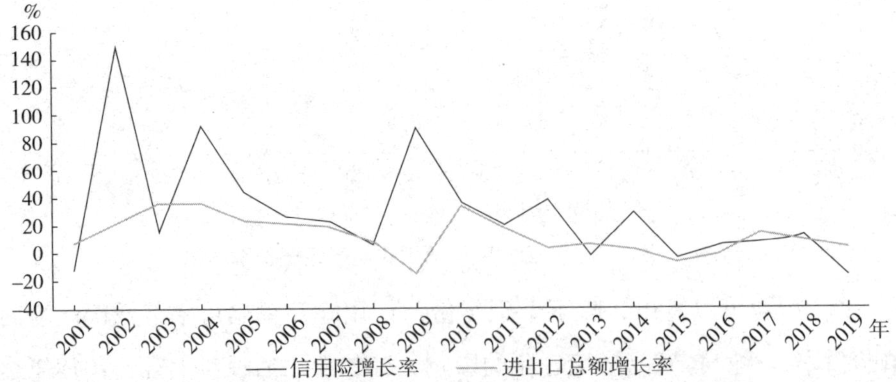

图 5-4　2001—2019 年信用险与进出口总额增长情况

图5-5给出了信用险在产险中的保费占比、进出口总额在国内生产总值中的占比，信用险占比从2000年的0.53%上升到2019年的1.54%，而同期进出口总额占比从39.16%下降到31.84%。

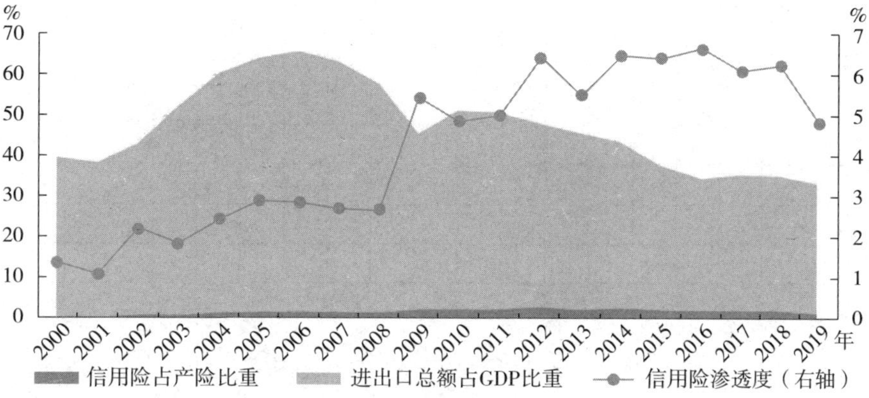

图 5-5　2000—2019 年信用险与进出口总额占比情况

为了更直观地说明信用险规模与进出口总额之间的关系，图5-5给出了信用险渗透度指标（信用险渗透度=信用险在产险中的保费占比/进出口总额在国内生产总值中的占比），从2000年的1.35%上升到2018年的6.22%，2019年急速下降到4.83%。

通过图5-4、图5-5可以看出，我国信用险的发展已经进入一个平稳期，基本与进出口总额变动保持一致，信用险渗透度连续多年维持在6%左右，因全球贸易环境的恶化，预计信用险渗透度将进一步下降。

五、信用险思考

信用险，曾经的贵族，一度成为产险第五大险种（如图5-6所示），其中中国信保发挥了巨大的作用。

中国信保以“履行政策性职能，服务开放型经济”为己任，积极扩大出口信用保险覆盖面，为我国货物、技术、服务出口，以及为海外工程承包、海外投资项目提供全方位风险保障，在支持“一带一路”建设、促进国际产能合作、培育国际经济合作和竞争新优势、推动经济结构优化等方面发挥了“不可替代的作用”。

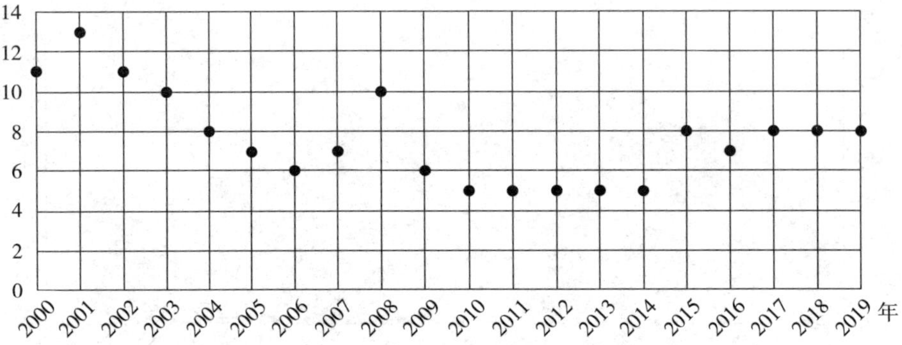

图 5-6　信用险在产险中的规模排名

图5-7给出了中国信保2004年至今的信用险保费收入及占比情况，中国信保占比从2004年的100%虽然下降到2019年的74%，但仍处于垄断地位。

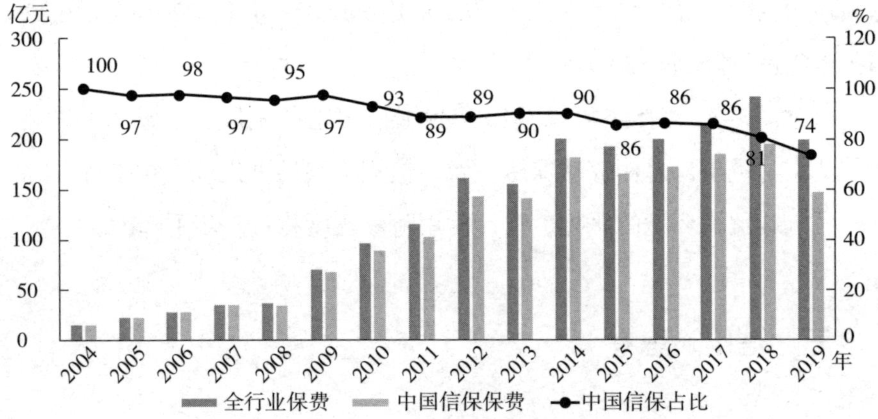

图 5-7　中国信保信用保险保费收入及占比情况

早期各国把出口信用保险界定为政策性业务的两个理论依据是：其一，出口信用风险大，不可预见的因素多，商业保险的风险分散能力有限，因而具有一定的自然垄断性质，需要政府直接经营或特许经营并给予一定的财政补助；其二，出口信用保险具有鼓励厂家出口、推动本国对外贸易发展的正的外部性，但出口信用保险业务的利润率低，因此在其发展初期需要政府的政策推动。

另外，出口信用保险是WTO规则允许成员国政府使用的为数不多的鼓励出口的工具之一，与出口退税、政府贴息、出口信贷和出口融资担保等工具相比，出口信用保险有着独特的优势。

近百年的实践证明，出口信用保险消除了企业在出口货物、技术、服务以及海外投资等活动中被海上保险列为除外责任的信用风险，从而使出口商在一定程度上摆脱了国际贸易中因客户失信或倒闭而无法安全收汇的处境，推动了出口贸易额大幅增长，各国从出口贸易中获得了更多的经济利益。

随着信用保险经验的积累、承保范围的扩大和出口信用保险市场的逐渐成熟，我国出口信用保险业务商业化进程加快，商业信用保险逐步成为出口信用保险体系中的一部分。但是，我们也看到了，短期之内仍然无法撼动中国信保的垄断地位，也无法改变中国信用保险的贵族性质。

信用险，政策性保险主导的一个险种，从诞生之日就打上了“贵族”的烙印，我们也没有看到这一贵族的没落。曾经的贵族，还是贵族。

保证险，金融乱象的替罪羊

一、产品导读

说到保证保险（保证险），作为保险人，都不能忽视汽车消费贷款保证保险业务（车贷险），十几年过去了，我们一起回忆一下这段历史：

（1）风险情况。1998年，产险公司针对银行的个人汽车消费贷款业务，开办了以借款人为投保人的车贷险。自2001年起，车贷险的风险日益显现，面临巨额赔付。

截至2004年6月30日，各产险公司车贷险累计承保金额共2110.19亿元，累计保费收入共40.13亿元，但累计赔款支出共16.30亿元，未决赔款共21.95亿元，逾三期本息额（因购车人即投保人欠缴银行贷款所致）达到22亿元，尚有未到期保险责任602亿元，面临较大的经营亏损。

（2）风险产生原因。

一是保险公司对车贷险业务性质认识不清，经营思想出现偏差。主要体现在：①盲目发展车贷险，缺乏必要的风险控制；②条款设计不合理，保险责任过大，承担了贷款偿还的连带保证责任，信贷风险全部由银行转嫁到保险公司；③承保范围过宽，将营运车也纳入承保范围，风险因素增加。

二是银行放松了对贷款的资信调查和风险控制。

三是法制环境不完善，一些地区车管所没有依据《担保法》和《机动车辆登记办法》办理车辆抵押登记手续，汽车抵押担保形同虚设；对涉嫌诈骗案件，公安机关基于破案率的考虑，以证据不足等理由不予立案；各地法院将车贷险纠纷作为担保案件来处理，保险公司几乎全部败诉。

四是社会信用体系不健全，缺乏信用监督和惩罚机制。

五是汽车频繁大幅降价，造成部分借款人故意不还款。

看到这里，我们不会忘记最近的一些事件，浙商财险的“侨兴债”保证保险事件、长安责任保险的“P2P”保证保险事件，还有阳光财险、安心保险、天安财险、众安保险、大地保险、中华联合……多家保险公司掉进同一个“P2P”坑里。

如果要总结最近保证保险事件的原因，相信也不会超过车贷险的“五条原因”。通过这些“金融乱象”，我们不难发现，最后都是“保证保险”成为了替罪羊。

这就是我们所认识的保证险，金融乱象的替罪羊！

二、保证险概述

（1）风险：保证保险是随着商业道德危机的频繁发生而发展起来的。保证保险新险种的出现，是保险业功能由传统的补救功能、储蓄功能，向现代的资金融通功能的扩展，对拉动消费、促进经济增长产生积极的作用。

（2）产品：保证保险是由保险人以保证人的身份为被保证人向权利人提供的信用担保，如果被保证人的行为导致权利人遭受损失，在被保证人不能补偿权利人经济损失的情况下，由保证人代替被保证人赔偿权利人的经济损失，并拥有向被保证人追偿的权利。

三、保证险数据

表5-2给出了2000—2019年保证险经营数据，包括保证险保费收入、保证险增长率、产险保费收入、产险增长率、保证险占比、保证险赔款支出、产险赔款支出、保证险简单赔付率、产险简单赔付率等指标。

表 5-2　2000—2019 年保证险经营数据

年份	保证险保费/亿元	产险保费/亿元	保证险增长率/%	产险增长率/%	保证险占比/%	保证险赔款/亿元	产险赔款/亿元	保证险简单赔付率/%	产险简单赔付率/%
2000	2	637	—	—	0.3	1	324	53	51
2001	4	717	122	13	0.6	1	349	24	49
2002	9	807	119	13	1.1	2	422	22	52
2003	2	894	-78	11	0.2	1	487	32	54
2004	1	1125	-50	26	0.1	2	584	200	52
2005	18	1281	1700	14	1.4	15	693	83	54
2006	7	1580	-59	23	0.5	15	845	200	53

续表

年份	保证险保费/亿元	产险保费/亿元	保证险增长率/%	产险增长率/%	保证险占比/%	保证险赔款/亿元	产险赔款/亿元	保证险简单赔付率/%	产险简单赔付率/%
2007	4	2086	–45	32	0.2	8	1067	198	51
2008	6	2446	55	17	0.3	5	1475	80	60
2009	8	2993	26	22	0.3	5	1638	57	55
2010	23	4027	186	35	0.6	3	1815	11	45
2011	57	4779	147	19	1.2	4	2249	7	47
2012	93	5530	65	16	1.7	9	2897	10	52
2013	120	6481	29	17	1.9	17	3556	14	55
2014	200	7544	66	16	2.6	29	3968	15	53
2015	208	8423	4	12	2.5	64	4448	31	53
2016	184	9266	–12	10	2.0	62	5042	34	54
2017	379	10541	106	14	3.6	78	5497	21	52
2018	645	11756	70	12	5.5	235	6455	36	55
2019	844	13016	31	11	6.5	377	7279	45	56

从图5-8可以看出，保证险在产险中的保费占比逐年上升，从2000年的0.30%上升到2019年的6.48%，其与信贷融资规模、社会融资规模、GDP增长率等指标没有关联关系，这是一个自我发展的产业，一个疯狂的险种。

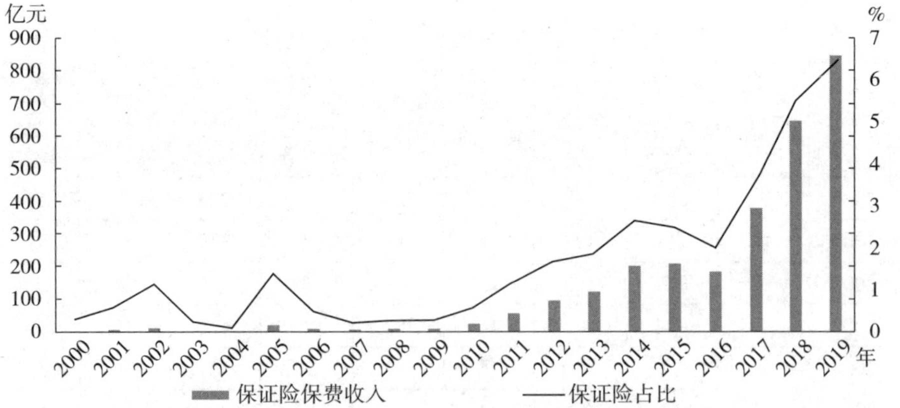

图 5-8　2000—2019 年保证险保费收入及占比情况

从图5-9可以看出，保证险增长率波动巨大，从2010年以来，已经经历了四个波峰，可谓大起大落，多数年份增长率超过了100%，甚至达到1700%。

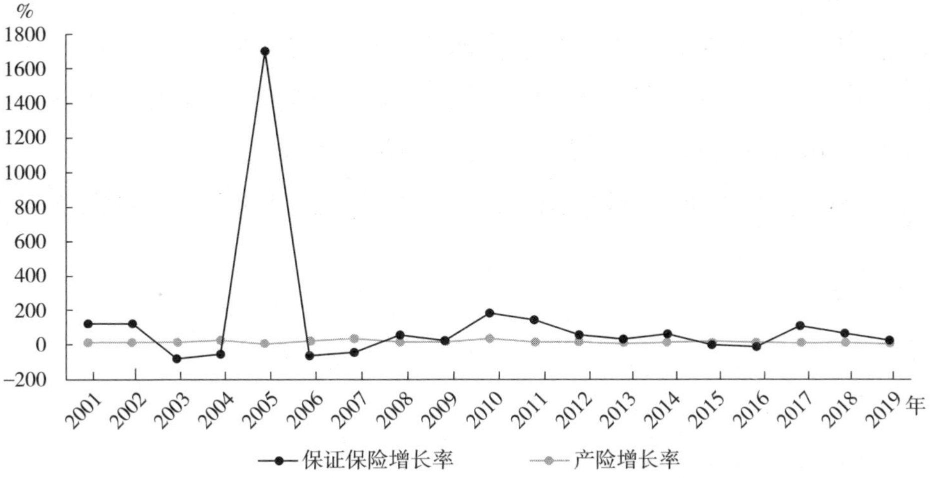

图5-9　2001—2019年保证险与产险增长率情况

从图5-10可以看出，保证险简单赔付率也是波动巨大，2003—2009年平均维持在100%左右；从2010年开始低于产险简单赔付率，2019年为44.65%，可谓是超预期发展的10年；同时，这10年更是平安财险的10年。

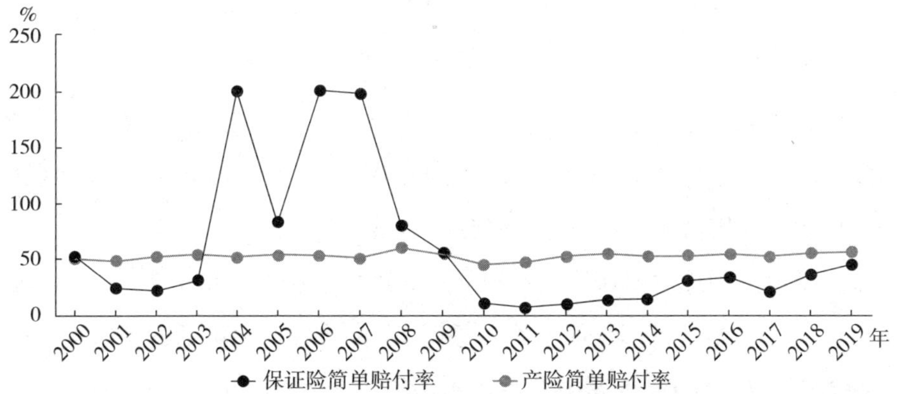

图5-10　2000—2019年保证险与产险简单赔付率情况

四、保证险发展

保证险与信贷融资规模、社会融资规模等指标密切相关，这是我们的直观印象。下面我们来分析保证险发展与这些指标之间的关系。

图5-11给出了保证险增长率与信贷融资规模增长率之间的关系，可以看出，保证险增长率与信贷融资规模增长率之间基本没有关系，总体来看信贷融资规模增长率比较平稳，但是保证险增长率却是别有天地。

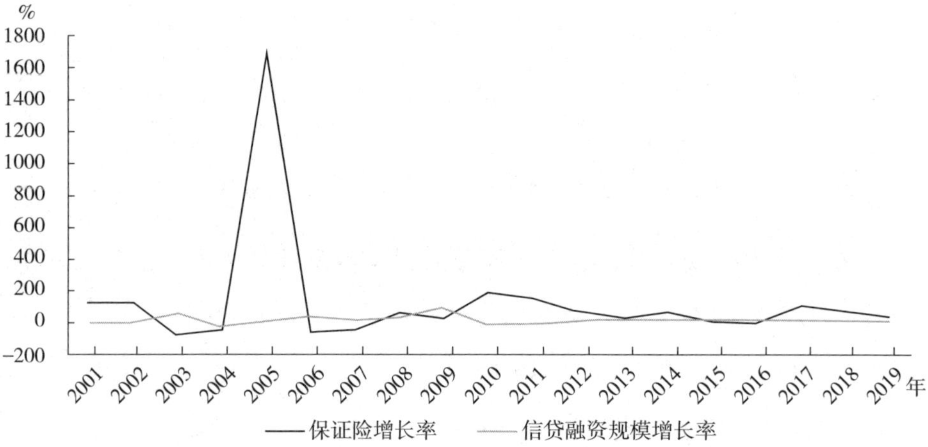

图 5-11　2001—2019 年保证险与信贷融资规模增长情况

图5-12给出了保证险在产险中的保费占比、信贷融资规模在社会融资规模中的占比，保证险占比从2000年的0.30%上升到2019年的6.48%，而同期信贷融资规模占比从91.86%下降到65.76%。

为了更直观地说明保证险规模与信贷融资规模之间的关系，图5-12给出了保证险渗透度指标（保证险渗透度=保证险在产险中的保费占比/信贷融资规模在社会融资规模中的占比），从2002年的1.24%上升到2019年的9.86%，逐年上升。

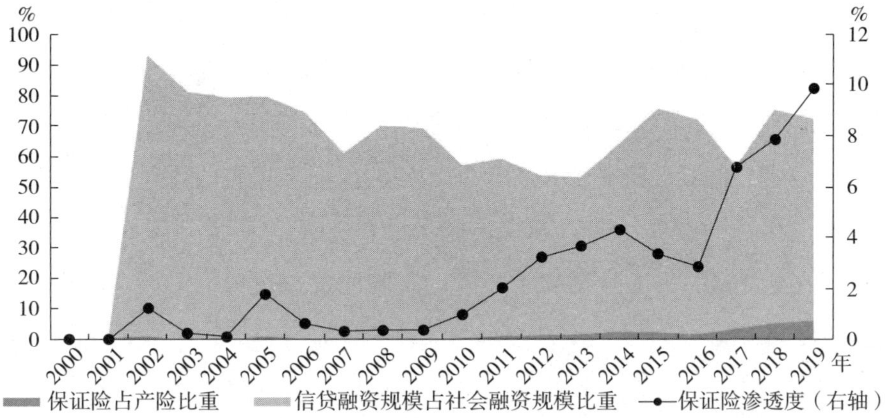

图 5-12　2000—2019 年信用险与信贷融资规模占比情况

通过图5-11、图5-12可以看出，我国保证险的发展严重偏离信贷融资规模、社会融资规模、GDP增长率等指标；可见，保证险一直游离于社会发展经济指标之外，并与每一次的金融乱象同步，可谓一个奇葩的险种。

五、保证险思考

保证险，经历疯狂的10年，已经成为产险第二大险种（如图5-13所示），这其中平安财险发挥了巨大的作用。

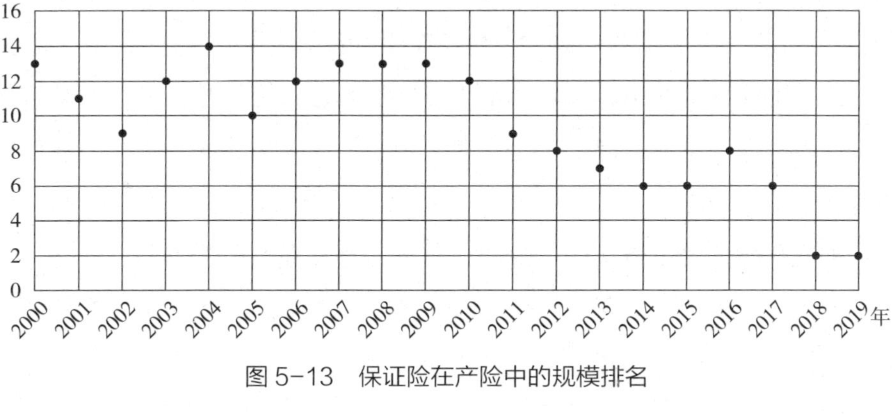

图 5-13　保证险在产险中的规模排名

平安财险信用保证保险事业部成立于2005年8月，其依托平安集团雄厚的资本实力和规范化的管理，首创“信用险+银行贷款”的业务模式，致力于推广和发展小额个人无抵押消费贷款事业。

图5-14给出了平安财险2010—2019年的保证险保费收入及占比，2012年行业占比达到85%，随着多家产险公司的加入，占比下降到2019年的41%。平安财险的保证险延续了其电话车险的发展优势，电话车险行业占比也一度超过50%。

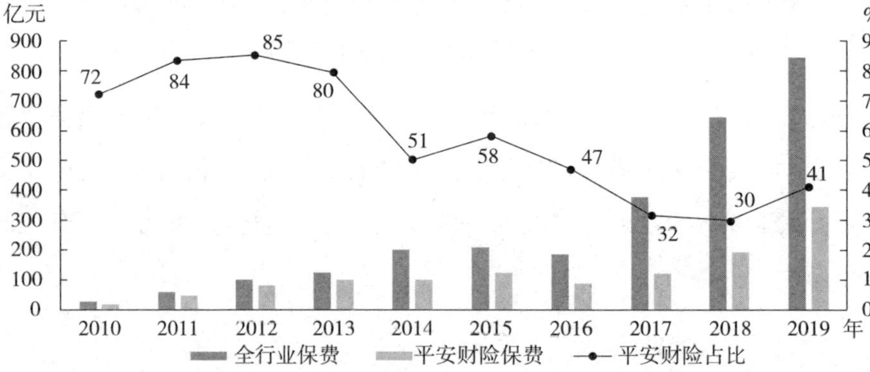

图 5-14　平安财险保证保险保费收入及占比情况

此时，我们好像明白了，保证保险疯狂的10年，其实是平安财险的10年。正如电话车险一样，所有公司蜂拥而上时，平安财险已经开始收缩保证保险业务；其结果也一样，平安财险赚足了利润，而其他公司依旧难以盈利，甚至有许多公司在保证保险、电话车险上栽了跟头。

由于平安财险在引领市场，绝大多数保险公司都只是在模仿，学了皮毛，而没有深入了解精髓，都是在盲人摸象，这就最终导致了我们前面所说的保证险的局面。

平安财险押对了金融的每一次大发展，这是我们所看到的；但是，我们也看到了很多保险公司裹挟进了金融的每一次乱象，成为金融乱象的替罪羊。

此时，保证保险的故事已经结尾，这使人突然想到了一句忠告："学谁别学平安"，因为盲人摸象的故事我们都听过。

其他险，包罗万象

一、产品导读

何谓其他险？2016年12月30日，原保监会发布的《财产保险公司保险产品开发指引》第一次对其他险进行了定义："不能界定具体险种和明确近因归属的保险产品，其险种归属为其他。"

何谓不能界定具体险种？何谓不能明确近因归属？笔者查询了保险相关法律文本，没有找到一个合理的解释。

看完这个定义，更是一头雾水，反正其他险不属于机动车辆保险、农业保险、企业财产保险、家庭财产保险、工程保险、责任保险、信用保险、保证保险、船舶保险、货物运输保险、特殊风险保险、意外伤害保险、短期健康保险之列。

其他险到底包括哪些产品？众安保险似乎已经给出了一个（标准）答案（见表5–3）。

表 5–3　其他险的主要产品（以众安保险为例）

序号	其他险	序号	其他险
1	网络购物退货运费损失保险	22	附加航班取消保险
2	网络购物退货运费损失保险（买家投保版）	23	儿童走失找寻费用补偿保险（A 款）
3	夏季消暑费用损失保险	24	附加扩展境内及国际航班保险
4	附加旅程延误保险	25	信息安全综合保险

续表

序号	其他险	序号	其他险
5	附加旅行变更保险	26	网络购物退货运费损失保险（B 款）
6	附加旅行慰问探访保险	27	法律费用补偿保险
7	附加未成年人送返费用补偿保险	28	活动取消与变更保险（B 款）
8	附加旅程延误团体保险	29	酒店取消保险
9	附加旅行变更团体保险	30	司法拍卖交易保障保险
10	附加旅行慰问探访团体保险	31	网约车延误补偿保险
11	附加旅行身故遗体送返团体医疗保险	32	旅行取消保险（B 款）
12	附加旅行运送和送返团体医疗保险	33	医生临时停诊保险
13	航班延误保险（C 款）	34	网购商品配送延误保险
14	个人法律费用补偿保险	35	签证拒签保险（2018 版）
15	“老河沟”保护熊猫费用损失保险	36	网购商品退货价值贬损保险(卖方版）
16	航空机票取消及改签保险（B 款）	37	附加旅行变更保险（2018 版）
17	中转联程航班延误保险	38	附加保费分期缴付条款
18	票务取消保险	39	交易保障保险
19	附加航班延误或取消保险（B 款）	40	附加特约指定第三方服务条款
20	附加退货关税损失保险	41	试管婴儿手术妊娠失败保险
21	旅行取消保险	42	附加网络购物换货运费损失保险

二、其他险概述

（1）风险：机动车辆保险、农业保险、企业财产保险、家庭财产保险、工程保险、责任保险、信用保险、保证保险、船舶保险、货物运输保险、特殊风险保险、意外伤害保险、短期健康保险这些险种不能承保的风险。

（2）产品：其他险是指不能界定具体险种和明确近因归属的保险产品。

三、其他险数据

表5-4给出了2000—2019年其他险经营数据，包括其他险保费收入、其他险增长率、产险保费收入、产险增长率、其他险占比、其他险赔款支出、产险赔款支出、其他险简单赔付率、产险简单赔付率等指标。

表 5-4　2000—2019 年其他险经营数据

年份	其他险保费 / 亿元	产险保费 / 亿元	其他险增长率 / %	产险增长率 /%	其他险占比 /%	其他险赔款 / 亿元	产险赔款 / 亿元	其他险简单赔付率 /%	产险简单赔付率 /%
2000	18	637	—	—	2.9	5	324	27	51
2001	24	717	28	13	3.3	9	349	38	49
2002	35	807	49	13	4.3	11	422	31	52
2003	66	894	89	11	7.4	15	487	22	54
2004	91	1125	37	26	8.1	26	584	29	52
2005	2	1281	−98	14	0.2	1	693	50	54
2006	2	1580	−21	23	0.1	1	845	58	53
2007	0	2086	−81	32	0	0	1067	63	51
2008	0	2446	63	17	0	1	1475	151	60
2009	1	2993	84	22	0	0	1638	22	55
2010	3	4027	211	35	0.1	0	1815	7	45
2011	3	4779	14	19	0.1	1	2249	22	47
2012	2	5530	−38	16	0	1	2897	48	52
2013	2	6481	−1	17	0	1	3556	55	55
2014	13	7544	548	16	0.2	9	3968	73	53
2015	22	8423	74	12	0.3	15	4448	68	53
2016	21	9266	−5	10	0.2	15	5042	70	54
2017	26	10541	22	14	0.2	17	5497	65	52
2018	31	11756	20	12	0.3	16	6455	50	55
2019	64	13016	107	11	0.5	43	7279	67	56

从图5-15可以看出，其他险在产险中的保费占比逐年下降，从2000年的2.90%急剧上升到2004年的8.09%，又急剧下降到2005年的0.16%，最近几年因退货运费险、航班延误险等场景化产品的热销，占比略有提升，2019年为0.49%。

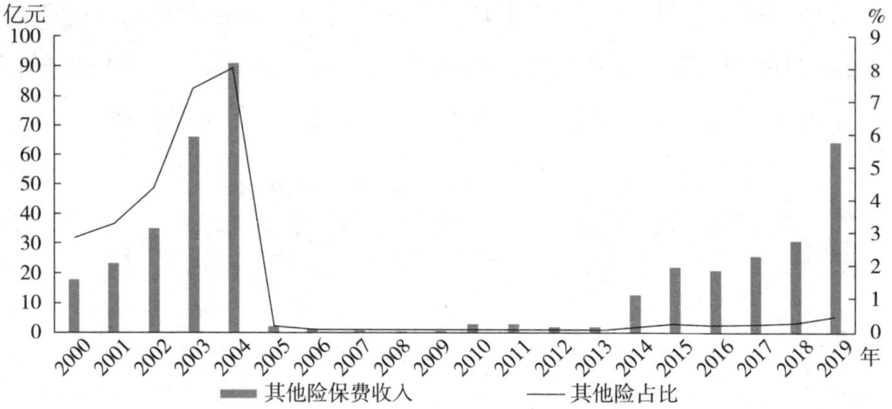

图 5-15　2000—2019 年其他险保费收入及占比情况

从图5-16可以看出，其他险增长率波动巨大，可谓大起大落，最近几年开始与产险增长率同步。

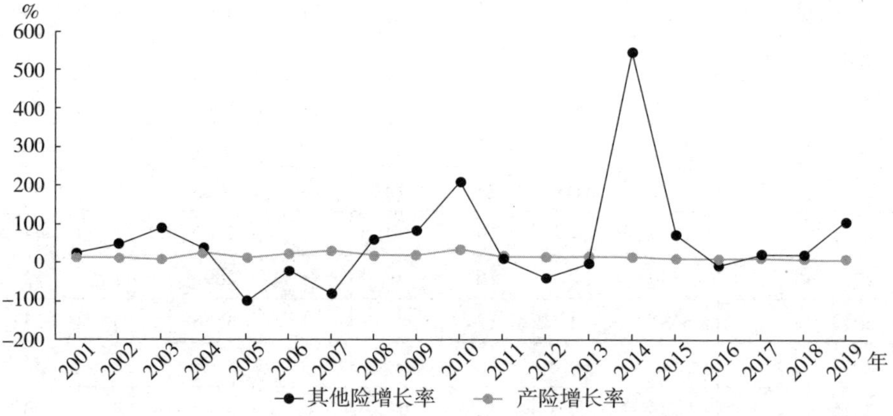

图 5-16　2001—2019 年其他险与产险增长率情况

从图5-17可以看出，其他险的简单赔付率也是剧烈波动，2008年达到了151.02%，笔者查阅了2008年的有关报道，具体原因不详。最近几年普遍高于产险简单赔付率，所以涉足其他险，还是需要慎之又慎。

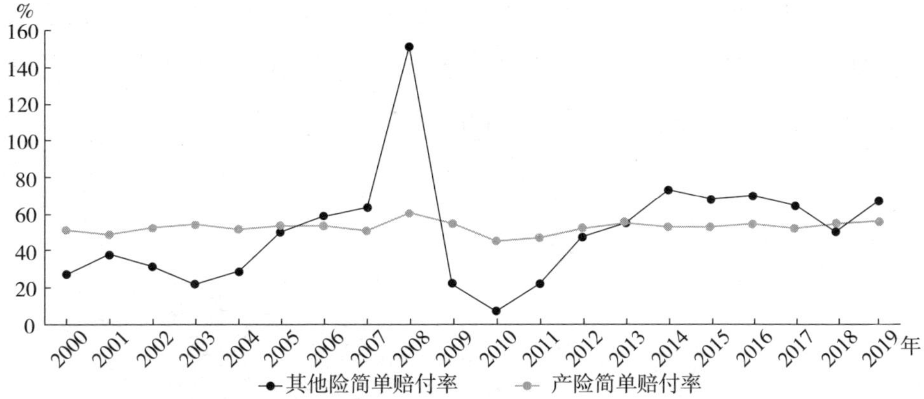

图 5-17　2000—2019 年其他险与产险简单赔付率情况

四、其他险发展

其他险到底与哪些指标相关，不得而知；因为其他险大多都是场景化产品，暂且用上网人数指标进行分析，仅供参考。

图5-18给出了其他险增长率与上网人数增长率之间的关系。可以看出，其他险增长率与上网人数增长率基本没有关系，无论上网人数如何波动，其他险增长率都随机漫步。

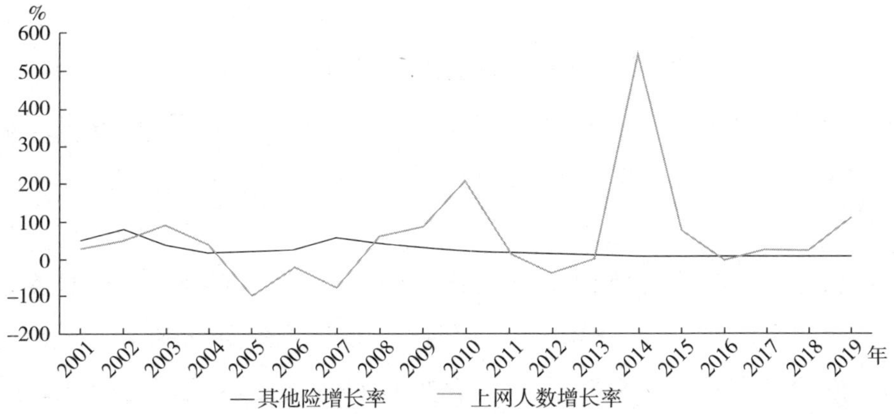

图 5-18　2001—2019 年其他险与上网人数增长情况

图5-19给出了其他险在产险中的保费占比、上网人数占比。上网人数占比从2000年的1.78%上升到2019年的64.54%，而其他险这几年完全是随机游走，显然其他险发展严重偏离我国互联网经济的发展。

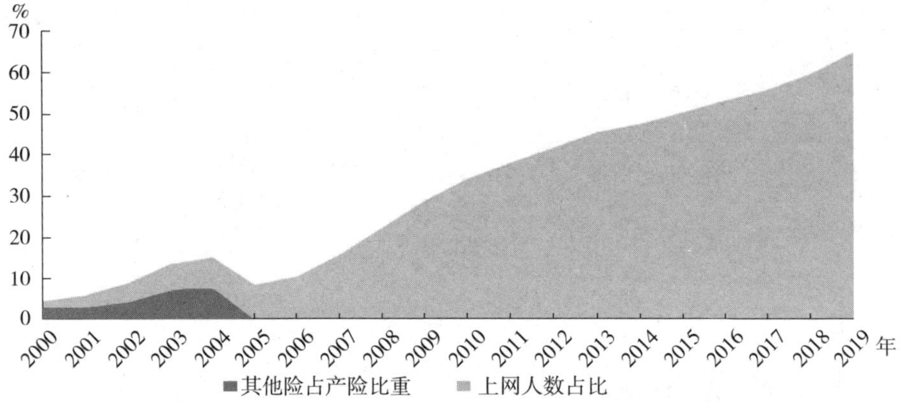

图 5-19　2000—2019 年其他险与上网人数占比情况

通过图5-18、图5-19可以看出，我国其他险的发展严重滞后于我国互联网经济的发展；同时，最近几年保险产品创新监管趋严，其他险发展动力不足，未来发展空间有限。

五、其他险思考

其他险，在产险中的规模排名自2005年下降到第14名之后，2018年之前一直没再变动，2019年上升到第13名（见图5-20）；2000—2004年可能是数据统计口径有问题，没有更细颗粒度的数据，也无法进一步核实，仅供参考。

其他险，我们虽然陌生，但是退货运费险、航空延误险、账户安全险等却已成为我们生活的一部分。下面简单介绍一下退货运费险。

在网络购物中，消费者与商品存在地理隔离，无法直观地感受实物，对购买商品不满意的情况也就频繁发生。2010年，根据淘宝提供的数据显示，在退款交易纠纷中，有42%是由于买卖双方对退货邮费问题协商不一致产生的。

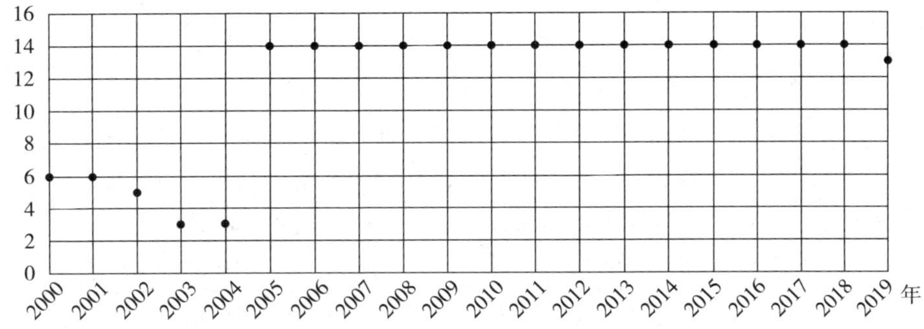

图 5-20　其他险在产险中的规模排名

2010年7月，淘宝网与华泰保险合作，在当时的淘宝商城交易中运营“退货运费险”，为买家、卖家的退货风险进行保障，退货运费险就此横空出世。

华泰保险为淘宝量身定制的运费险，拥有嵌入式的投保方式以及自动化的理赔程序。运费险直接与网络交易融为一体，提供的服务非常方便、快捷。背靠淘宝，华泰直接拥有了上亿的运费险潜在客户，运费险在推出之初便迅速地受到了市场青睐。

后面的故事我们已经都清楚了，不再啰唆（如有兴趣，可参阅北京大学金融法中心《诞生、前进与发展：探析淘宝退货运费险》）。

表5-5给出了2018年10家公司经营退货运费险的数据，总保费约57.90亿元；我们发现，2018年全行业其他险总保费只有30.96亿元，小于57.90亿元。显然，有些公司没有把退货运费险纳入其他险，具体放在哪个险种，具体是哪家公司，本书不再深究。

表 5-5 2018 年 10 家公司退货运费险保费收入情况

序号	保险公司	产品名称	保费收入 / 万元	保单数量 / 单	单均 / 元	保费占比 /%
1	国泰产险	退货运费险（卖家版）	199390	3832918106	0.52	34
2	众安保险	网络购物退货运费损失保险条款	74675	1448430685	0.52	13
3	大地保险	网络购物退货运费损失保险	55518	1009005724	0.60	10
4	人保财险	网络购物运费损失保险	54324	1106793467	0.49	9
5	太平财险	网络购物退货运费损失险	53125	1120400194	0.47	9
6	华泰财险	网络购物运费损失保险	38015	745398320	0.51	7
7	太保产险	网络购物运费损失保险	34063	681685316	0.50	6
8	浙商保险	网络购物退货运费损失保险	29872	574486348	0.52	5
9	阳光产险	网络购物退货运费损失保险	22959	454535440	0.51	4
10	安盛天平	网络购物退货运费损失保险	17046	318486000	0.54	3
合计		退货运费险	578989	11292139600	0.51	100

通过对比表5-5、表5-6的数据，我们不难发现退货运费险经营变化也比较大，2018年国泰产险保费规模已经超过了众安保险。

表 5-6 2017 年 8 家公司退货运费险保费收入情况

序号	公司名称	产品名称	累计保费收入 / 万元	累计保单数量 / 单	单均 / 元	保费占比 /%
1	众安保险	网络购物退货运费损失保险条款	103367	1986085345	0.52	28
2	国泰产险	网络购物退货运费损失保险（卖家版）	56105	961770900	0.58	15
3	人保财险	网络购物运费损失保险	50199	1156489163	0.43	14
4	华泰财险	网络购物运费损失保险	46431	912289814	0.51	13
5	太平财险	网络购物退货运费损失险	39835	771567559	0.52	11
6	太保产险	网络购物运费损失保险	38920	740137580	0.53	11
7	大地保险	网络购物退货运费保险	23325	417521759	0.60	6
8	泰康在线	网络购物退货运费损失保险（卖家投保版）	11577	249567384	0.46	3
合计		退货运费险	369760	7195429504	0.51	100

运货退费险成就了一些公司，也成就了其他险的快速发展。但是，我们要知道其他险并不是万能的，更不是“四不像”，下列保险产品不属于其他险范畴：

（1）对保险标的不具有法律上承认的合法利益。

（2）约定的保险事故不会造成被保险人实际损失的保险产品。

（3）承保的风险是确定的，如风险损失不会实际发生或风险损失确定的保险产品。

（4）承保既有损失可能又有获利机会的投机风险的保险产品。

（5）无实质内容意义、炒作概念的噱头性产品。

（6）没有实际保障内容，单纯以降价（费）、涨价（费）为目的的保险产品。

（7）“零保费”“未出险返还保费”或返还其他不当利益的保险产品。

（8）其他违法违规、违反保险原理和社会公序良俗的保险产品。

这就是其他险，一个因互联网再次崛起的险种，一个互联网保险的当红险种。

第六章 漫谈产品（四）

船舶险，从中国的“泰坦尼克号”说起

一、产品导读

明朝时期的中国曾是世界上手工业与经济最繁荣的国家。明朝全盛时期的远洋船舶吨位高达1.8万吨，占世界总量的18%，通过远洋贸易，给明朝带来了大量的真金白银，并控制着很多国家的经济命脉。西班牙、葡萄牙、荷兰从南美洲得到的黄金白银，很多用来换取中国的丝绸、瓷器、茶叶等。航海家弗兰克曾说，“十六世纪，全世界的真金白银去向都集中在一个地方，那便是拥有瓷器和茶叶的东方”。

这是中国历史上船舶发展最牛的时候，也是没有船舶保险的时代（明朝，1368—1644年）。而同期海上保险却取得了开创性的发展：1347年，人类的第一份保单在海上贸易中诞生；1435年，西班牙的巴塞罗那颁布了世界上最早的海上保险法典；1556年，西班牙国王腓力二世颁布法令对保险经纪人加以管理，确定了经纪人制度；1563年，西班牙的安特卫普法令对航海以及海上保险办法和保单格式作了较明确的规定；16世纪下半叶，经英国女王特许，在伦敦皇家交易所内建立了保险商会，专门办理保险单的登记事宜；1720年，经女王批准，英国的“皇家交易”和“伦敦”两家保险公司正式成为经营海上保险的专业公司。

接下来回到新中国的“泰坦尼克号”——“跃进”货轮首航沉没事件。1963年4月30日，一艘名为“跃进”的货轮，满载着1.3万吨玉米从青岛港出发，前往日本名古屋西港。当时，国际形势严峻，西方国家经济上对华严密封锁，中国对外贸易和远洋运输主要依靠租用外轮，困难重重。“跃进”货轮的建成投产将缓解依靠租用外轮的状况，成为新中国政治经济生活中的一件大事，格外引人注目。为了宣传这一可喜成就，邮电部曾特地发行特种邮票。然而，让满怀期待的国人惊愕的是，刚出发一天，即传来“跃进”货轮沉没的消息。这是新中国制造的第一艘万吨远洋货轮，首航即遭沉没。

“跃进”货轮沉没原因也许永远都是一个谜，但是不幸中之大幸：“跃进”货轮首航前买了保险。“跃进”货轮在首航日本之前，向中国人民保险公司（以下简称“人保”）投保了船舶全险、费用险和战争险，总计保额125万英镑，其中船壳机器100万英镑，费用增值25万英镑。人保在欧洲保险市场安排了再保险，人保自留21万英镑，其余104万英镑通过分保给20多个国家的90家保险公司。

在确认“跃进”货轮沉没遇险后，中方即给英国保险经纪人发电传，询问分保情况：“关于‘跃进’货轮分保事宜，相信你方已全部安排完毕，请出具保单。”对方回电称：“我方收到分保申请后即去劳合社安排，因时间所限，只分出80万英镑，并已通知你方，这80万英镑没有问题。本当继续安排所余20多万英镑的分保，但日前我方一进劳合社，就得到了沉船的坏消息。所以非常抱歉，20多万英镑未能再行分保。”

客观地讲，这是中国自建的第一艘万吨巨轮，也是人保出具的第一份海轮保险单，很多技术问题都需要逐一核实清楚。所以出单比较晚，但能分出80万英镑已是不幸中的大幸了。

百忙之中的周恩来总理亲自处理“跃进”货轮的善后事宜，当时的交通部、外交部等都参与了这起理赔案的处理。1963年11月20日，“跃进”

货轮分出的104万英镑全部摊回，及时地弥补了国家的外汇损失。

这就是我们所认识的船舶险，一个延续了几百年的历史，一个从中国版“泰坦尼克号”开启的、努力走向全球的中国故事。

二、船舶险概述

（1）风险：船舶保险保障的风险主要有海上风险、火灾和爆炸、来自海外的暴力盗窃或海盗行为、抛弃货物、核装置或反应堆发生的故障或意外事故、船员疏忽或过失所致的损失等。

（2）产品：船舶保险，包括船舶全损险、一切险等，要保障船舶的物质方面的损失、保障船舶的有关利益以及船舶对第三者的赔偿责任。保障范围包括：舶壳、机器及通信、导航装置、设备、锚链、海图、燃料、物料、给养；船舶营运损失、预期利润、各种费用开支及由于船舶引起事故按法律规定应由船东负责的赔偿责任。

三、船舶险数据

表6-1给出了2000—2019年船舶险经营数据，包括船舶险保费收入、船舶险增长率、产险保费收入、产险增长率、船舶险占比、船舶险赔款支出、产险赔款支出、船舶险简单赔付率、产险简单赔付率等指标。

表 6-1　2000—2019 年船舶险经营数据

年份	船舶险保费/亿元	产险保费/亿元	船舶险增长率/%	产险增长率/%	船舶险占比/%	船舶险赔款/亿元	产险赔款/亿元	船舶险简单赔付率/%	产险简单赔付率/%
2000	11	637	—	—	1.7	9	324	82	51
2001	12	717	9	13	1.7	9	349	75	49
2002	12	807	0	13	1.5	9	422	75	52
2003	15	894	24	11	1.7	11	487	73	54

续表

年份	船舶险保费 / 亿元	产险保费 / 亿元	船舶险增长率 / %	产险增长率 /%	船舶险占比 /%	船舶险赔款 / 亿元	产险赔款 / 亿元	船舶险简单赔付率 /%	产险简单赔付率 /%
2004	20	1125	35	26	1.8	9	584	45	52
2005	25	1281	25	14	2.0	10	693	40	54
2006	28	1580	11	23	1.8	12	845	42	53
2007	31	2086	12	32	1.5	14	1067	44	51
2008	39	2446	24	17	1.6	13	1475	35	60
2009	42	2993	8	22	1.4	19	1638	46	55
2010	51	4027	22	35	1.3	24	1815	47	45
2011	56	4779	10	19	1.2	27	2249	49	47
2012	56	5530	0	16	1.0	31	2897	55	52
2013	54	6481	–4	17	0.8	29	3556	54	55
2014	55	7544	3	16	0.7	34	3968	61	53
2015	55	8423	0	12	0.7	33	4448	61	53
2016	51	9266	–7	10	0.6	37	5042	72	54
2017	48	10541	–6	14	0.5	35	5497	73	52
2018	53	11756	10	12	0.5	38	6455	72	55
2019	56	13016	5	11	0.4	35	7279	63	56

从图6–1可以看出，船舶险在产险中的保费占比逐年下降，从2000年的1.73%下降到2019年的0.43%，这与船舶工业增加值占GDP的比重完全不成比例。

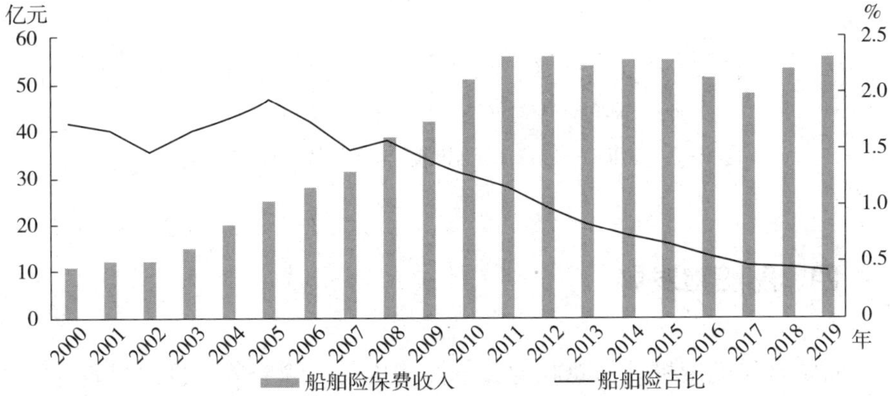

图 6–1　2000—2019 年船舶险保费收入及占比情况

从图6-2可以看出，船舶险增长率波动巨大，从2009年之后都低于产险增长率，并且多年出现负增长，2018年增长10%，扭转连续6年负增长或不增长的局面，但是2019年增长又下降到5%。

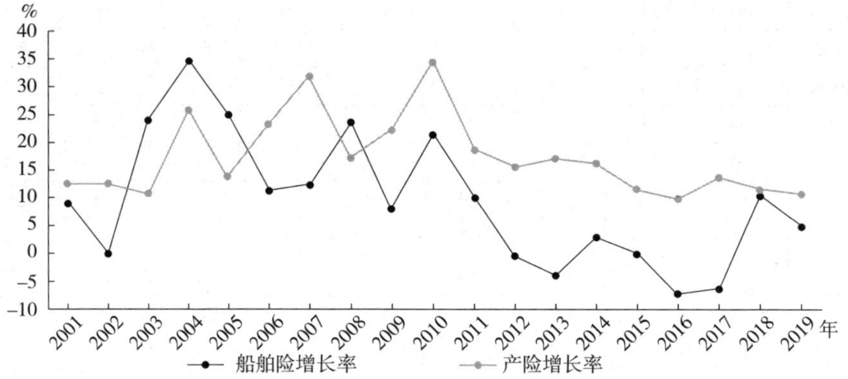

图 6-2　2001—2019 年船舶险与产险增长率情况

从图6-3可以看出，大多数年份船舶险简单赔付率都大于产险简单赔付率，最近几年赔付率维持在70%以上，船舶险已经连续多年亏损。

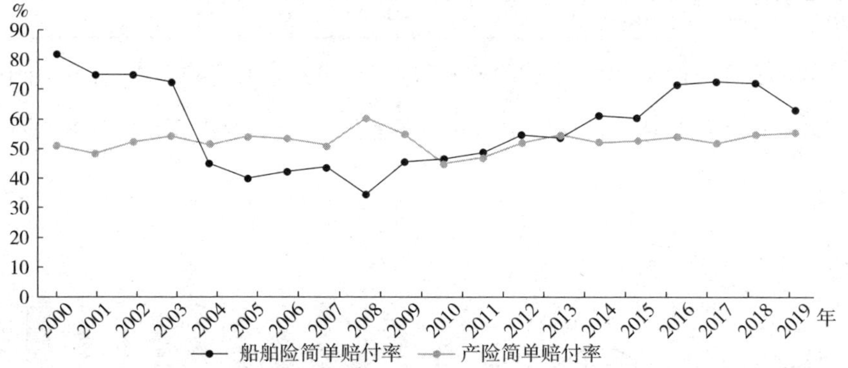

图 6-3　2000—2019 年船舶险与产险简单赔付率情况

四、船舶险发展

船舶险与民用机动船总吨位数、民用机动运输船数、进出口贸易额等指标密切相关，这是我们的直观印象。下面我们来分析船舶险发展与这些指标之间的关系。

图6-4给出了船舶险增长率与民用机动船总吨位数增长率之间的关系。可以看出，船舶险增长率基本与民用机动船总吨位数增长率保持同步。2018年有一个反转，这是一次报复性增长。保险公司船舶险连续多年亏损，急需扭转恶性竞争的局面。

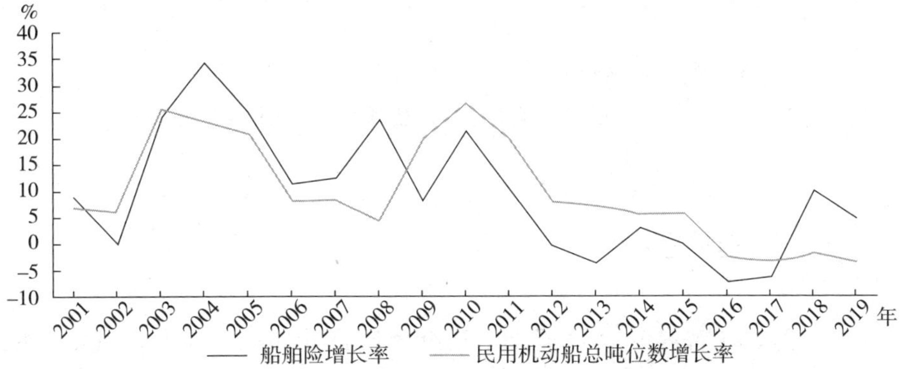

图 6-4　2001—2019 年船舶险与民用机动船总吨位数增长情况

图6-5给出了船舶险平均保费及船舶平均吨位数变化情况，船舶平均净载重量吨位数从2000年的230吨增长到2019年的1928吨，增长了7倍多；同期，船舶险平均每吨位保费先升后降，2008年达到峰值34.84元，赔付率也降到了34.66%的最低水平。2017年，船舶险平均每吨位保费降到了19.44元，赔付率上升到72.59%；2018年、2019年情况有所好转，保险公司恢复了理性。

通过图6-4、图6-5可以看出，我国船舶险的发展波动性较大，虽然船舶平均吨位数上升降低了船舶风险，但是因为恶性竞争导致船舶险连年负增长，且赔付率居高不下，这对船舶险的可持续发展造成了致命的打击。

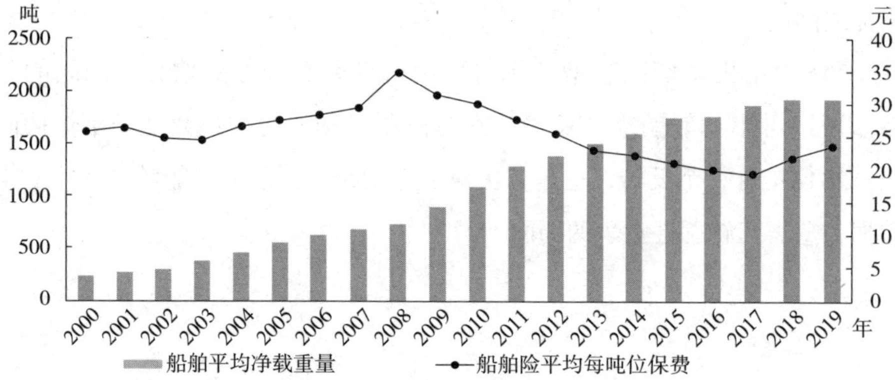

图 6-5　2000—2019 年船舶平均净载重量和船舶险平均保费情况

五、船舶险思考

船舶险，从曾经的第8大险种，逐年下降，2019年下降为第14大险种，也就是最小的险种（如图6-6所示）。谈到船舶险，我们就不得不提到中国相互保险组织的鼻祖——中国船东互保协会。

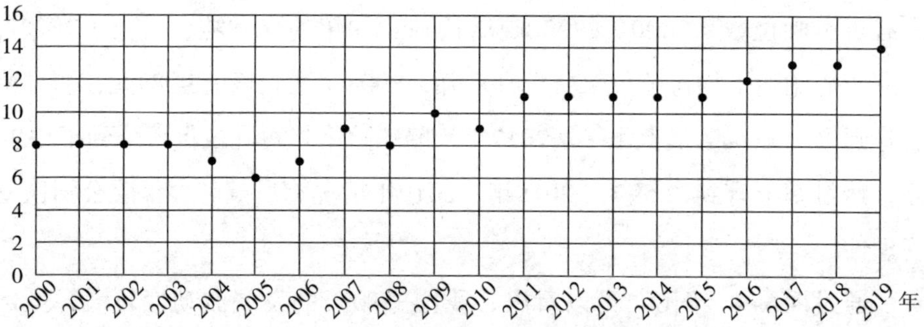

图 6-6　船舶险在产险中的规模排名

中国船东互保协会（以下简称“协会”）是经国务院批准，于1984年1月1日在北京成立的船东互助非营利组织，其宗旨是根据国际公约、国际惯例和法律法规，维护与保障会员的信誉和利益。协会接受交通运输部的业务指导（民政部网站显示其已脱钩，看来是属于所有会员的了，如果真是这样，真的是在践行会员所有），并根据国务院《社会团体登记管理条例》在民政部注册登记，享有社团法人资格。

协会能够向会员提供保赔险（P&I）、互助船舶险（Hull & Machinery）、抗辩险（FD&D）、租船人险（Charterers' Cover）、战争险（War Risks）等多险种的一站式海上互助保障和专业服务。

经过35年的发展，协会业务规模不断壮大，其信誉在国内外被广为认可。截至目前，协会已发展成为拥有175家会员、逾6200万总吨的国际保赔协会。协会现已成为我国最大的保赔险保险人，居全球同业第10位。此外，近年来协会互助船舶险业务发展迅速，已成为我国主要的远洋船舶险承保人之一。

国际海上保险联盟（International Union of Marine Insurance，IUMI）发布的最新“STATS”报告显示，未来一段时间，全球航运保险市场将面临挑战，一方面整体经济形势严峻，航运及贸易市场发展不容乐观；另一方面航运保险市场承保能力将持续过剩，累积风险也在逐步增加。

因新冠疫情的影响，国际货币基金组织（IMF）预测，2020年全球经济将持续低迷，并将出现负增长，全球航运业、贸易业将继续处于低谷，不见好转迹象，航运保险作为服务于航运业、贸易业的行业，面临着严峻挑战，未来市场环境将持续恶化。

贸易方面，受全球贸易局势持续紧张、欧元区经济放缓程度超出预期、部分新兴经济体风险上升、发达经济体金融环境趋紧等因素影响，全球大宗商品需求下降，全球贸易总值将继续下降，商品价值也受到影响，尤其是能源和工业品。

航运方面，全球航运业自2008年受创以来仍未有复苏迹象。放眼全球，航运企业破产消息频出，大型航运企业多采用抱团取暖方式来应对这次漫长的寒冬。在航运业捉襟见肘的时候，船舶保险人的日子并不好过。

除宏观环境外，航运保险承保能力持续过剩也给行业发展造成压力。

从全球范围看，由于利率市场持续走低，大量资本涌入航运保险市场，导致承保能力将呈继续过剩状态，进而冲击承保条件及承保利润，航运保险费率增长也受此掣肘。

国内方面，未来航运保险市场环境十分严峻。中远集团、中海集团的重组导致我国航运保险客户数量减少；船价的下跌直接影响我国船壳险保费收入；全球贸易下跌、航运市场不景气，导致国内船厂订单数量减少。

当然，我们也应当欣喜地看到我国航运保险业发展的新契机，“自由贸易区”战略、“一带一路”倡议、上海国际航运中心建设、航运保险中心建设等都将使航运保险得到更多更好的政策支持，这将为我国航运保险业的发展提供重大助力，也是2018年船舶险恢复增长的原因之一。

船舶险与货运险总是相伴而生，统称航运险。按照IUMI分类，航运险按业务范围划分可分为货运险、船壳险、海事责任险和离岸/能源险四大类。2018年全球航运险保费为289亿美元，其中货运险占比57.4%、船壳险占比24.4%、海事责任险（不含P&I）占比6.7%、离岸/能源险占比11.5%。

关于货运险数据以及中国船舶险、货运险的国际对比，本章第二节再进行详解。从中国的“泰坦尼克号”说起，我国船舶险仍处于起步阶段，驶向全球还需要专业人才、专业保险、专业服务的加持。

货运险，错不在你

一、产品导读

国际海上保险联盟（International Union of Marine Insurance，IUMI）公布的数据显示，2018年我国成为世界上第一大货物运输保险（货运险）市场，在全球货运险市场的保费份额高达10.6%。IUMI公布的2018年数据显示，全球航运险市场保费为289亿美元，其中货运险保费为166亿美元（按最新汇率折算人民币为1141亿元），同期中国货运险保费为121亿元。

我们再看看国内的数据，我国货运险在产险业务中的占比不断下滑，从2000年的5.65%降到2019年的1.00%；另外，货运险的保险深度（货运险保费/GDP）也是逐年下降，从2000年的0.04%下降到2019年的0.01%；最后，货运险的保险覆盖度（货运险保费/进出口总额）也是逐年下降，从2000年的0.09%下降到2019年的0.04%。

在社会经济和保险业快速发展的背景下，我国货物运输保险却呈现发展缓慢的趋势，其中一个重要的原因可能与贸易术语的选择有关。在国际贸易中广泛采用的装运港交货一般有三种价格：离岸价（船上交货价，即FOB价）、成本加运费价（即CFR价）、到岸价（包括成本加运费加保险费，即CIF价）。采用FOB，出口方不用负责运费和保险；采用CFR，出口方需要负责运费，但不负责保险；采用CIF，出口方需要负责运费和保险。

目前，我国许多出口企业都习惯采用FOB术语出口，特别是近几年来，由于运费的波动，很多出口企业为了规避运价上涨的风险，往往乐于报FOB价。网上资料显示，在近几年的国际贸易合同中，服装业采用FOB出口的份额超过90%，其他产品的比例也在70%~80%。专家给出的原因：一是认为FOB术语赋予卖方的义务比较少，简便易用；二是前些年我国的海洋运输和保险事业不太发达，人们习惯由国外的进口方办理运输和保险；三是大多数外贸人士对海商法和海运规则惯例不熟悉，使得出口企业不愿意承担办理运输和保险的责任；四是规避运价上涨的风险。

这就是我们所认识的货运险，一个看起来与中国经济发展不匹配的险种。这是谁的错？错一定不在货运险，而在所谓的“专家”。我们看到一些专家鼓吹中国货运险市场空间巨大，更是大谈FOB和CIF，还要捧杀上海航运保险中心，难道这就是货运险的未来？

货运险，这么多年一直徘徊不前，未来的路在何方？

二、货运险概述

（1）风险：货物运输保险的期限多以一次航程或运程计算。凡在货物运输中具有保险利益的人均可投保，如货主、发货人、托运人、承运人等。货物运输保险承保的危险事故包括雷电、海啸、地震等自然灾害，船舶搁浅、触礁、沉没、失踪、碰撞等意外事故，火灾、偷窃、短量、破碎、船长船员恶意行为等外来危险等。

（2）产品：货物运输保险，是指承保运输中货物因自然灾害或意外事故所致损失的保险。按货物运输方式可分为海上货物运输保险、陆上货物运输保险、航空运输货物保险、邮包保险以及联运保险。

三、货运险数据

表6-2给出了2000—2019年货运险经营数据，包括货运险保费收入、货运险增长率、产险保费收入、产险增长率、货运险占比、货运险赔款支出、产险赔款支出、货运险简单赔付率、产险简单赔付率等指标。

表 6-2　2000—2019 年货运险经营数据

年份	货运险保费 / 亿元	产险保费 / 亿元	货运险增长率 / %	产险增长率 /%	货运险占比 /%	货运险赔款 / 亿元	产险赔款 / 亿元	货运险简单赔付率 /%	产险简单赔付率 /%
2000	36	637	—	—	5.7	16	324	44	51
2001	41	717	13	13	5.7	16	349	39	49
2002	42	807	3	13	5.2	16	422	38	52
2003	41	894	–2	11	4.6	17	487	43	54
2004	52	1125	27	26	4.6	16	584	31	52

续表

年份	货运险保费 / 亿元	产险保费 / 亿元	货运险增长率 / %	产险增长率 /%	货运险占比 /%	货运险赔款 / 亿元	产险赔款 / 亿元	货运险简单赔付率 /%	产险简单赔付率 /%
2005	52	1281	0	14	4.0	20	693	38	54
2006	56	1580	8	23	3.5	22	845	39	53
2007	63	2086	13	32	3.0	23	1067	37	51
2008	71	2446	13	17	2.9	28	1475	39	60
2009	61	2993	−14	22	2.0	26	1638	43	55
2010	79	4027	29	35	2.0	30	1815	38	45
2011	98	4779	24	19	2.0	35	2249	36	47
2012	102	5530	4	16	1.8	40	2897	40	52
2013	103	6481	1	17	1.6	43	3556	42	55
2014	95	7544	−7	16	1.3	44	3968	46	53
2015	88	8423	−8	12	1.0	46	4448	52	53
2016	85	9266	−3	10	0.9	55	5042	65	54
2017	100	10541	17	14	1.0	62	5497	62	52
2018	121	11756	21	12	1.0	68	6455	56	55
2019	130	13016	7	11	1.0	70	7279	54	56

从图6-7可以看出，货运险在产险中的保费占比逐年下降，从2000年的5.65%下降到2019年的1.00%，这与进出口总额占GDP的比重并不成比例。

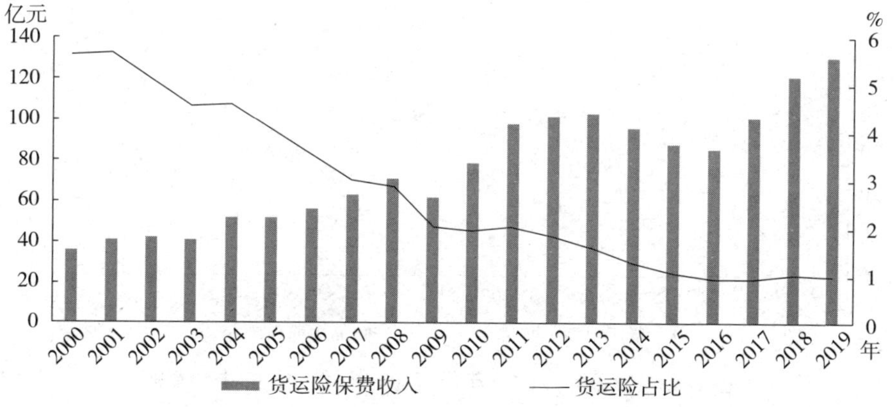

图 6-7　2000—2019 年货运险保费收入及占比情况

从图6-8可以看出，货运险增长率波动巨大，除个别年份以外都低于产险增长率，并且多年出现负增长，2017年、2018年两年增长较快，2019年增长率下降到7%。

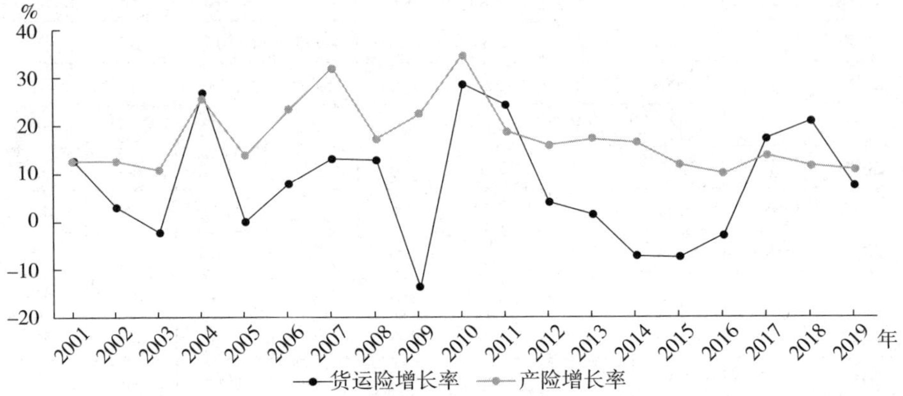

图 6-8　2001—2019 年货运险与产险增长率情况

从图6-9可以看出，2015年以前货运险简单赔付率都小于产险简单赔付率，2016年简单赔付率达到64.69%，这与货运险的恶性竞争分不开。可喜的是，我们看到2017年以来简单赔付率开始下降，同时保费增长开始平稳，希望这是保险公司回归理性的开始。

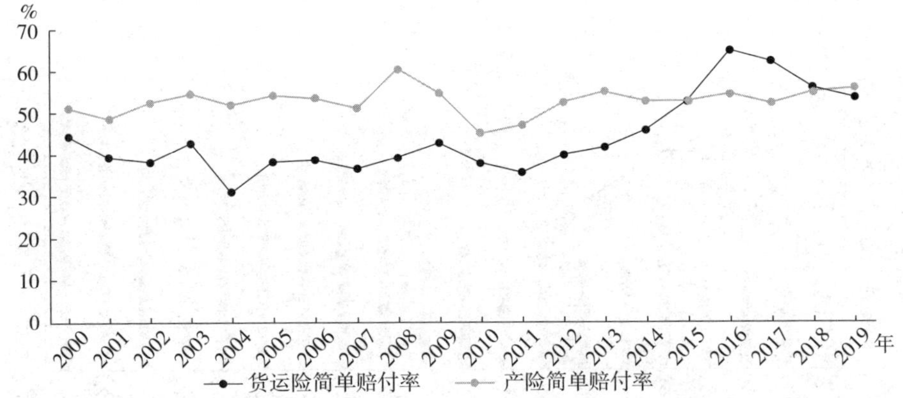

图 6-9　2000—2019 年货运险与产险简单赔付率情况

四、货运险发展

货运险与进出口总额、GDP、FOB/CIF等指标密切相关，这是我们的直观印象。下面我们来分析货运险发展与这些指标之间的关系。

图6-10给出了货运险增长率与进出口总额增长率之间的关系，可以看出，货运险增长率与进出口总额增长率的曲线几乎完全同步，特别是在2007年以后，这也说明了我国的货运险市场开始与国际接轨。

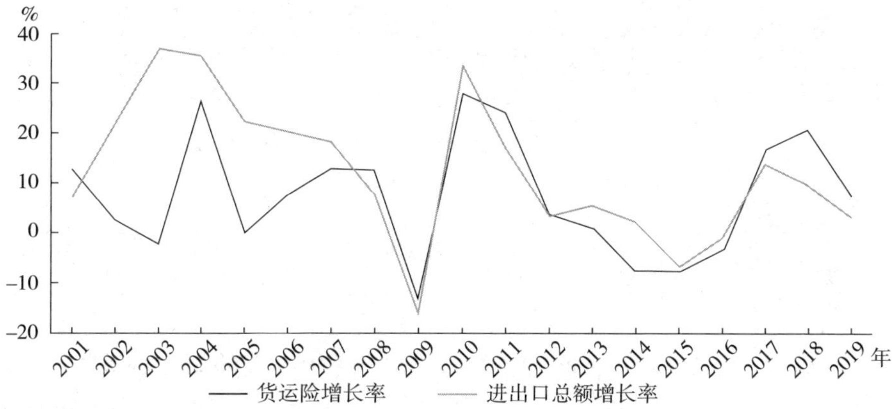

图 6-10　2001—2019 年货运险与进出口总额增长情况

图6-11给出了货运险在产险中的保费占比、进出口总额在GDP中的占比，货运险占比从2000年的5.65%下降到2019年的1.00%，而同期进出口总额在GDP中的占比从2000年的39.16%先上升到2006年的64.24%后下降到2019年的31.84%。从货运险渗透度（货运险产险占比/进出口总额GDP占比）来看，从2000年的14.43%下降到2019年的3.14%，货运险发展规模似乎严重偏离进出口总额发展规模。

通过图6-10、图6-11可以看出，我国货运险的发展开始与国际接轨，根据世界贸易组织发布的数据，2018年我国出口总额占全球的12.73%，而货运险占全球的10.62%，货运险市场覆盖度为83.39%（10.62%/12.73%），略高于保险业市场覆盖度（65.83%）（货运险市场覆盖度=中国货运险全球占比/出口总额全球占比；保险业市场覆盖度=中国保险业全球占比/GDP全球占比）。

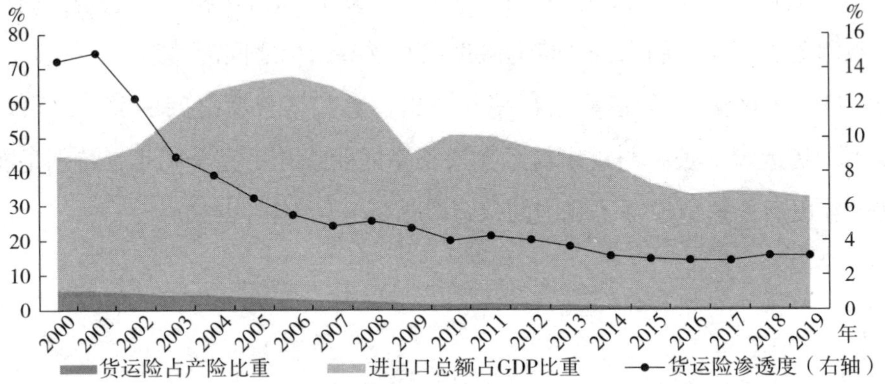

图6-11　2000—2019年货运险与进出口总额占比情况

五、货运险思考

货运险，从2000年的第4大险种，下降到2019年的第9大险种（见图6-12），与中国的经济发展、进出口总额相比，真的像一些专家所说的严重不成比例吗？

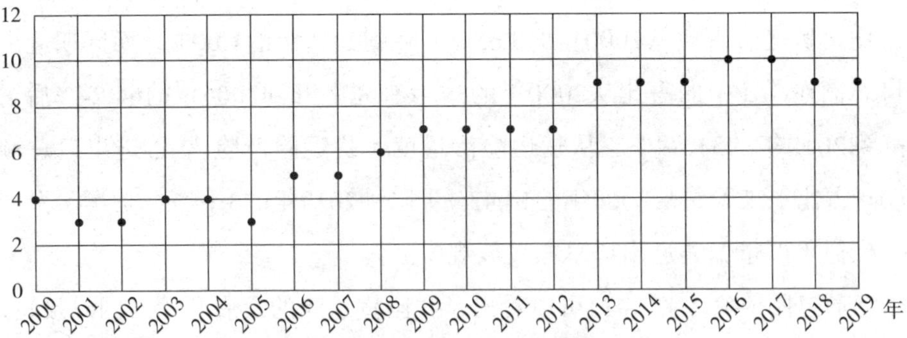

图6-12　货运险在产险中的规模排名

我们还是回到数据，一切都在数据中：

（1）2018年，全球出口总额为19.475万亿美元，同期中国出口总额为2.48万亿美元，中国在全球占比达12.73%；2018年，全球货运险保费为166亿美元（折算为1141亿元人民币），同期中国货运险保费为121亿元，中国在全球占比达10.6%。

（2）2018年，全球货运险保费为166亿美元，全球保险业保费收入为5万亿美元，货运险占比0.33%；2018年，中国货运险保费为121亿元，中国保险业保费收入为3.8万亿元，货运险占比为0.32%。

（3）2018年，全球货运险保费为166亿美元，全球GDP为85.79万亿美元，货运险保险深度为0.02%；2018年，中国货运险保费为121亿元，中国GDP为99.09万亿元，货运险保险深度为0.01%。

（4）如果中国货运险保费与全球出口总额占比同步，初步预测2018年货运险保费为143亿元；如果中国货运险保费与全球货运险保费占比同步，初步预测2018年货运险保费为126亿元；如果中国货运险保费与全球货运险保险深度同步，初步预测2018年货运险保费为192亿元；简单算数平均，2018年中国货运险保险市场规模为154亿元，2018年实际货运险保费为121亿元，市场饱和度为78.82%。

（5）2018年全球保险深度为5.83%，中国保险深度为3.84%，中国保险业市场饱和度为65.83%；用市场饱和度修正，2018年中国货运险保费正常为101亿元。

这就是中国的货运险市场，不管是实际的121亿元，正常的101亿元，还是预期的154亿元，显然中国货运险市场已经发展得比较充分，不再是一个发展空间巨大的市场。

我们再来看看船舶险，2018年市场规模实际为53亿元，预测值经修正后为80亿元，相对来说还有一定的发展空间。

基于这个判断，中国航运险市场已经得到了充分的发展。对比国际数据（见表6–3），可以看出，无论是船舶险还是货运险，中国在全球占比逐年上升，但是波动性不大，这说明全球航运险市场已经比较稳定，要短时间撼动这种局面很难。

表 6–3　2008—2019 年全球航运险市场情况

年份	中国航运险市场 / 亿元			全球航运险市场 / 亿美元				中国在全球占比 / 按当年末汇率折算 /%		
	合计	船舶险	货运险	合计	船舶险	货运险	其他险	合计	船舶险	货运险
2008	110	39	71	222	61	124	37	7.1	9.1	8.2
2009	103	42	61	229	66	118	45	6.6	9.2	7.6
2010	130	51	79	253	76	128	49	7.6	9.9	9.1
2011	154	56	98	319	84	172	63	7.5	10.4	8.8
2012	157	56	102	331	85	177	69	7.5	10.4	9.1
2013	156	54	103	342	86	182	75	7.5	10.3	9.3
2014	151	55	95	326	76	169	81	7.5	11.9	9.2
2015	143	55	88	299	75	158	66	7.4	11.4	8.6
2016	137	51	85	275	69	149	58	7.4	11.2	8.6
2017	148	48	100	285	68	163	54	8.0	10.8	9.5
2018	174	53	121	289	71	166	53	8.8	10.9	10.6
2019	186	56	130	297	72	170	54	9.0	11.0	11.0

航运险市场的格局已经形成，我们不禁要思考上海航运保险中心的未来。2017年，上海船舶和货运险保费收入为37.12亿元，全国占比25.05%，全球占比1.89%；上海保险市场保费收入为1587.10亿元，航运险保费占比2.34%。所有这些数据显示，这并不能支撑上海成为航运保险中心，也就造成了已经成立的6家保险航运中心的尴尬局面。

此时，我们好像看到了方向，货运险，认清自己，方能前行。

特殊险，国之重险

一、产品导读

2019年埃塞俄比亚航空公司的波音737MAX客机坠落，对于波音公司来说简直就是“黑天鹅”，更是噩梦的开始……连续的空难背后，航空保险备受关注。在航空保险关注度提升的背后，特殊风险保险（特殊险）亦逐渐“浮出水面”。

特殊风险保险有别于传统保险产品，大致包括大型基础设施类的保险（水电站、核电站）、贸易方面的信用保证保险、航空航天保险、农业保险以及新加入的航运险等。

事实上，多数特殊风险在特殊风险保险出现前均处于“不可保”范围，如恐怖袭击风险、地震等巨灾风险、农业风险，以及航空航天、体育赛事等风险，一度被视为不可保风险，因其可能产生巨大经济损失，众多保险机构一致采取回避态度。

随着国际保险业风险数据的积累、承保技术的进步和资本实力的增强，特殊风险保险逐渐崛起，各领域特殊风险的承保亦各自形成了独特的发展模式。其中，地震保险、农业保险等逐渐脱离特殊一词的涵盖范围，成为与公众息息相关的保险组成部分，而由于巨灾保险的不断向前发展，很多特殊风险亦涵盖在内。

所以，特殊风险保险其实是变化的，现在主要指航空保险、航天保险、核电站保险和海洋石油开发保险等；未来随着风险管理技术的发展，这些也可能会和农业保险一样，退出特殊风险保险行列。

二、特殊险概述

（1）风险：进入工业时代以后，重大事故不但造成重大损失，还在很多方面改变了保险的历史进程，特别是空难、核事故、卫星坠落等这些我们陌生的领域。

（2）产品：特殊风险保险是指为特殊行业设计的各种保险。主要指航空保险、航天保险、核电站保险和海洋石油开发保险。其特征是“三高”，即高价值、高风险、高技术（其中高技术是指特殊风险保险承保、理赔的技术含量较高），此外还包括再保险和共保必不可少、保险险种国际化、承保条件与国际市场同步、原保险人与再保险人共同处理理赔案等特点。

三、特殊险数据

表6-4给出了2000—2019年特殊险经营数据，包括特殊险保费收入、特殊险增长率、产险保费收入、产险增长率、特殊险占比、特殊险赔款支出、产险赔款支出、特殊险简单赔付率、产险简单赔付率等指标。

表 6-4　2000—2019 年特殊险经营数据

年份	特殊险保费/亿元	产险保费/亿元	特殊险增长率/%	产险增长率/%	特殊险占比/%	特殊险赔款/亿元	产险赔款/亿元	特殊险简单赔付率/%	产险简单赔付率/%
2000	3	637	—	—	0.5	2	324	50	51
2001	5	717	67	13	0.7	3	349	50	49
2002	6	807	20	13	0.7	3	422	50	52
2003	1	894	−89	11	0.1	0	487	50	54
2004	4	1125	488	26	0.4	2	584	50	52
2005	19	1281	375	14	1.5	1	693	5	54
2006	21	1580	8	23	1.3	2	845	12	53

续表

年份	特殊险保费 / 亿元	产险保费 / 亿元	特殊险增长率 / %	产险增长率 /%	特殊险占比 /%	特殊险赔款 / 亿元	产险赔款 / 亿元	特殊险简单赔付率 /%	产险简单赔付率 /%
2007	24	2086	19	32	1.2	12	1067	51	51
2008	27	2446	10	17	1.1	13	1475	49	60
2009	24	2993	–12	22	0.8	9	1638	38	55
2010	27	4027	13	35	0.7	12	1815	43	45
2011	35	4779	32	19	0.7	11	2249	31	47
2012	37	5530	4	16	0.7	12	2897	31	52
2013	39	6481	6	17	0.6	16	3556	41	55
2014	42	7544	7	16	0.6	13	3968	31	53
2015	42	8423	1	12	0.5	19	4448	45	53
2016	40	9266	–5	10	0.4	18	5042	43	54
2017	50	10541	25	14	0.5	29	5497	58	52
2018	59	11756	18	12	0.5	20	6455	34	55
2019	69	13016	16	11	0.5	39	7279	57	56

从图6–13可以看出，特殊险在产险中的保费占比先升后降，从2000年的0.47%上升到2005年的1.48%又下降到2019年的0.53%。

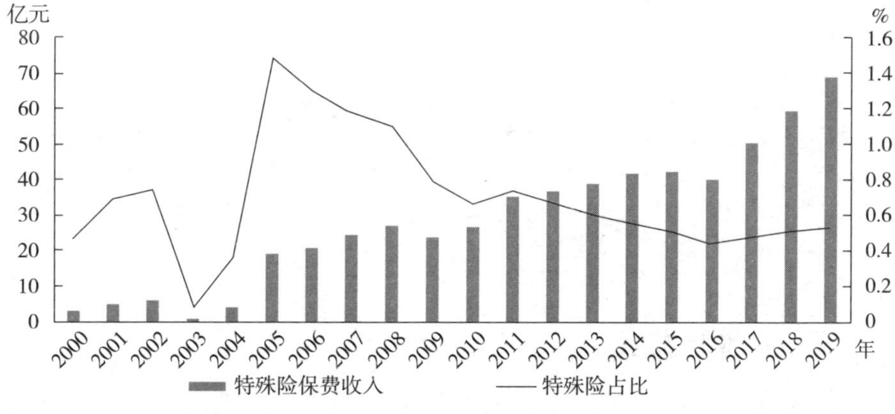

图 6–13　2000—2019 年特殊险保费收入及占比情况

从图6–14可以看出，特殊险增长率波动巨大，围绕产险增长率上下波动。

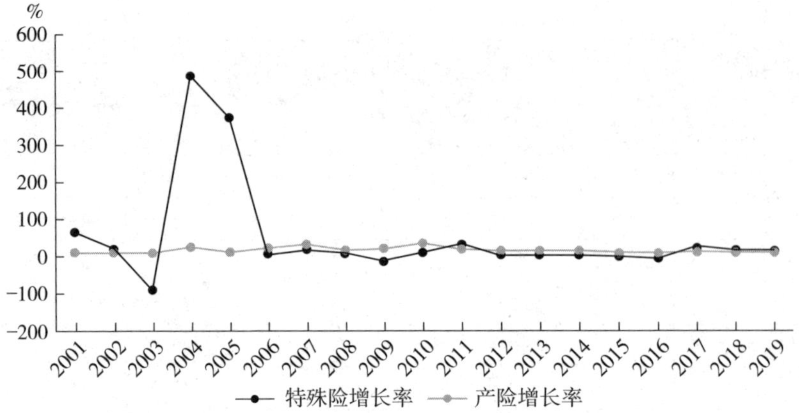

图 6-14　2001—2019 年特殊险与产险增长率情况

从图6-15可以看出，除个别年份以外特殊险简单赔付率都小于产险简单赔付率。

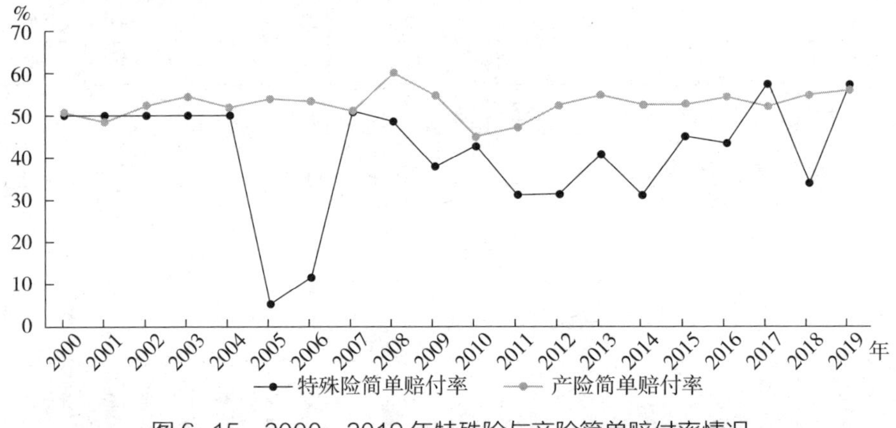

图 6-15　2000—2019 年特殊险与产险简单赔付率情况

四、特殊险发展

特殊险与航空航天、核电站建设、海洋石油开发等指标密切相关，这是我们的直观印象；因为数据涉及保密，我们仅用核发电量指标进行分析。

图6–16给出了特殊险增长率与核发电量增长率之间的关系，可以看出，2005年以后，特殊险增长率与核发电量增长率基本保持一致，主要是因为目前特殊风险保险主要增长源是核保险，核保险占比逐年提高。

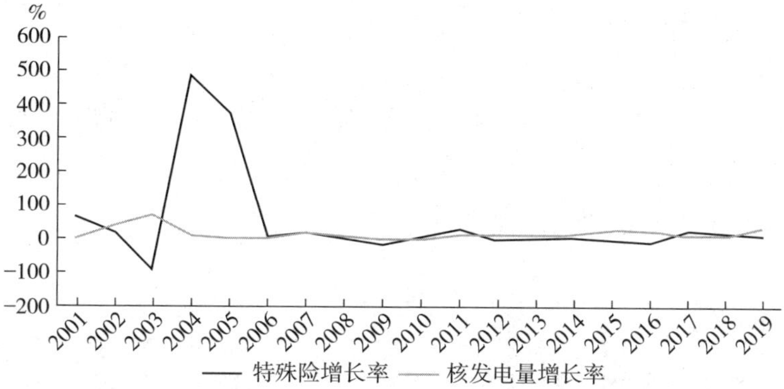

图 6–16　2001—2019 年特殊险与核发电量增长情况

图6–17给出了特殊险在产险中的保费占比、核发电量在总发电量中的占比，特殊险占比从2000年的0.47%上升到2005年的1.48%又下降到2019年的0.53%，而同期核发电量占比从1.24%增加到4.87%。

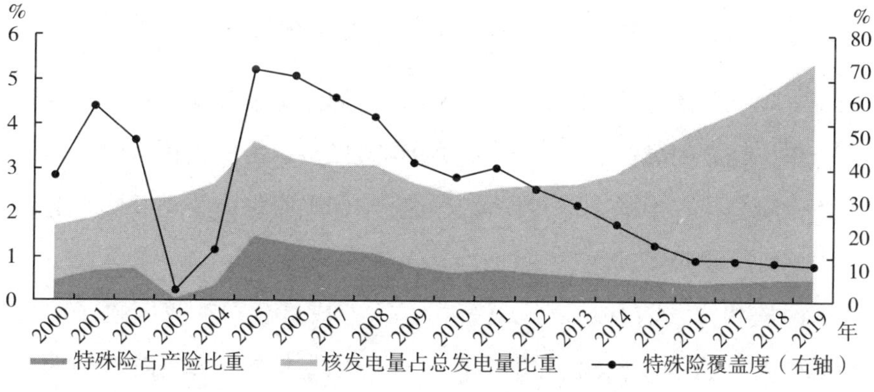

图 6–17　2000—2019 年特殊险与核发电量占比情况

通过图6–16、图6–17可以看出，我国特殊险受核发电量的影响越来越大，但是我国核电保险的发展却滞后于核电业的发展。巨大的核电需求孕育了巨大的核电保险市场，而我国核电保险市场主体形式单一（中国核保险共同体），核保险市场垄断，现有核电保险市场远不能满足核电业的发展需求。

五、特殊险思考

特殊险，一路走来，起起伏伏，又回到了第12大险种的位置（如图6–18所示）。特殊险，一个看似离我们很远的险种，其实离我们很近，下面我们从中国核保险共同体说起。

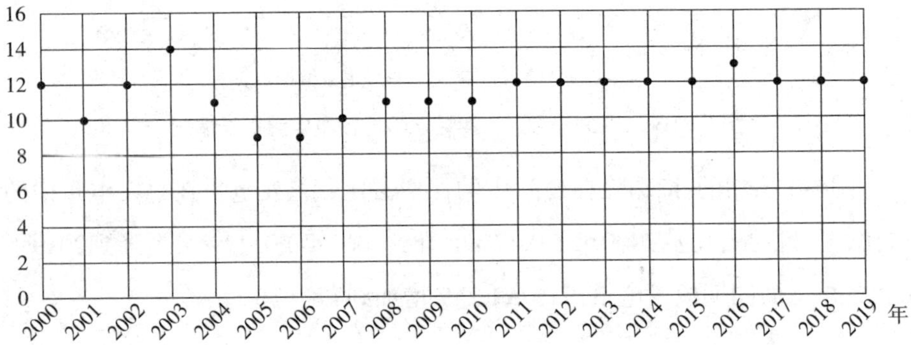

图6–18 特殊险在产险中的规模排名

为适应中国核电发展对核保险的需求，加强国内保险公司在核保险方面的合作，经原中国保监会批准，1999年9月2日，由中国再保险公司、中国人民保险公司、中国太平洋保险公司、中国平安保险公司共同发起设立了中国核保险共同体。

中国核共体目前有29家成员公司，这些成员公司在我国财产险市场占有90%以上的市场份额。2017年，中国核共体提供给国内市场的每一危险单位核保险承保能力达9.6亿美元，居全球第二位；提供给国际市场的每一危险单位核保险承保能力达3.8亿美元，居全球第三位。中国核共体目前为价值7000多亿元的核电财产提供保险保障，有力地支持了国家核电运营。

虽然中国核共体承保能力已居全球第二位，但是我们还是不禁反问中国核共体可以应对我们面临的核风险吗？特别是看了日本福岛的数据，相信答案一定是否定的。

2011年3月11日，受日本东北部9.0级大地震和海啸的影响，福岛第一核电站和第二核电站遭受严重破坏，引起大规模放射性核元素泄漏，核事故级别达到了最高的第七级。8年过去了，对无辜受害人进行损害赔偿和确保核电厂安全成为东京电力公司（东电）和日本政府的一项持续的重要工作。目前这两项工作依旧在推进，短期内没有结束的可能。

依照日本法律和政府对事故责任的认定，福岛第一、第二核电站的运营公司东电公司是本次核事故唯一责任人，需要对事故造成的核损害承担“无上限”的赔偿责任。根据日本核损害赔偿审查会制定的赔偿指南，本次核事故的核损害赔偿在如下几个方面创下了世界之最：

（1）潜在的受害人数最多，政府疏散人群数达34万，自主避难人群数达150多万。

（2）事故索赔案件数量最多，截至2018年底，约300万件。

（3）事故赔偿金额最大，预计将支付赔偿金额11万亿日元，约合人民币7000亿元。

（4）投入事故处理的人力最多，高峰时期13200名人员从事与事故赔偿直接相关的工作。

（5）事故反应堆报废、去污及赔偿等处理费用总额预计将达50万亿~70万亿日元，约合人民币3.1万亿~4.3万亿元。

（6）从实际的赔偿工作看，日本的核损害赔偿体系在事故一个月后启动，整个处理过程在争议中推进，截至2018年底，累计支付的赔款总额达到7万亿日元（约合4455亿元人民币）。

（7）赔偿范围最广，涵盖了精神损失、经济收入损失、传闻损失、间接损失、自主避难损失等一般侵权行为会比较慎重考虑的领域。

日本福岛核事故的损害赔偿是历史上第一次对大规模放射性核元素泄漏进行全面赔偿的案例，全面展示了核损害赔偿的特点和难点，相信会对国际社会和各国构建并完善核损害赔偿法和核损害赔偿体系有积极的推动意义。

我国目前正在开展的核电建设是全球规模最大的核电建设项目，截至2018年底，我国投入商业运行的核电机组共44台，装机容量达到44645.16MWe（额定装机容量）；全球在建的54台核电机组有20台坐落在我国，是本轮全球核电建设浪潮中当之无愧的领头羊。

我国人口众多，社会经济财富逐年增加，如何尽快建立一套保护核电站周边居民生命、财产安全的核损害赔偿体系，不仅是核电发展的现实需求，更是保护公民权利的一项重要民生工程，亟须尽快提到议事日程并得到切实落实。

此时，我们感觉到了无比的压力，特殊险——“国之重险”正在护航“国家工程”“国之重器”“国民安全”。

第七章 漫谈产品（五）

产险健康险，不要忘记短期

一、产品导读

2016年，百万医疗保险像一阵风一样，在中国轰轰烈烈地刮起来。百万医疗以极低的费率，看似极高的保障（百万住院报销），迅速成为年度网红产品。各家公司纷纷模仿，结果是保障越来越高，价格越来越便宜。

一款百万医疗，把产险公司经营短期健康保险（健康险）重新拉回公众视野（原来产险公司也能经营健康险）。接着就是关于“保证续保”的话题，产险公司没有忘记经营范围所限制的“短期”二字，结果就是保证续保越来越模糊。

产险公司模糊“保证续保”时，寿险公司也没有闲着，开始主打“保证续保”；此时产险公司只能另辟蹊径。

百万医疗产生于城镇职工医疗保险、城镇居民医疗保险、新型农村合作医疗保险，产生于大家对医疗保险有了深度了解之时。目前，基本医疗保险已经覆盖了13.5亿人口。在这期间，个人医疗费用支出占比从2000年的59%下降到2019年的29%，国家已经承担了近70%，所以百万医疗才有了存在的基础。

2016年是产险健康险（或者说短期健康险）的一个分水岭，四年过去了，数据开始稳定：健康险拒赔率大幅度上升；健康险亏损公司超过50%；健康险保费流量化（互联网）快速上升，短期健康险已超过50%；健康险客单价值逐年下降；重疾险赔付缺口没有得到弥补；健康险每单盈利空间急剧下降；健康险客户客观综合忠诚度急剧下降，短期健康险忠诚度已下降到20%左右等。

这就是我们所认识的健康险，产险因百万医疗而起，但是我们却要面对“短期”二字带来的挑战。

二、健康险概述

（1）风险：长寿和健康，一直是人类的美好向往。健康风险是作用于人的身体、影响人的健康的一种风险，世界卫生组织公布的影响健康的十大风险为：饮酒、高血压、吸烟、超重和肥胖、高血糖、不安全性行为、缺少运动、高胆固醇、职业健康风险、不安全饮用水和消毒卫生设施等。

（2）产品：健康保险是指对因健康原因导致的损失给付保险金的保险，包括疾病保险、医疗保险、失能收入损失保险和护理保险。

三、健康险数据

表7-1给出了2000—2019年健康险经营数据，包括健康险保费收入、健康险增长率、产险保费收入、产险增长率、健康险占比、健康险赔款支出、产险赔款支出、健康险简单赔付率、产险简单赔付率等指标。

表 7-1 2000—2019 年健康险经营数据概述

年份	健康险保费 / 亿元	产险保费 / 亿元	健康险增长率 / %	产险增长率 /%	健康险占比 /%	健康险赔款 / 亿元	产险赔款 / 亿元	健康险简单赔付率 /%	产险简单赔付率 /%
2000	1	637	—	—	0.2	1	324	50	51
2001	2	717	80	13	0.3	1	349	51	49
2002	4	807	63	13	0.5	2	422	60	52
2003	2	894	-52	11	0.2	2	487	109	54
2004	4	1125	92	26	0.3	3	584	86	52
2005	6	1281	71	14	0.5	3	693	49	54
2006	9	1580	49	23	0.6	5	845	50	53
2007	15	2086	62	32	0.7	10	1067	67	51
2008	37	2446	149	17	1.5	29	1475	78	60
2009	43	2993	17	22	1.4	34	1638	79	55
2010	46	4027	6	35	1.1	31	1815	68	45
2011	56	4779	23	19	1.2	33	2249	59	47
2012	72	5530	29	16	1.3	45	2897	62	52
2013	118	6481	63	17	1.8	73	3556	62	55
2014	169	7544	43	16	2.2	125	3968	74	53
2015	228	8423	35	12	2.7	188	4448	82	53
2016	294	9266	29	10	3.2	236	5042	80	54
2017	394	10541	34	14	3.7	309	5497	78	52
2018	569	11756	44	12	4.8	434	6455	76	55
2019	840	13016	48	11	6.5	623	7279	74	56

从图7-1可以看出，健康险在产险中的保费占比逐年上升，从2000年的0.21%上升到2019年的6.46%，这与我国健康险整体的发展趋势基本一致。

从图7-2可以看出，健康险增长率波动巨大，大多数年份都高于产险增长率，并且多年增长率高于40%，最近几年也维持在30%以上。

从图7-3可以看出，除2005年、2006年之外，健康险简单赔付率都高于产险简单赔付率。从产险健康险赔付率与意外险合并来看，主要是因为税收原因，在进行保费拆分时，更多的放在了健康险。从产险意健险赔付率来看，基本都低于产险简单赔付率，但整体偏差不大。

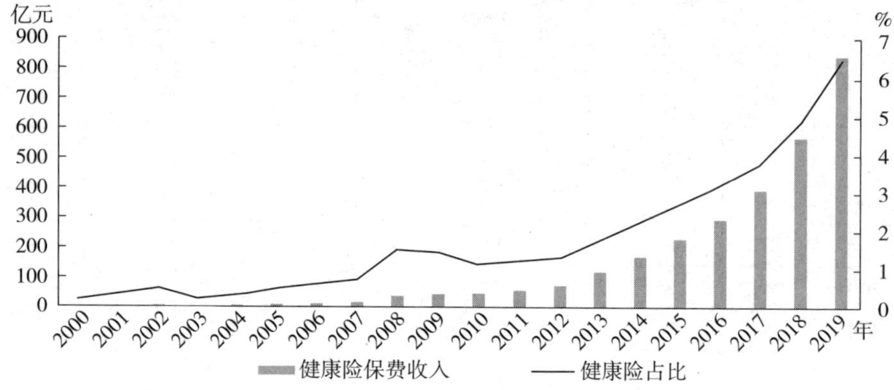

图 7-1　2000—2019 年健康险保费收入及占比情况

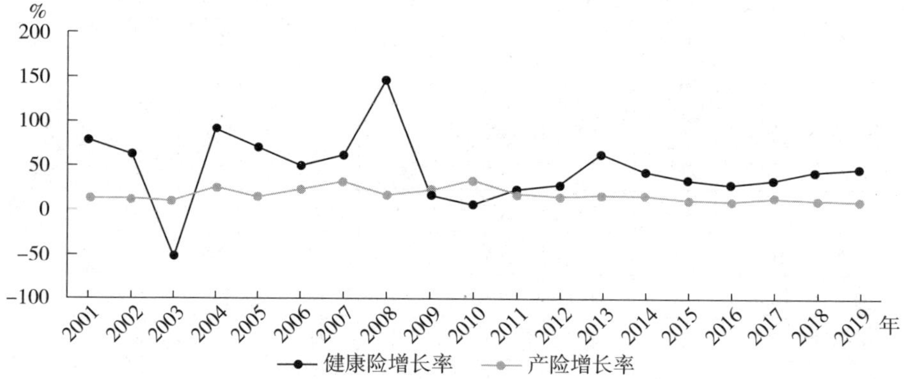

图 7-2　2001—2019 年健康险与产险增长率情况

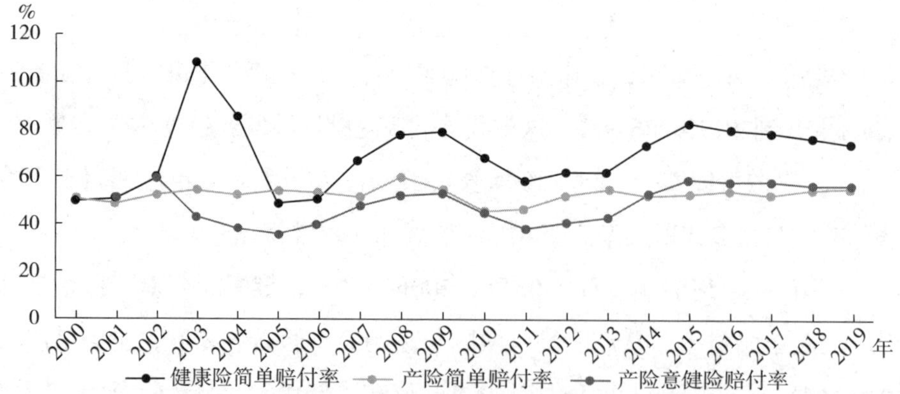

图 7-3　2000—2019 年健康险与产险简单赔付率情况

四、健康险发展

健康险与卫生总费用、政府卫生支出、社会卫生支出、个人现金卫生支出、人均卫生费用等指标密切相关，这是我们的直观印象。下面我们来分析健康险发展与这些指标之间的关系。

图7-4给出了健康险增长率与卫生总费用增长率之间的关系，可以看出，健康险增长率与卫生总费用增长率之间基本没有关系，主要是因为这几年国家医疗体制正在变革，同时健康险也是刚开始发展，所以我们看到的结果就是健康险增长率波动巨大。

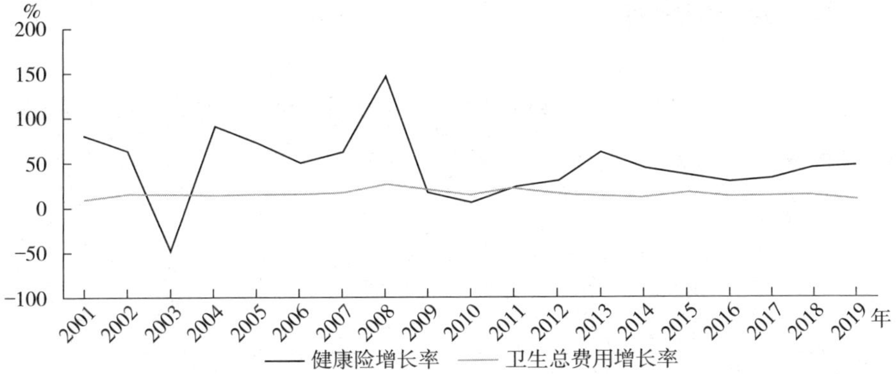

图 7-4　2001—2019 年健康险与卫生总费用增长情况

图7-5给出了健康险在产险中的保费占比、卫生总费用在GDP中的占比，健康险从2000年的0.21%上升到2019年的6.46%，而同期卫生总费用在GDP中的占比从4.57%增加到6.43%。

通过图7-4、图7-5可以看出，随着商业健康保险支出比例的提高，我国社会卫生支出比例逐年上升，个人现金卫生支出比例逐年下降。

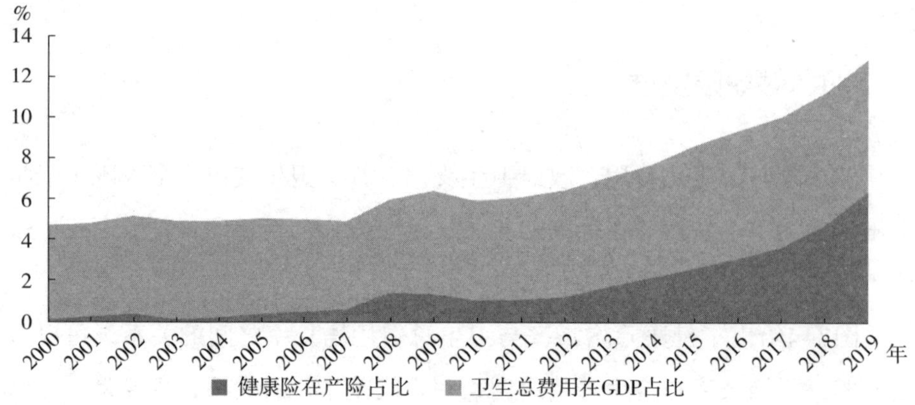

图 7-5　2000—2019 年健康险与卫生总费用占比情况

五、健康险思考

健康险，曾经是产险的第14大险种，经过近20年的发展，已经成为产险第5大险种（如图7–6所示），随着保证保险的“爆雷”，2019年健康险回归第3大险种。

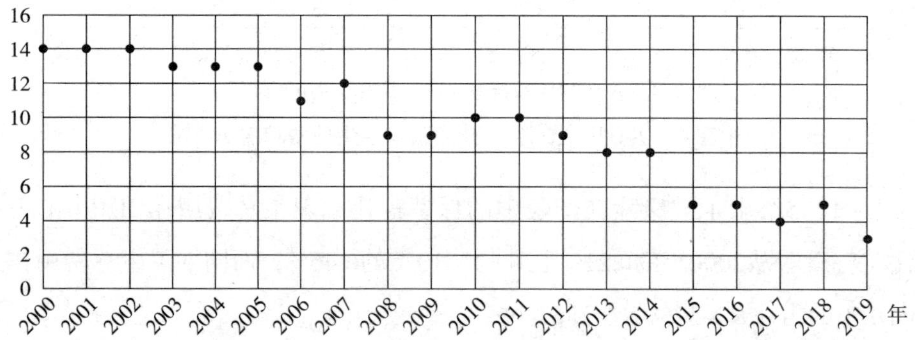

图 7-6　健康险在产险中的规模排名

产险健康险虽然得到了长足发展，但是相对于寿险健康险来说，占比仅为11.9%（见表7–2）。

表 7-2　2000—2019 年产险和寿险健康险经营情况

年份	保费收入 / 亿元			赔付支出 / 亿元			赔付率 /%			保费占比 /%	
	寿险	产险	合计	寿险	产险	合计	寿险	产险	合计	寿险	产险
2000	64	1	65	26	1	27	40.6	50.0	40.8	98.0	2.0
2001	59	2	61	30	1	31	50.8	50.8	50.8	96.1	3.9
2002	118	4	122	71	2	73	60.0	60.0	60.0	96.8	3.2
2003	240	2	242	140	2	142	58.3	109.1	58.7	99.2	0.8
2004	256	4	260	86	3	89	33.6	85.8	34.3	98.6	1.4
2005	304	6	310	88	3	91	29.1	48.8	29.5	98.0	2.0
2006	368	9	377	121	5	126	32.9	50.5	33.4	97.6	2.4
2007	368	15	382	107	10	117	29.1	67.5	30.6	96.1	3.9
2008	549	37	585	147	29	175	26.7	77.8	29.9	93.7	6.3
2009	531	43	574	183	34	217	34.4	79.2	37.8	92.5	7.5
2010	632	46	677	233	31	264	36.9	68.0	39.0	93.2	6.8
2011	636	56	692	337	33	370	53.0	58.6	53.4	91.9	8.1
2012	790	72	863	253	45	298	32.0	62.0	34.6	91.6	8.4
2013	1006	118	1123	338	73	411	33.6	61.8	36.6	89.5	10.5
2014	1418	169	1587	446	125	571	31.5	73.8	36.0	89.3	10.7
2015	2182	228	2410	575	188	763	26.4	82.3	31.7	90.5	9.5
2016	3749	294	4042	765	236	1001	20.4	80.1	24.8	92.7	7.3
2017	3995	394	4389	986	309	1295	24.7	78.4	29.5	91.0	9.0
2018	4879	569	5448	1310	434	1744	26.9	76.3	32.0	89.6	10.4
2019	6226	840	7066	1728	623	2351	27.8	74.2	33.3	88.1	11.9

图7-7显示，产险健康险行业占比从2000年的2.0%上升到2019年的11.9%，有望进一步增长。

图7-8显示，大多数年份产险健康险增长率高于寿险健康险和行业健康险增长率，寿险健康险增长率基本与行业健康险增长率保持一致，主要是因为寿险健康险占比一直维持在90%以上。

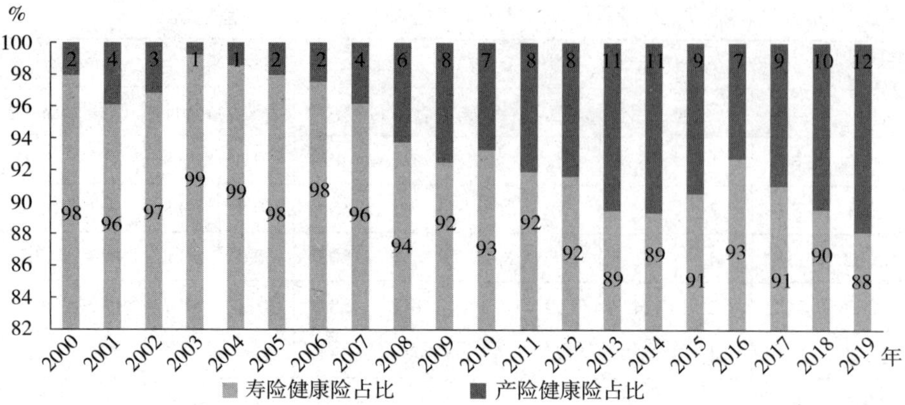

图 7-7　寿险和产险健康险保费占比情况

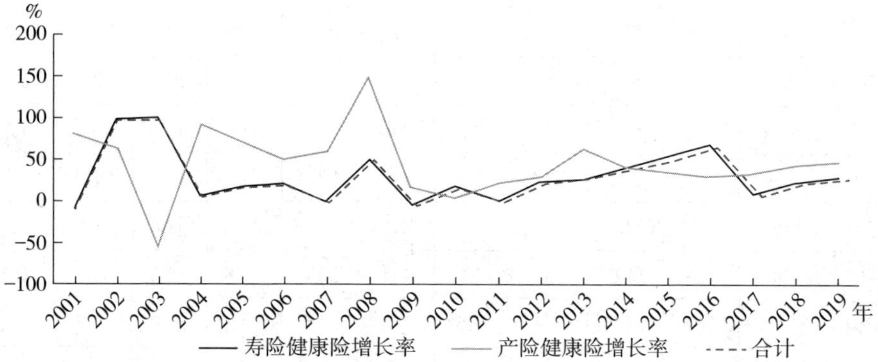

图 7-8　寿险和产险健康险保费增长情况

面对开篇所提出的问题，以及产险健康险在行业健康险中的地位和短期健康险相对于长期健康险的劣势等现状，产险公司如何在健康险上突围，成为未来五年发展的关键。

面向未来，产险公司可供选择的路径有限，建议不妨学习奥斯卡健康科技公司（Oscar Health），成为一个技术革新者。当然，关键是要改变我们的思想，正如奥斯卡健康科技公司的口号那样：“我们不是选择健康人作为自己的客户，而是让自己的客户变得更健康。”

从最近几年的发展来看，除了健康险、责任险以外，其他险种前景暗淡，产险公司是否已经认识到自己面临的困境不得而知。对于88家产险公司来说，未来五年的突破点在哪里？健康险，也许是一条出路。

产险意外险，虚假繁荣不再

一、产品导读

“没人知道，明天和意外哪个先到”。从保险公司公布的理赔数据看，有一类风险非常突出，那就是意外事故，理赔金额动辄几百万。

现实世界是一个充满危险的世界，各种意外伤害事故时时威胁着人们的生命安全与身体健康。危险面前人人平等，无论是政界要人、商界名流、学术权威，还是平民百姓，都有可能在日常生活中遭受意外伤害；而在意外伤害面前，人的生命与身体又是那么的脆弱：肢体不全、伤痕累累，甚至遭遇不测，更使得家中的亲人遭受感情和经济上的双重打击。

人们既要勇敢面对一切危险哪怕是死亡的威胁，也要采取必要而合理的措施应付所有可能发生的事件，并尽可能地将自己和家庭的损失减至最低。意外伤害保险（意外险）就提供了这样一个保障机制。

意外伤害保险起源于15世纪，最初只是海上保险的附加保险，承保对象是经海上贩运的奴隶。后来，船长和海员等也陆续参加了这一保险。

意外伤害保险真正形成并获得发展是在19世纪40年代发明了火车之后。铁路最初使用时，人们乘坐火车旅行具有一定的危险性。1848年英国开始办理旅行意外伤害保险，保险期限为一个旅程。此后，这种保险逐步从铁路客运扩展到其他易受伤害的部门。

到1900年，英国共有50多家保险公司开办了意外伤害保险业务，保障范围也随业务的扩大而扩大。到1915年，意外伤害保险的保障范围已包括意外伤害造成的残疾、死亡、住院治疗及看护等费用。

从一开始，寿险公司和非寿险公司均可以经营意外险业务；我国也采用了这一国际惯例，允许寿险公司和产险公司经营意外险。

意外险具有期限短、保费低、保障高、免体检、核保简单、购买方便等特点，加之互联网保险的飞速发展，意外险大多通过手机即可购买。另外，意外险一般为短期保险，不涉及等待期问题，这为投保人进行骗保等道德风险的发生埋下了严重的隐患。

先来百度一下“航空意外险”，直接疯掉：买航空意外险须防“假保单”；航空意外险鉴别假保单窍门；教你看穿航空意外保险单真伪；警惕航空意外险保单有假；揭秘航空意外险暴利假保单；一招辨别航空真假保单；航意险“假保单”，何时才能销声匿迹……

再来看一下保险“热搜”，直接无语：2015年，深圳市某男子开车坠入山谷，导致死亡，在这之前6个月他在公司购买了3400万元保额的意外险；2018年中国某男子在泰国杀妻骗保案……

这就是我们所认识的意外险，一个因意外而存在的保险，却不断地在拷问人性；好像还没有结束，又被用来自欺欺人，考验“监管”智商。

二、意外险概述

（1）风险：意外伤害的侵害方式主要包括碰撞、撞击、坠落、跌倒、坍塌、淹溺、灼烫、火灾、辐射、爆炸、中毒、触电、接触、掩埋、倾覆等15种。

（2）产品：意外伤害保险，是人身保险中的一种，指在保险效力期间，被保险人由于外来的、突然的、剧烈的事故（意外事故）造成身体的伤害，并因此致使被保险人死亡或残疾时，由保险人按合同规定向被保险人或受益人给付死亡保险金、残疾保险金或医疗保险金的一种保险。

三、意外险数据

表7-3给出了2000—2019年意外险经营数据，包括意外险保费收入、意外险增长率、产险保费收入、产险增长率、意外险占比、意外险赔款支出、产险赔款支出、意外险简单赔付率、产险简单赔付率等指标。

表 7-3　2000—2019 年意外险经营数据

年份	意外险保费 / 亿元	产险保费 / 亿元	意外险增长率 / %	产险增长率 /%	意外险占比 /%	意外险赔款 / 亿元	产险赔款 / 亿元	意外险简单赔付率 /%	产险简单赔付率 /%
2000	38	637	—	—	5.9	19	324	50	51
2001	29	717	–22	13	4.1	15	349	51	49
2002	25	807	–13	13	3.1	15	422	60	52
2003	24	894	–7	11	2.6	9	487	38	54
2004	31	1125	32	26	2.8	10	584	33	52
2005	46	1281	49	14	3.6	16	693	34	54
2006	62	1580	33	23	3.9	24	845	38	53
2007	74	2086	20	32	3.6	33	1067	45	51
2008	73	2446	–2	17	3.0	28	1475	39	60
2009	74	2993	2	22	2.5	28	1638	38	55
2010	86	4027	16	35	2.1	28	1815	33	45
2011	105	4779	23	19	2.2	29	2249	28	47
2012	127	5530	20	16	2.3	36	2897	28	52
2013	151	6481	19	17	2.3	44	3556	29	55
2014	172	7544	14	16	2.3	55	3968	32	53
2015	200	8423	16	12	2.4	66	4448	33	53

续表

年份	意外险保费/亿元	产险保费/亿元	意外险增长率/%	产险增长率/%	意外险占比/%	意外险赔款/亿元	产险赔款/亿元	意外险简单赔付率/%	产险简单赔付率/%
2016	248	9266	24	10	2.7	81	5042	33	54
2017	313	10541	26	14	3.0	101	5497	32	52
2018	417	11756	33	12	3.5	124	6455	30	55
2019	527	13016	26	11	4.0	154	7279	29	56

从图7-9可以看出，意外险在产险中的保费占比逐年下降，从2000年的5.89%下降到2010年的2.12%后再升到2019年的4.05%，这与最近每年的居民旅游支出等数据基本没有关系。

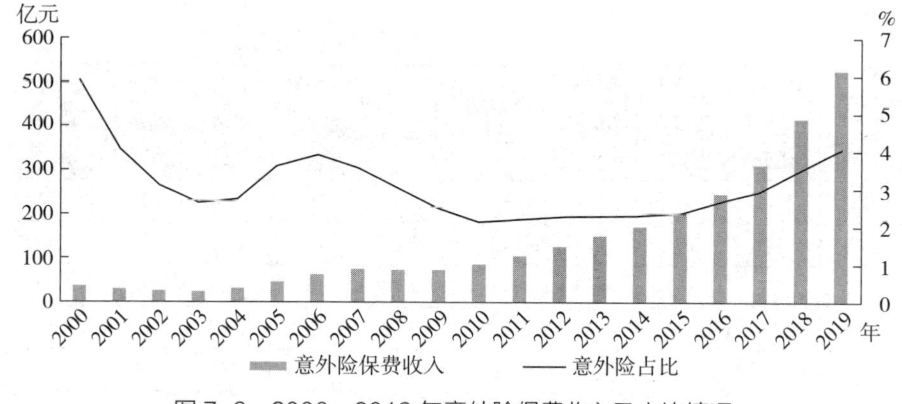

图 7-9　2000—2019 年意外险保费收入及占比情况

从图7-10可以看出，意外险增长率波动巨大，大多数年份都偏离产险增长率，2015年之后开始高速增长，可能与最近被叫停的P2P公司借款人意外险有关，意外险变相成为P2P处理高收费的一种手段，似乎已经成为公开的秘密了。

从图7-11可以看出，除2001年、2002年之外，意外险简单赔付率都高于产险简单赔付率。产险意外险赔付率要与健康险合并来看，主要是因为税收原因，在进行保费拆分时，更多的放在了健康险。从产险意健险赔付率来看，2014年以前基本都低于产险简单赔付率，但2014年之后持续增加。

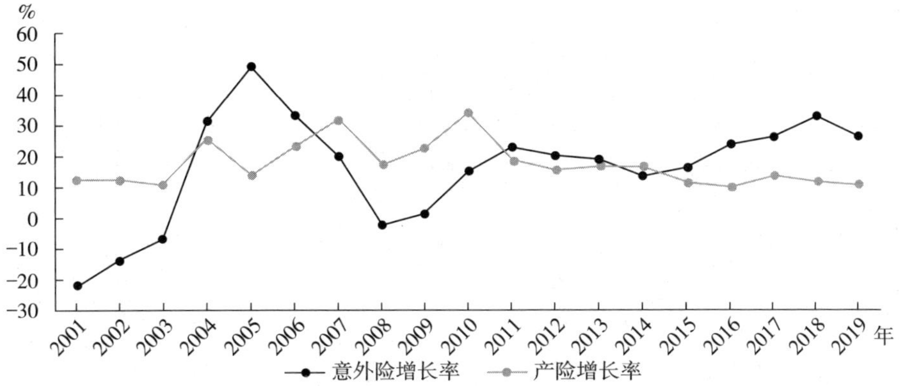

图 7-10　2001—2019 年意外险与产险增长率情况

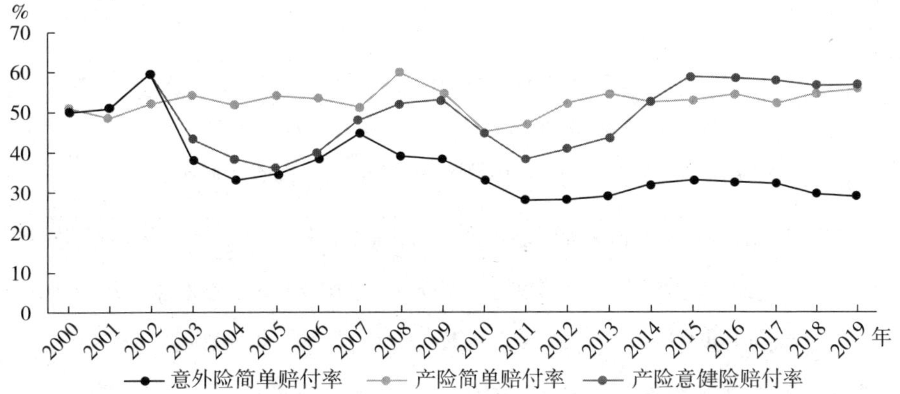

图 7-11　2000—2019 年意外险与产险简单赔付率情况

我们知道，在一个险种保费高速增长时，其简单赔付率会急剧下降；这进一步验证了前面提出的问题，这几年意外险的高速增长全靠虚假的P2P借款人意外险拉动。

四、意外险发展

意外险与人均可支配收入、家庭年均旅游支出、家庭资产负债情况等指标密切相关，这是我们的直观印象。下面我们来分析意外险发展与这些指标之间的关系。

图7–12给出了意外险增长率与人均可支配收入增长率之间的关系，可以看出，除个别年份以外，意外险增长率远远高于人均可支配收入增长率，显然这很难用保险意识的增强来解释。

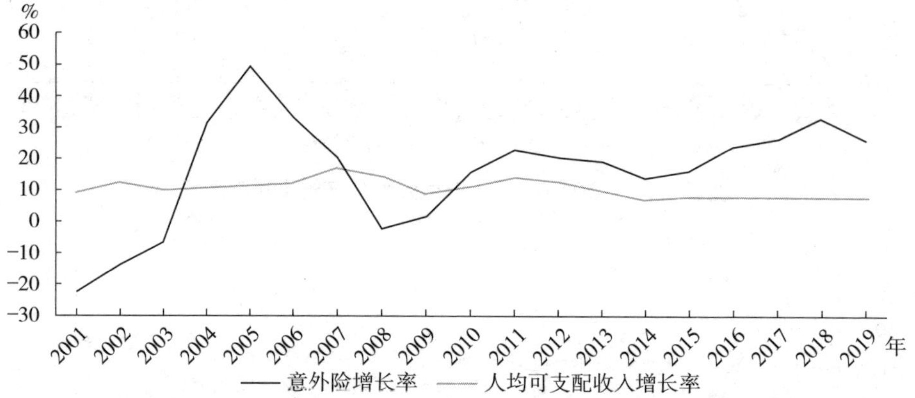

图 7–12 2001—2019 年意外险与人均可支配收入增长情况

图7–13给出了意外险在产险中的保费占比、人均可支配收入在人均GDP中的占比，意外险占比从2000年的5.89%下降到2010年的2.12%后又升到2019年的4.05%，而同期人均可支配收入在人均GDP中的占比从79.09%下降到59.85%，显然意外险发展规模严重偏离人均GDP、人均可支配收入的发展规模。

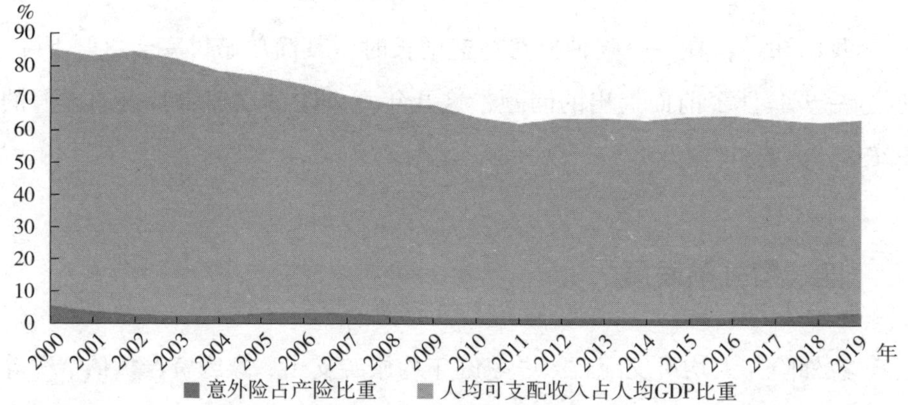

图 7–13 2000—2019 年意外险与人均 GDP 占比情况

通过图7-12、图7-13可以看出，我国意外险的发展严重偏离人均GDP、人均可支配收入的发展；同时，最近几年意外险保险金额的增长（虚高）更是离谱。

五、意外险思考

意外险，曾经是产险的第3大险种，经过近20年的发展，已经成为产险第6大险种（如图7-14所示）。

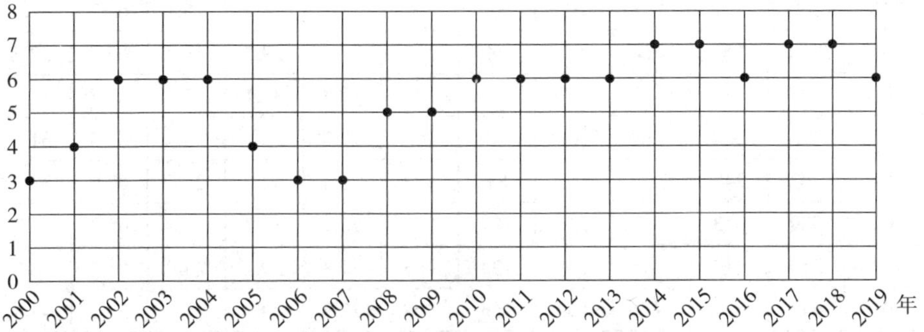

图 7-14　意外险在产险中的规模排名

相对于产险健康险来说，产险意外险得到了长足发展，保费占比大多数年份都维持在30%左右；因最近几年超高速增长，保费占比已接近45%（见表7-4）。

表 7-4　2000—2019 年产险和寿险意外险经营情况

年份	保费收入 / 亿元			赔付支出 / 亿元			赔付率 /%			保费占比 /%	
	寿险	产险	合计	寿险	产险	合计	寿险	产险	合计	寿险	产险
2000	43	38	81	12	19	31	27.0	50.0	37.7	53.7	46.3
2001	45	29	74	23	15	38	50.8	50.8	50.8	60.8	39.2
2002	54	25	80	33	15	48	60.0	60.0	60.0	68.2	31.8
2003	76	24	100	49	9	58	65.1	37.9	58.7	76.3	23.7
2004	86	31	117	29	10	39	33.9	33.0	33.7	73.5	26.5

续表

年份	保费收入 / 亿元			赔付支出 / 亿元			赔付率 /%			保费占比 /%	
	寿险	产险	合计	寿险	产险	合计	寿险	产险	合计	寿险	产险
2005	95	46	141	28	16	44	29.5	34.5	31.1	67.2	32.8
2006	101	62	163	29	24	52	28.3	38.4	32.1	62.0	38.0
2007	116	74	190	30	33	63	26.0	44.8	33.3	60.9	39.1
2008	131	73	204	34	28	63	26.1	39.2	30.7	64.3	35.7
2009	156	74	230	36	28	64	22.9	38.2	27.8	67.9	32.1
2010	190	86	275	43	28	71	22.8	32.9	25.9	68.9	31.1
2011	229	105	334	53	29	82	22.9	27.9	24.5	68.5	31.5
2012	260	127	386	61	36	97	23.5	28.2	25.1	67.2	32.8
2013	310	151	461	65	44	110	21.1	29.2	23.7	67.3	32.7
2014	371	172	543	73	55	128	19.8	32.1	23.7	68.3	31.7
2015	436	200	636	86	66	152	19.7	33.1	23.9	68.5	31.5
2016	502	248	750	102	81	183	20.4	32.5	24.4	67.0	33.0
2017	589	313	901	123	101	224	20.9	32.2	24.8	65.3	34.7
2018	659	417	1076	144	124	268	21.8	29.7	24.9	61.3	38.7
2019	649	527	1175	144	154	298	22.2	29.2	25.3	55.2	44.8

图7-15给出了2000年以来产险意外险行业占比情况，呈现了周期性波动。可见，产险意外险增长是商业模式驱动的，前有银行房屋抵押贷款捆绑意外险，后有P2P变相收费捆绑意外险。

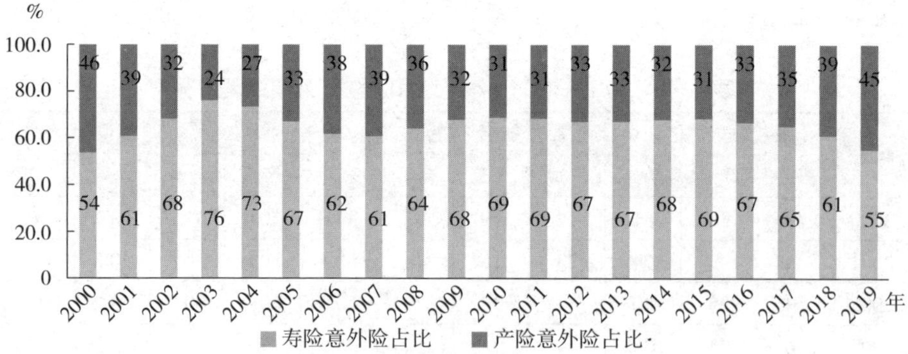

图 7-15 寿险和产险意外险保费占比情况

图7–16显示，大多数年份产险意外险增长率高于寿险意外险和行业意外险增长率，寿险意外险增长率基本与行业意外险增长率保持一致，主要是因为寿险意外险占比在2018年以前一直维持在60%以上。

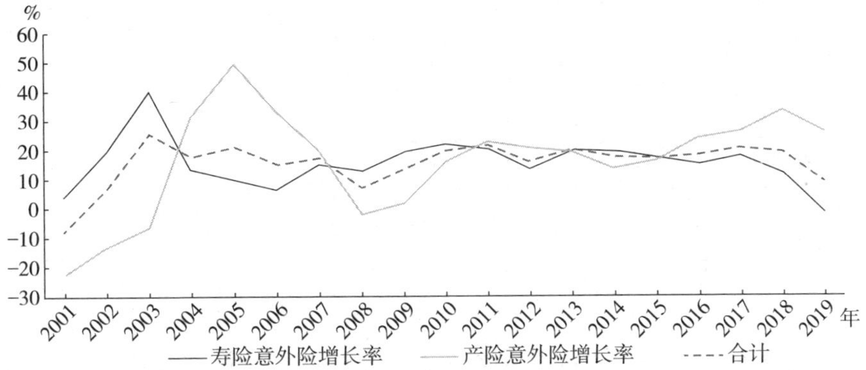

图 7–16　寿险和产险意外险保费增长情况

我们来看意外险的一个问题：2018年，全行业意外险保险金额为3808.86万亿元，人均保额为272.96万元，人均保额为人均可支配收入的69.54倍。

健康险也有类似的问题：2018年，全行业健康险保险金额为797.8万亿元，人均保额为57.17万元，人均保额为人均可支配收入的14.57倍。

如此算来，意外险和健康险已经饱和，未来的发展空间在哪里？没有空间了，那就清理一下垃圾吧。显然，监管部门已经意识到这个问题。2019年7月22日，中国银保监会财险部下发《关于开展现金贷等网贷平台意外伤害保险业务自查清理的通知》，叫停保险公司通过现金贷等网贷平台销售意外伤害险。难道寿险公司不存在这个问题吗？

意外险，当下最重要的是要回归真实，切掉最近几年虚假的繁荣。繁华过后尽是空，洗净铅华才是真。

意外险，要把“假”的源头切断；同时，要把“人性”的拷问切断。从今往后，是惊世是平庸，是繁华是落魄，是风是雨，都不再是因为你。

面对人性的恐惧和贪婪，意外险要思考的问题更多，更多的不是技术所能解决的，我们要看得更远，想得更多。

意外险，从头来过，已经交了这么多学费，岂能做不好？

产险布局14×88棋盘，如何落子

一、产品导读

时光荏苒。产险14大险种20年的发展已经结尾，摆在我们面前的是一道崭新的课题：88家产险公司如何布局已成定式的棋盘？一个14×88的棋盘，能精准落子？

前面分析了产险14大险种的发展情况，给出了自己的一点看法。有时难免偏颇，有时难免草率，这仅代表个人的一点拙见，就当一个“引子”吧。

（1）企财险，经济发展的晴雨表。

（2）家财险，扶不起的阿斗。

（3）车险，靠什么打天下。

（4）工程险，不温不火很多年。

（5）责任险，期待下一个十年。

（6）信用险，曾经的贵族。

（7）保证险，金融乱象的替罪羊。

（8）船舶险，从中国的“泰坦尼克号”说起。

（9）货运险，错不在你。

（10）特殊险，国之重险。

（11）农险，靠天吃饭。

（12）产险健康险，不要忘记短期。

（13）产险意外险，虚假繁荣不再。

（14）其他险，包罗万象。

我们从这14个险种中看懂了一些数据，读懂了一些故事，此时，你心中的棋盘是否已经布局完毕？是否已经准备落子？

二、产险概述

（1）风险：产险主要的风险包括传统风险（市场风险、信用风险、保险风险）；激进经营风险；宏观环境变动风险；金融融合中的跨市场、跨区域、跨行业传递风险。

（2）产品：产险，为个人、家庭、企业提供全方位的保险保障服务，在建设社会风险管理和保障体系，推动实体经济发展，完善新技术、支持创新战略方面切实发挥“保险姓保”的职能。

三、产险数据

表7–5给出了2000—2019年产险经营数据，包括产险14个险种保费合计、实际保费收入、14个险种赔款合计、实际赔款支出、保费差异率、赔款差异率；差异率=（合计值–实际值）/实际值。

表 7–5　2000—2019 年产险保费收入及赔款支出差异情况

年份	14 个险种保费合计 / 亿元	实际保费收入 / 亿元	14 个险种赔款合计 / 亿元	实际赔款支出 / 亿元	保费差异率 /%	赔款差异率 /%
2000	649	637	328	324	1.9	1.0
2001	720	717	352	349	0.5	0.8
2002	809	807	421	422	0.2	–0.3

续表

年份	14 个险种保费合计 / 亿元	实际保费收入 / 亿元	14 个险种赔款合计 / 亿元	实际赔款支出 / 亿元	保费差异率 /%	赔款差异率 /%
2003	895	894	489	487	0	0.3
2004	1178	1125	599	584	4.7	2.5
2005	1286	1281	692	693	0.4	–0.2
2006	1579	1580	846	845	–0.1	0.1
2007	2086	2086	1066	1067	0	–0.1
2008	2446	2446	1486	1475	0	0.8
2009	2993	2993	1638	1638	0	0
2010	4032	4027	1849	1815	0.1	1.8
2011	4777	4779	2216	2249	0	–1.5
2012	5525	5530	2897	2897	–0.1	0
2013	6481	6481	3556	3556	0	0
2014	7544	7544	3968	3968	0	0
2015	8423	8423	4448	4448	0	0
2016	9266	9266	5042	5042	0	0
2017	10541	10541	5497	5497	0	0
2018	11756	11756	6455	6455	0	0
2019	13016	13016	7279	7279	0	0

从表7–5可以看出，2005年以前数据差异较大，2013年之后数据没有差异；主要是因为本书在收集整理数据时，涉及了多个数据库，并查阅了历年的保险年鉴，但给出的各险种汇总数据与银保监会每年公布的产险行业数据之间仍然有一些差异。图7–17可以更直观地看出保费收入和赔款支出差异情况。

整体来看，除2004年数据偏差有点大，其他年份数据差异都在误差允许范围之内，可用于分析研究；2004年的数据虽然偏差有点大，但未改变数据的整体趋势，所以不影响前面给出的分析结果。

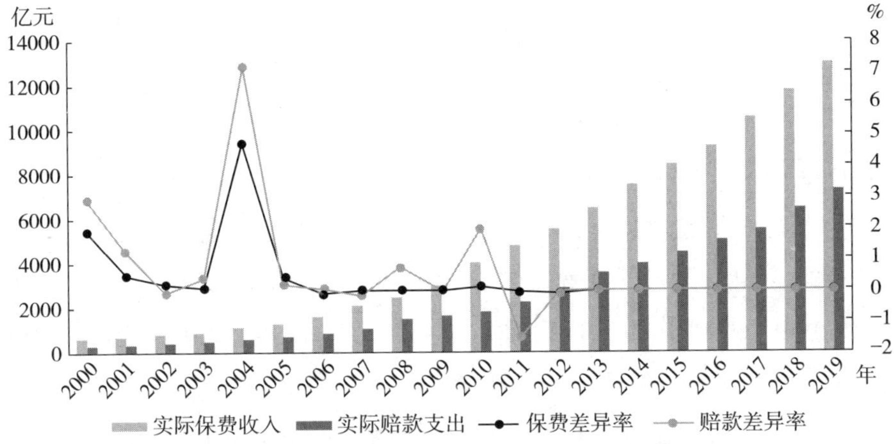

图 7-17　2000—2019 年产险保费收入和赔款支出情况

四、产险发展

对于产险的发展，本书还是从风险的角度入手，这样便于各家产险公司对号入座：

（1）传统风险。主要包括市场风险、信用风险、保险风险；在对14大险种分析时，发现我们很多问题出在对保险风险的不理解。如果保险风险都不明白，谈何保险。

（2）激进经营风险。保证保险的爆雷、车险的破釜沉舟、企财险的恶性竞争、意外险的P2P拉动，这些无一不是因为激进的经营造成的，这样的公司比比皆是，不再一一点评。

（3）宏观环境变动风险。2000—2019年，中国经济经历了三个大的阶段：2000—2007年，需求拉动下的经济强力扩张；2008—2013年，危机后内生增长动能的逐渐衰减；2014年至今，产能和债务压力下增长的全面放缓。

同期，中国保险业也经历了几个发展阶段：1996年以前（老三家时代）、1996年前后（泰康、新华等入场）、2000年前后（外资入场）、

2006年前后（民营企业入场）、2013年前后（地方法人机构和地产商入场）。

显然，如果产险公司成立后，没有认清宏观环境变动风险，相信这些公司已经“病入膏肓”；这样的公司更是比比皆是，不再一一点评。

（4）行业传递风险。随着经济全球化、信息化和金融业综合经营发展，保险公司与银行、证券、基金等领域的交叉有所增多，一些互联网理财和P2P平台利用保险问题征信，跨市场、跨区域、跨行业传递风险开始显现。

2017年，浙商财险等公司因为企业信用的爆雷而深陷其中；2018年，长安责任保险因P2P的爆雷而执迷不悟；2019年，阳光信保因为以房养老骗局而引火烧身；2020年，有多少公司会在消费信贷中无法自拔，让我们拭目以待。

14大险种，88家公司，20年的市场变迁，所暴露的问题无非这四大风险，发展不能以风险为代价；保险公司是有经营风险的，如果连自己的风险都经营不好，谈何管理消费者的风险。

消费者只关心自己的风险是否得到了保障，而不会关心你发展得好不好，你经营不好，消费者会毫不犹豫地选择经营好的。

五、产险思考

通过分析14大险种，思考产险未来的发展，虽然有时候很悲观，但我们还是要面对。在进入正题之前，我们先看一段平安产险的介绍：

2018年平安产险持续深化“科技+金融”，科技驱动不断加码，人工智能、区块链、云计算、大数据等技术已在平安产险前中后台多个业务节点应用落地。比如：车险AI持续优化业务流程，目前实现96.4%现场案件5~10分钟极速处理；智能闪赔实现秒级定损定价，极简流程理赔服务“信任赔”，最快一单理赔仅耗时49.8秒，平均耗时不到3分钟；车险理赔触点客户净推荐率高达80%以上。

“平安好车主”App通过聚合广泛优质的车生态服务资源，为用户提供车保险、车服务、车生活一站式服务，截至2018年12月31日，注册用户数已突破5500万，绑车用户数突破3400万，12月当月活跃用户数突破1100万。

同时，平安产险通过大数据、物联网等创新应用，聚合多项服务能力打造大数据风控开放平台——“KYR风险管理云”（KYR-Know Your Risk），以“保险+风控”“线上+线下”的创新模式，持续提升风险管控能力，向客户提供专业化、科技化的风控服务。

此外，平安产险还将牲畜识别、人脸识别、声纹识别、OCR票证通、卫星遥感、无人机等科技创新引入农险，开创农险作业新时代，为农险承保、查勘、风控、理赔等环节的难题提供相应解决方案并大幅提升业务效率。

2019年平安产险将加强科技创新应用，深化“数据产险”转型，通过实现经营管理的全面线上化，搭建完整的数据生态体系，打造“智慧产险”。

从这几段话，我们可以读出多少信息量，如果你告诉我，没看懂，如果你还正好是管理者……算了，还是没有如果吧。

“未来已来”到底有多难？产险公司，面对行业发展各唱各调，却寄希望监管部门通过行政命令推动行业变革；面对保险产品的供需矛盾，却寄希望社会来唤醒消费者的保险意识；面对公司内部改革，永远争辩的是权责划分，认为内部权责都要精准有效界定，这不正是现在政府正在突破的难题吗？

“力不从心”的症结何在？产险公司，一直在与14大险种中的一个车险较劲，如果这样，一定会是这样的结果：思想障碍难消除、运行机制难构建、利益藩篱难打破。

“零敲碎打”的局面怎么破？产险公司，面对14×88的棋盘，要认真思考自己的生死问题，做到布局有序，落子有声；要通过顶层设计、上下联动，完善向死而生的目标机制。

产险市场变迁20年，88家产险公司，14大险种，家家有本难念的经。

第三篇

寿险产品

漫谈产品（六）
漫谈产品（七）
漫谈产品（八）

第八章
漫谈产品（六）

寿险，寿险公司的主战场

一、产品导读

人身保险（人身险）是以人的寿命和身体为保险标的的保险。当被保险人发生死亡、伤残、疾病、年老等风险事故时或者达到合同约定的年龄、期限时，保险公司按照保险合同约定提供经济补偿或给付保险金。

人身保险的保险标的是人的寿命和身体，与其他任何保险标的有本质的不同，既不是物质财富，也不是与物质财富有联系的信用、保证形式，所以，人身保险有着区别于其他任何保险的特征。

目前关于人身保险产品分类的理论基础为：不同的社会形态决定了不同的保险需求，进而决定了不同的监管政策和产品分类。国内外学术界关于人身保险产品分类标准较多，分类结果也存在一定差异，尚未形成行业统一的产品分类理论参照体系。

原中国保监会2000年发布的《人身保险产品定名暂行办法》（保监发〔2000〕42号）和《健康保险管理办法》（保监会令2006年第8号）中按照保险责任对人身保险产品作了分类，如前文图2–1所示。可以看出，人寿保险（寿险）是寿险公司区别于人身保险公司的主要险种，这应该是寿险公司的主战场。

本书将按照前文图2-1展开寿险产品的介绍，从保险责任和设计类型两个视角进行描述。

二、寿险概述

（1）风险：人寿保险主要以人的寿命为保障对象的人身保险。人寿保险通常以被保险人在保险期间内生存或身故为给付保险金的条件。有的人寿保险产品还包括保险合同约定的全残责任。

（2）产品：人寿保险按照保险责任分为定期寿险、终身寿险、两全保险和年金保险；按照设计类型可以分为普通型寿险、分红型寿险、万能型寿险、投资连结型寿险等；按投保方式的不同可以分为个人寿险和团体寿险两类；按产品功能的不同可以分为风险保障类寿险和长期储蓄类寿险两类。

三、寿险数据

表8-1给出了2000—2019年寿险经营数据，包括寿险保费收入、寿险增长率、人身险保费收入、人身险增长率、寿险占比、寿险赔款支出、人身险赔款支出、寿险简单赔付率、人身险简单赔付率等指标。

表 8-1　2000—2019 年寿险经营数据

年份	寿险保费/亿元	人身险保费/亿元	寿险增长率/%	人身险增长率/%	寿险占比/%	寿险赔款/亿元	人身险赔款/亿元	寿险简单赔付率/%	人身险简单赔付率/%
2000	851	958	—	—	88.8	174	212	20	22
2001	1289	1392	51	45	92.5	189	242	15	17
2002	2074	2246	61	61	92.3	184	287	9	13
2003	2669	2986	29	33	89.4	164	354	6	12
2004	2851	3194	7	7	89.3	308	424	11	13

续表

年份	寿险保费/亿元	人身险保费/亿元	寿险增长率/%	人身险增长率/%	寿险占比/%	寿险赔款/亿元	人身险赔款/亿元	寿险简单赔付率/%	人身险简单赔付率/%
2005	3245	3644	14	14	89.1	305	421	9	12
2006	3590	4059	11	11	88.5	470	620	13	15
2007	4463	4947	24	22	90.2	1064	1233	24	25
2008	6658	7338	49	48	90.7	1315	1496	20	20
2009	7457	8144	12	11	91.6	1269	1487	17	18
2010	9680	10501	30	29	92.2	1109	1385	11	13
2011	8696	9560	−10	−9	91.0	1301	1680	15	18
2012	8908	9958	2	4	89.5	1505	1819	17	18
2013	9425	10741	6	8	87.7	2253	2656	24	25
2014	10902	12690	16	18	85.9	2728	3248	25	26
2015	13241	15859	21	25	83.5	3573	4234	27	27
2016	17442	21693	32	37	80.4	4637	5505	27	25
2017	21455	26040	23	20	82.4	4591	5699	21	22
2018	20723	26261	−3	1	78.9	4432	5886	21	22
2019	22754	29628	10	13	76.8	3743	5615	16	19

从图8-1可以看出，寿险在人身险中的保费占比2010年以后逐年下降，从2010年的92.18%下降到2019年的76.80%，这与2010年开始实施的新会计准则有很大关系，新会计准则要求对保费进行分拆，投连险、万能险中的投资部分不再确认为保费收入。

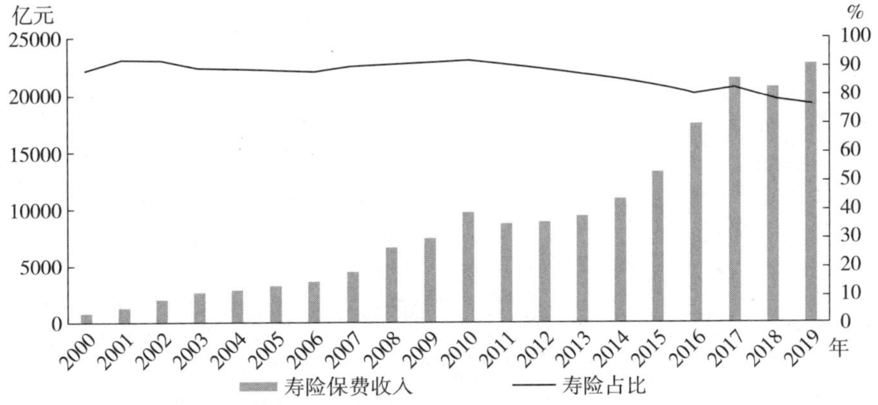

图 8-1　2000—2019 年寿险保费收入及占比情况

从图8-2可以看出，寿险增长率波动巨大，2011年的负增长原因同上，主要是受新会计准则的影响；2011年之后，寿险保持了高速增长，随着2016年末所进行的“保险姓保”“监管姓监”的“大讨论”“大运动”，寿险增长戛然而止，2018年出现了负增长，2019年开始恢复增长。

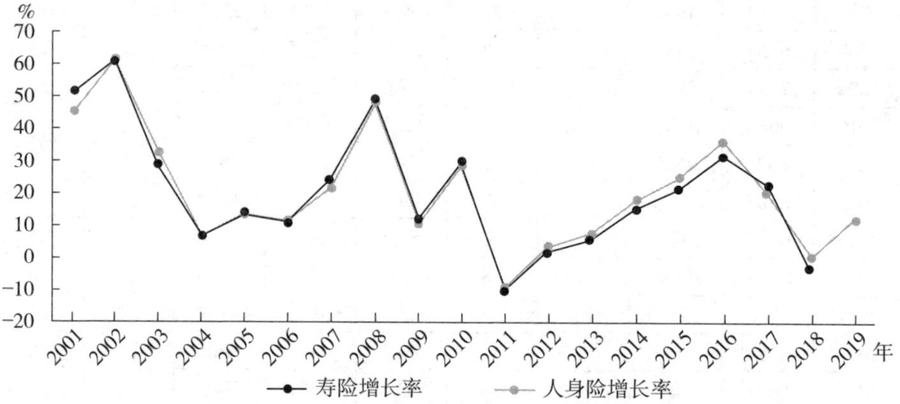

图 8-2　2001—2019 年寿险与人身险增长率情况

从图8-3可以看出，绝大多数年份寿险简单赔付率（赔款支出和给付支出）都小于人身险简单赔付率，这属于正常现象，但是在2016年却出现了反转，主要是因为寿险期限短期化导致的，部分公司为了适应互联网保险的发展需要，开发了大量超短期产品。

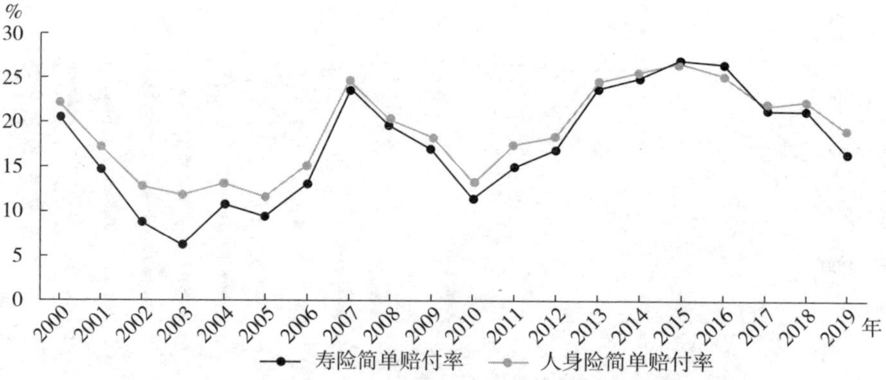

图 8-3　2000—2019 年寿险与人身险简单赔付率情况

四、寿险发展

寿险与GDP、M2供应量、卫生总费用、总人口、居民可支配收入、沪深300指数以及上述指标的波动率等密切相关，这是我们的直观印象。下面我们来分析寿险发展与这些指标之间的关系。

图8-4给出了寿险增长率与M2增长率、GDP名义增长率、沪深300指数增长率之间的关系（数据未剔除通货膨胀率影响），可以看出，寿险增长率与M2增长率、沪深300指数增长率之间具有关系；从沪深300指数来看，说明寿险的投资属性比较大，消费者主要是看中寿险的投资价值。

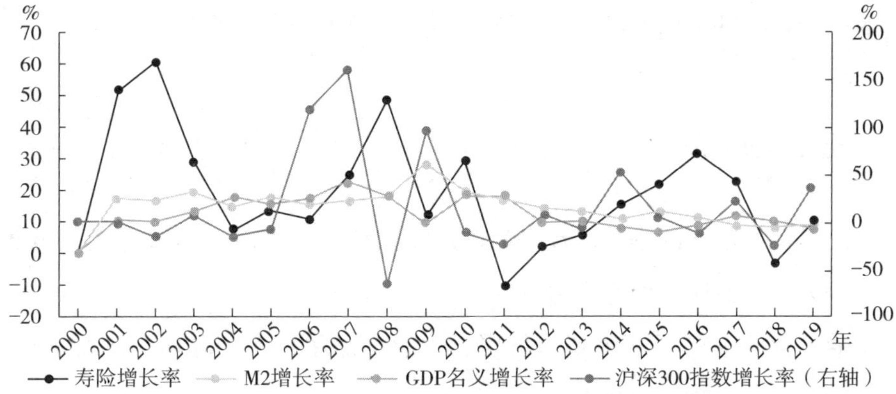

图 8-4　2000—2019 年寿险与主要经济指标增长情况

图8-5给出了寿险占GDP比重、寿险占M2比重、M2占GDP比重，从图中进一步验证了寿险与M2之间的关系，这几年寿险的高速增长更多是M2驱动的，也就是说寿险更多的是通货膨胀率驱动的，寿险保障的价值越来越低，这就要求我们进一步优化产品组合，否则寿险提供的保障根本无法抵御通货膨胀的影响。

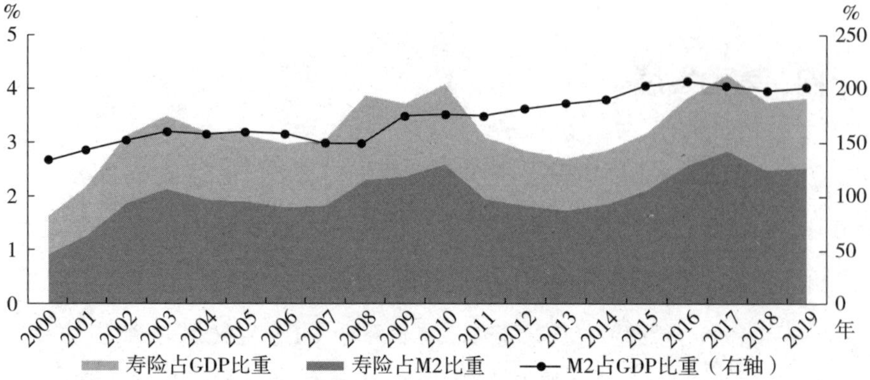

图 8-5　2000—2019 年寿险与 M2 占比情况

通过图8-4、图8-5可以看出，我国寿险的发展这几年主要是靠资本市场、M2供应量等指标的驱动，一方面是投资属性，另一方面是通货膨胀属性，这两个指标的叠加，一定使寿险剧烈波动；同时，也一定会感觉到我们的风险保障越来越不足，这也许是寿险公司需要思考的一个问题。

五、寿险思考

面对资本市场的剧烈波动和M2的高速增长，我们一方面要思考寿险的价值，另一方面还要思考寿险的发展。

随着保险业的不断创新与发展，寿险产品呈现人身险体系内部融合、金融行业之间渗透的趋势。

根据这种发展趋势，结合目前的实际情况，建立科学的寿险产品设计体系成为支撑寿险发展的关键，寿险产品应遵循“细化单元，以线为主，线面结合”的基本思路，构建多维度、多层次、多视角的立体式人身风险保障体系。

具体做法是：尽可能地细化寿险产品的基本单元，使其要素化、元件化和标准化，确保基本单元的单一性和稳定性，在此基础上，以线改进法为主要维度，同时结合面提升法，形成一种互补与结合的产品设计模式。

（1）线改进法，是指将寿险产品按选定的若干属性或特征，逐次地分成若干个层级的类目，并排成有层次的、逐级展开的产品体系。这样就可以根据寿险影响指标以及市场变化情况，实时调整寿险产品，让消费者明明白白地知道自己的保障何在。

（2）面提升法，是指将寿险产品的若干个属性（投资属性、保障属性、通胀属性等）视为若干个“面”，每面又可分为独立的若干个类目，将这些类目加以组合，形成一个复合类目。这样就可以根据寿险业的发展以及生命科学的发展，实时调整寿险结构，让消费者明明白白地知道自己的保障。

根据上述思路，寿险的发展，要做的是厘清寿险的价值所在，明白寿险中科学因素与非科学因素，不能简单用“投资保障”来界定，更不能粗暴地用“保险姓保”来界定。

我们知道现代金融学是建立在数理基础上的学科，现代金融学的五大支柱（M-M理论、投资组合理论、资本资产定价理论、APT理论和期权定价理论）形成了当前金融理论最主要的基础；保险作为金融的一个分支，更多的是建立在统计学基础之上，我们是否应该更多地从金融的理论视角来思考保险？

进一步地，现代金融学的五大支柱背后的模型以及以这些模型为基础的其他模型是否能够被人工智能或机器学习所取代或改进呢？

同样，寿险未来会不会被基因科学、健康管理科学等替代呢？也许“再挺过20年人类就永生了！”是一句玩笑话，但是代表了一种生命科学的思考。

如果这是一句玩笑话，我们来看看2000年寿险公司出具的保单，对于消费者而言意义何在？

如果20年以前的产品你自己都不屑，消费者如何敢把自己的未来交给你？

健康险，寿险公司的新战场

一、产品导读

健康保险（健康险）最重要的功能是风险保障和健康管理。人身风险时时伴随人的左右，我们先看几组数据：

（1）人一生受伤的风险概率是1/3，遭遇车祸的风险概率是1/12，死于车祸的风险概率是1/5000，死于突发事件的风险概率是1/2900，心脏病突然发作的概率是1/77，死于心脏病的概率是1/340，死于中风的概率是1/1700。

（2）人一生患重疾概率男性平均为74%，女性平均为68%（根据原中国保监会颁布的《中国人寿保险行业经验生命表（2000—2003）》以及《中国人身保险业重大疾病经验发生率表（2006—2010）》中非养老金生命表进行的测算），从统计学的角度看，罹患重疾真的是个大概率事件！

（3）中国每年因雾霾死亡50万人，近30年来，我国公众吸烟率不断下降，但肺癌患病率却上升了4倍多。

显然，健康险已成为个人和家庭财务规划、保险规划的必备项目！

通过购买人身保险，投保人可以把个人、家庭的人身风险给家庭带来的经济压力转嫁给保险公司。投保人交纳确定金额的保险费以后，若被保险人发生死亡、伤残、疾病、衰老等人身风险，保险公司将支付一笔保险金以保证被保险人家庭生活的稳定，避免因家庭主要劳动力发生保险事故造成的家庭收入减少或支出增加，甚至使生活陷入困境等。

现代人工作、生活节奏相当快，大多数人无暇关注自己的健康，更不用说进行健康管理。健康保险存在的价值，就在于保险公司在客户投保后，主动给客户提供健康咨询、健康管理等服务。这些可以帮助被保险人更加清楚地了解自己的健康情况，及时进行治疗，减少保险事故发生概率，减少保险公司的保险金给付。

世界卫生组织（WHO）关于健康的定义：不仅是没有疾病，而且生理、心理以及社会适应能力的全面完好状态。

按照世界卫生组织关于健康的十条标准，我们可以做一个自我评估，感受一下自己的健康状况：有充沛的精力，能从容不迫地安排生活，胜任工作；处事乐观，态度积极，勇于承担责任；适当休息，睡眠好；应变能力强，能适应外界环境各种变化；能够抵抗一般性感冒和传染病；体重适当，身体匀称；眼睛明亮，反应敏捷；牙齿清洁，无龋齿；头发有光泽，无头屑；肌肉丰满，皮肤有弹性。

这就是健康险，一个变化中的学科（从数理走向科技），正在从“健康管理”向“健康管理科学”演变，也将改变人身保险的战场，可以预期其将成为人身险市场的新战场。本节部分内容可参考第七章第一节“产险健康险，不要忘记短期”。

二、健康险概述

（1）风险：健康风险是作用于人的身体、影响人的健康的一种风险，世界卫生组织公布的影响健康的十大风险为饮酒、高血压、吸烟、超重和肥胖、高血糖、不安全性行为、缺少运动、高胆固醇、职业健康风险、不安全饮用水和消毒卫生设施等。

（2）产品：健康保险是对因健康原因导致的损失给付保险金的保险，包括疾病保险、医疗保险、失能收入损失保险和护理保险。

三、健康险数据

表8-2给出了2000—2019年健康险经营数据，包括健康险保费收入、健康险增长率、人身险保费收入、人身险增长率、健康险占比、健康险

赔款支出、人身险赔款支出、健康险简单赔付率、人身险简单赔付率等指标。

表 8–2　2000—2019 年健康险经营数据

年份	健康险保费 / 亿元	人身险保费 / 亿元	健康险增长率 / %	人身险增长率 / %	健康险占比 /%	健康险赔款 / 亿元	人身险赔款 / 亿元	健康险简单赔付率 /%	人身险简单赔付率 /%
2000	64	958	—	—	6.6	26	228	41	24
2001	59	1392	–8	45	4.2	30	242	51	17
2002	118	2246	101	61	5.2	71	287	60	13
2003	240	2986	104	33	8.0	140	354	58	12
2004	256	3194	7	7	8.0	86	424	34	13
2005	304	3644	18	14	8.3	88	421	29	12
2006	368	4059	21	11	9.1	121	620	33	15
2007	368	4947	0	22	7.4	107	1233	29	25
2008	549	7338	49	48	7.5	147	1496	27	20
2009	531	8144	–3	11	6.5	183	1487	34	18
2010	632	10501	19	29	6.0	233	1385	37	13
2011	636	9560	1	–9	6.6	337	1680	53	18
2012	790	9958	24	4	7.9	253	1819	32	18
2013	1006	10741	27	8	9.4	338	2656	34	25
2014	1418	12690	41	18	11.2	446	3248	31	26
2015	2182	15859	54	25	13.8	575	4234	26	27
2016	3749	21693	72	37	17.3	765	5505	20	25
2017	3995	26040	7	20	15.3	986	5699	25	22
2018	4879	26261	22	1	18.6	1310	5886	27	22
2019	6226	29628	28	13	21.0	1728	5615	28	19

从图8–6可以看出，健康险在人身险中的保费占比逐年上升，从2000年的6.65%上升到2019年的21.01%。

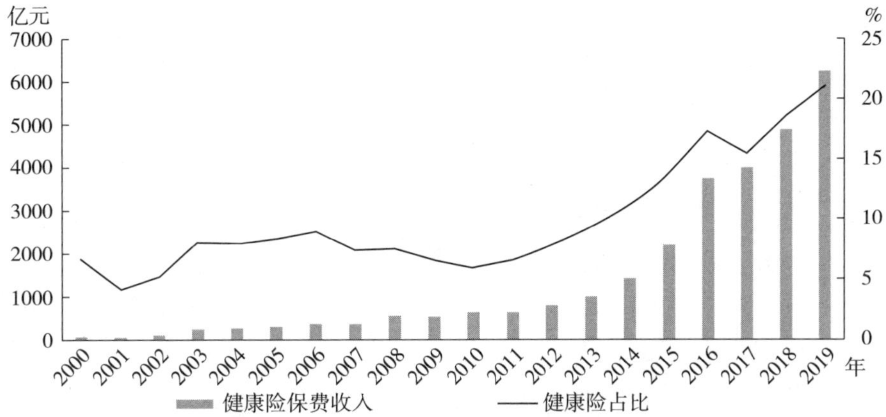

图 8-6 2000—2019 年健康险保费收入及占比情况

从图8-7可以看出，健康险增长率波动巨大，大多数年份都高于人身险增长率，并且多年出现增长率高于50%。其中，2014—2016年是因为和谐健康保险爆发式增长拉动的，“安邦保险”被接管后（现已改名“大家保险”），导致2017年健康险增长不足10%，2018年开始恢复正常。

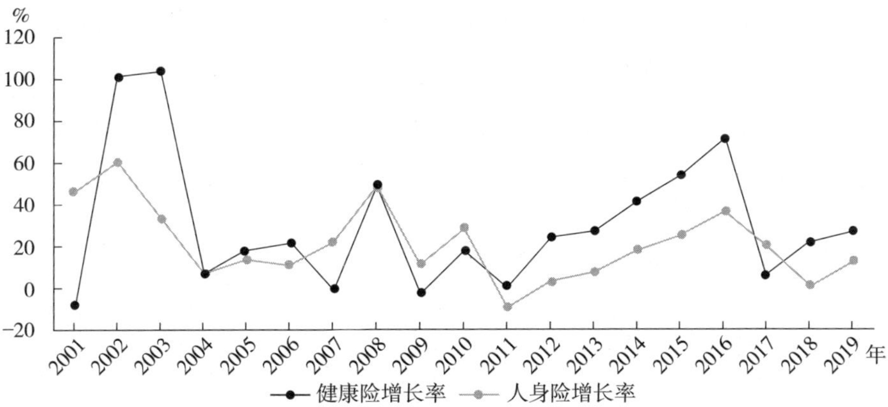

图 8-7 2001—2019 年健康险与人身险增长率情况

从图8-8可以看出，除2016年之外，健康险简单赔付率都高于人身险赔付率，主要是因为寿险期限短期化导致的，部分公司为了适应互联网保险的发展需要，开发了大量超短期产品。

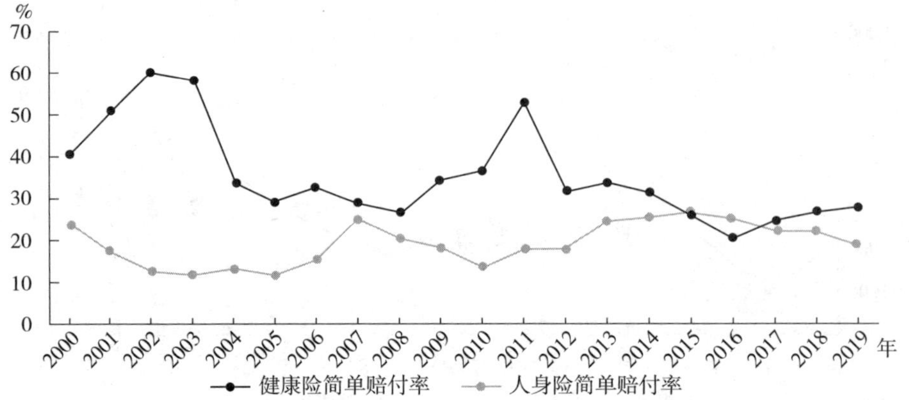

图 8-8　2000—2019 年健康险与人身险简单赔付率情况

四、健康险发展

健康险与GDP、M2供应量、居民可支配收入、卫生总费用、政府卫生支出、社会卫生支出、个人现金卫生支出、人均卫生费用等指标密切相关，这是我们的直观印象。下面我们来分析健康险发展与这些指标之间的关系。

图8-9给出了健康险增长率与GDP名义增长率、M2增长率、卫生总费用增长率之间的关系，可以看出，健康险增长率与这些指标之间的关系比较杂乱，虽然经过近20年的快速发展，但尚未进入平稳发展期。

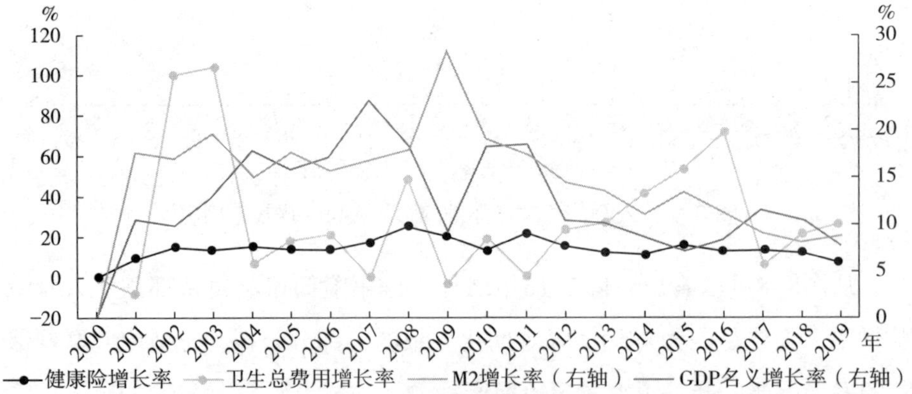

图 8-9　2000—2019 年健康险与其他指标增长情况

图8-10给出了健康险在人身险中的占比、健康险在卫生总费用中的占比、人身险在卫生总费用中的占比。从图中可以看出，虽然健康险在人身险中的占比从2000年的6.65%上升到2019年的20.01%，但在卫生总费用占比仍然不足10%。

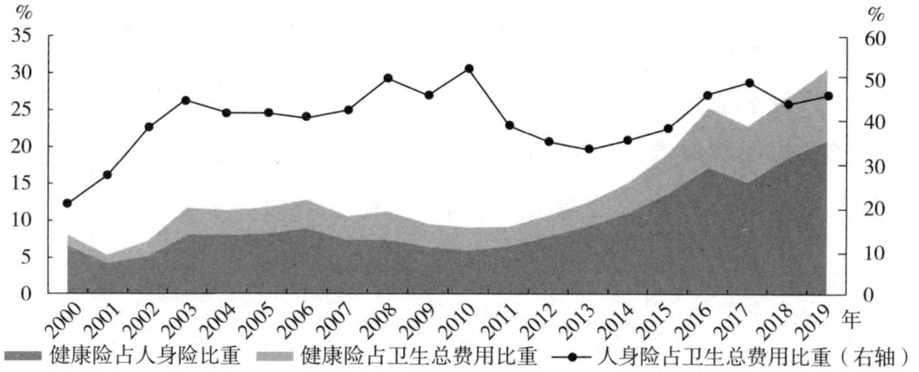

图 8-10　2000—2019 年健康险与卫生总费用占比情况

通过图8-9、图8-10可以看出，健康保险在卫生总费用中的占比为9.77%，但医疗相关自付费用占比仍然高达30%，健康保险的提升空间可观。

五、健康险思考

从以下几个要素，可以进一步预期健康险市场将持续快速增长：

（1）健康保险渗透率低。健康保险在卫生总费用支出中仅占9.77%，同期医疗相关自付费用占比约为30%，健康保险的提升空间可观。

（2）人口变化趋势。人口老龄化（65岁以上人口到2040年预计将超过3亿人）；由于城市化进程和西式的生活方式导致慢性病发病率上升（血脂异常约1.6亿人，其中高血脂约1亿人，高血压约2.7亿人，糖尿病患者约1亿人等）。

（3）政策改革利好。放宽对民营及外资保险公司的监管，并对为员工提供商业健康保险的雇主提供税收减免的优惠。

（4）国民财富水平。国民财富水平的提升驱动市场对于高端医疗服务的需求，而此类高端医疗服务通常由商业健康险提供风险保障。

（5）保险意识。国人对于保险意识的提升带动了整体健康险市场的发展，与此同时亦需更多的努力去开拓市场。

出于上述原因，结合产险健康险，图8-11给出了健康险市场预测，预计2020年保费规模接近9000亿元，2025年将达到2万亿元，超过非寿险总保费（产险剔除意健险），形成三足鼎立的局面（寿险、健康险、产险）。

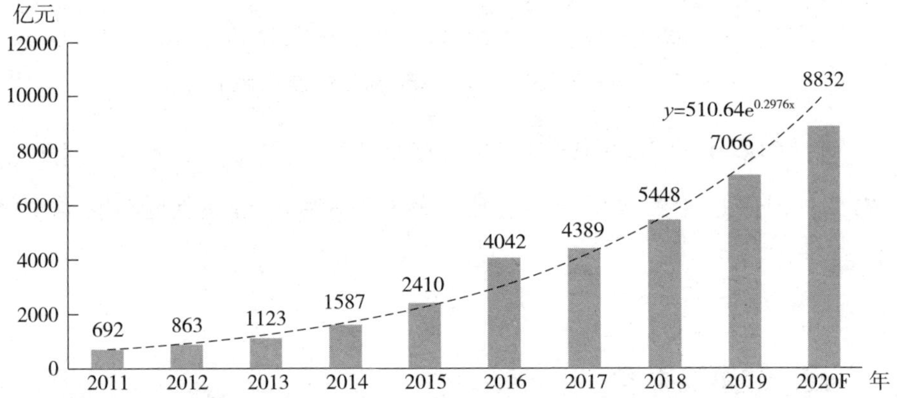

图8-11　2020年健康险市场保费规模预测

面对如此巨大的市场，首先，应该改变我们的观念，即从健康管理向健康管理科学转变；正如奥斯卡健康科技公司所标榜的，“我们不是选择健康人作为自己的客户，而是让自己的客户变得更健康”。

其次，我们要明白精准的风险控制是确保健康保险产品盈利的关键，需要整合健康相关数据源，建立个人健康风险评估模型，将评估结果广泛地应用于核保、定价、健康管理等重要环节（如图8-12所示）。面对图8-12我们一定有畏难情绪，但这并不是无解。部分传统保险公司已意识到未来数字化健康生态圈的崛起，也制定了一系列健康数字化的举措。

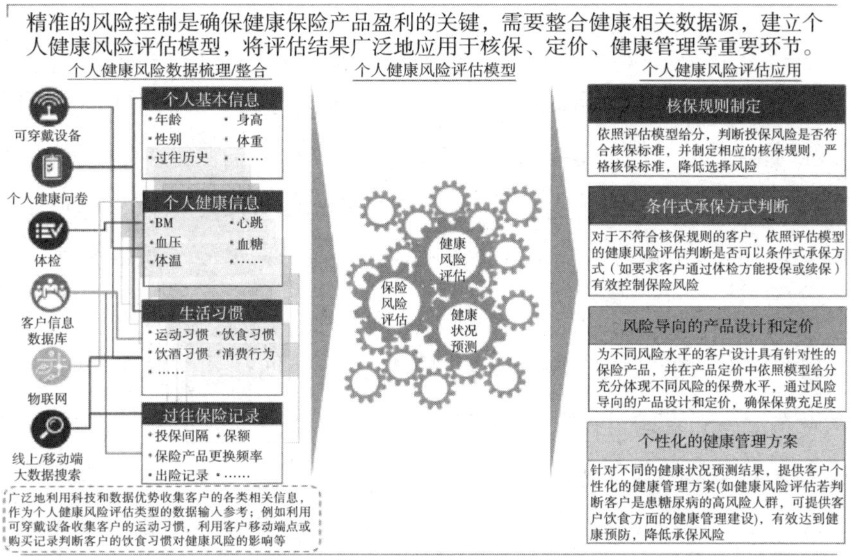

图 8-12　健康险风险评估模型（示例）

再次，要发挥健康科技的作用。传统保险公司要与健康科技公司合作，推出行为导向的保险模式，以激励计划的方式引导客户选择更健康的生活方式，以降低医疗成本及保险理赔成本。

最后，我们重新回到健康管理科学的定义“以健康和生命质量为目标，基于科学思维和量化方法，进行全尺度和全生命周期相关资源的配置、优化和管理”。此定义背后所内含的要素及影响：①理论，健康理论基础。②应用，健康规划、精准医学、高性能医学。③工具，数学、系统论、信息论、控制论、大数据、人工智能。④影响，健康保险将演变为健康资源配置的工具。

意外险，寿险公司的后战场

一、产品导读

自原中国保监会成立以来，先后出台了20多个文件专门规范意外险业务。

2007年发布的《关于加强航空意外保险管理有关事项的通知》，从保护消费者利益出发，改变了过去以条款和费率管制为主的监管手段，废止行业指导性条款，要求公司加强内控、进行销售管理和再保险安排，发挥市场机制的作用，促进市场竞争和规范发展，标志着航空意外保险改革迈出了重要一步。

2009年发布的《关于停止以撕票方式经营短期意外伤害保险的通知》，以停售无记名短期意外险手撕保单为切入口，在整顿规范意外险市场、维护被保险人合法权益方面迈出了实质性步伐。

自2010年1月1日起施行的《人身意外伤害保险业务经营标准》，则是原保监会针对单一业务领域首次以标准的形式出台的规范性文件。该标准严格规范了人身意外伤害保险业务在单证、出单、销售、实时信息查询、财务和产品等环节的管理要求，有效杜绝“假保单”等侵害消费者利益的现象，促使保险公司加强对意外险业务和中介机构的规范管理。

这就是意外伤害保险（意外险），一个看似简单的险种，但有时候我们却不明白意外伤害保险与定期寿险有什么主要区别？第一，意外伤害保险承保因意外伤害而导致的身故，不承保因疾病而导致的身故。这两种原因导致的身故都属于定期寿险的保险责任范围。第二，意外伤害保险承保因意外伤害导致的残疾，并依照不同的残疾程度给付保险金。定期寿险有的不包含残疾给付责任，有的虽然包含残疾责任，但仅包括保险合同约定的全残责任。第三，意外伤害保险保险期间一般较短，多为一年期及一年期以下。定期寿险保险期间一般较长。

这就是我们所认识的意外险，较好地发挥了保险业风险管理和经济补偿的功能，具有良好的经济效益和社会效益。

如果说寿险是“主战场”，健康险是“新战场”，那么意外险一定是“后战场”。意外险经历炮火洗礼后正式步入“后市场”时代。

二、意外险概述

（1）风险：意外伤害是指遭受外来的、突发的、非本意的、非疾病的使身体受到伤害的客观事件。意外伤害保险是指在约定的保险期间内，因发生意外伤害而导致被保险人身故或残疾，保险公司给付约定保险金的保险。

（2）产品：意外伤害保险的保险期间多为一年期或一年期以下，最常见的有综合意外伤害保险、交通工具意外伤害保险等。相对于其他人身保险产品而言，意外伤害保险一般费率比较低，保障金额比较高，购买手续简便。

三、意外险数据

表8-3给出了2000—2019年意外险经营数据，包括意外险保费收入、意外险增长率、人身险保费收入、人身险增长率、意外险占比、意外险赔款支出、人身险赔款支出、意外险简单赔付率、人身险简单赔付率等指标。

表 8-3　2000—2019 年意外险经营数据

年份	意外险保费 / 亿元	人身险保费 / 亿元	意外险增长率 / %	人身险增长率 / %	意外险占比 /%	意外险赔款 / 亿元	人身险赔款 / 亿元	意外险简单赔付率 /%	人身险简单赔付率 /%
2000	43	958	—	—	4.5	12	228	27	24
2001	45	1392	4	45	3.3	23	242	51	17
2002	54	2246	20	61	2.4	33	287	60	13
2003	76	2986	40	33	2.5	49	354	65	12
2004	86	3194	13	7	2.7	29	424	34	13

续表

年份	意外险保费/亿元	人身险保费/亿元	意外险增长率/%	人身险增长率/%	意外险占比/%	意外险赔款/亿元	人身险赔款/亿元	意外险简单赔付率/%	人身险简单赔付率/%
2005	95	3644	10	14	2.6	28	421	29	12
2006	101	4059	6	11	2.5	29	620	28	15
2007	116	4947	15	22	2.3	30	1233	26	25
2008	131	7338	13	48	1.8	34	1496	26	20
2009	156	8144	19	11	1.9	36	1487	23	18
2010	190	10501	22	29	1.8	43	1385	23	13
2011	229	9560	21	−9	2.4	53	1680	23	18
2012	260	9958	13	4	2.6	61	1819	24	18
2013	310	10741	20	8	2.9	65	2656	21	25
2014	371	12690	19	18	2.9	73	3248	20	26
2015	436	15859	18	25	2.7	86	4234	20	27
2016	502	21693	15	37	2.3	102	5505	20	25
2017	589	26040	17	20	2.3	123	5699	21	22
2018	659	26261	12	1	2.5	144	5886	22	22
2019	649	29628	−2	13	2.2	144	5615	22	19

从图8-13可以看出，意外险在人身险中的保费占比逐年下降，从2000年的4.54%下降到2019年的2.19%，意外险的发展程度低于居民可支配收入的增长。

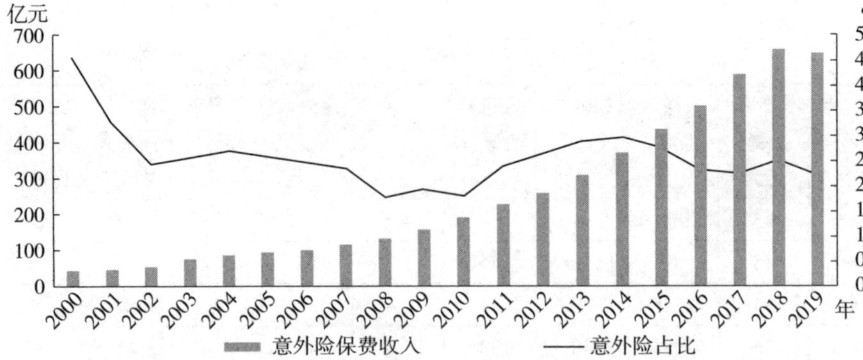

图 8-13　2000—2019 年意外险保费收入及占比情况

从图8-14可以看出，意外险增长率相对于人身险来说，一是波动较小，二是普遍低于人身险增长率，最近几年增长率维持在20%左右。

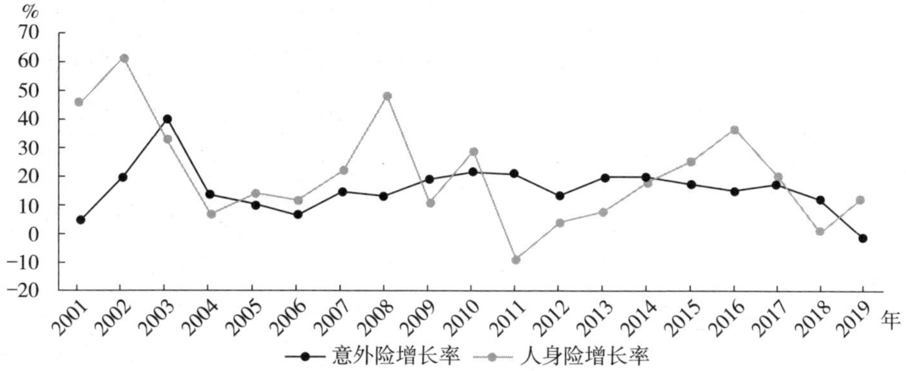

图 8-14　2001—2019 年意外险与人身险增长率情况

从图8-15可以看出，2013年以前，人身险简单赔付率低于意外险；2013年之后出现反转，开始高于人身险简单赔付率。

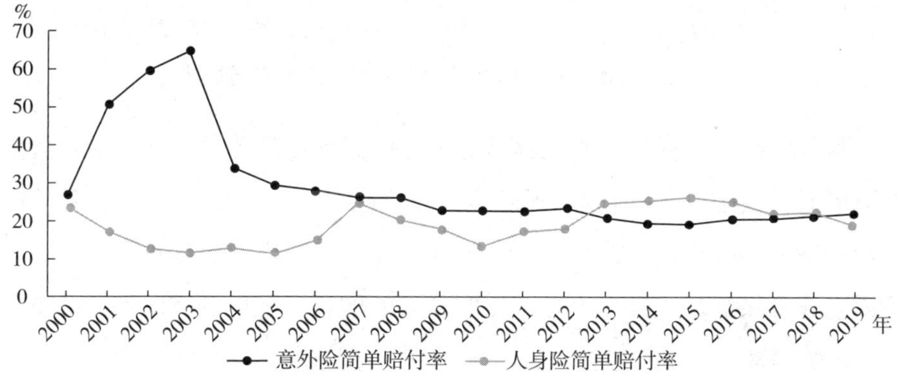

图 8-15　2000—2019 年意外险与人身险简单赔付率情况

四、意外险发展

意外险与GDP、居民可支配收入等指标密切相关，这是我们的直观印象。下面我们来分析意外险发展与这些指标之间的关系。

图8-16给出了意外险增长率和GDP名义增长率之间的关系，为了更清楚地反映二者的关系，图中同时给出了意外险增长率和GDP名义增长率的平均值。可以看出，意外险增长率和GDP名义增长率基本是反向关系，在GDP高速增长时，意外险增速放缓；在GDP低速增长时，意外险增速较快。这可能与经济萧条时，大家对于个人风险的抵御能力下降，需要通过一个相对便宜的产品进行分散。

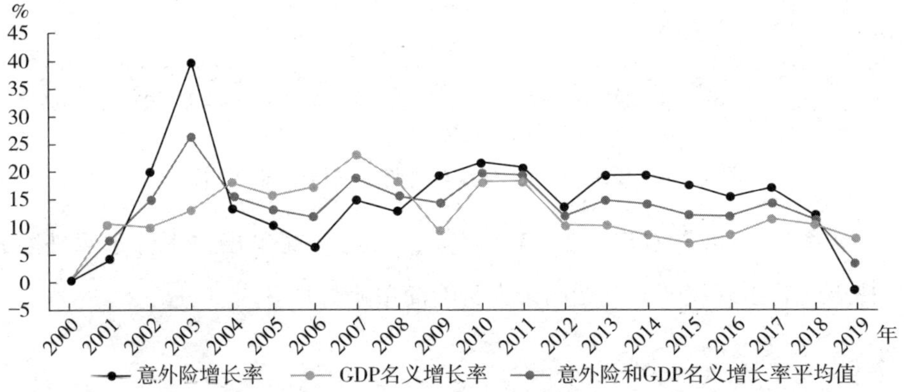

图 8-16　2000—2019 年意外险与 GDP 名义增长情况

图8-17给出了人均意外险保费、人身险意外险保障倍数、行业意外险保障倍数；其中，保障倍数=保险金额/人均可支配收入，保险金额计算时假设的费率为0.05%。从图中可以看出，意外险保障倍数逐年上升，也就是说意外险保费增长高于人均可支配收入的增长。考虑到产险经营的意外险，保障倍数从2000年的2.04上升到2019年的4.28。

按照正常的保险规划，意外险保险金额应该为年收入的20倍左右，显然意外险的发展空间巨大。

通过图8-16、图8-17可以看出，我国意外险的发展是周期性的，具有逆经济周期性；另外，意外险的发展速度虽然快于人均可支配收入的增长，但保障倍数仍然较低。

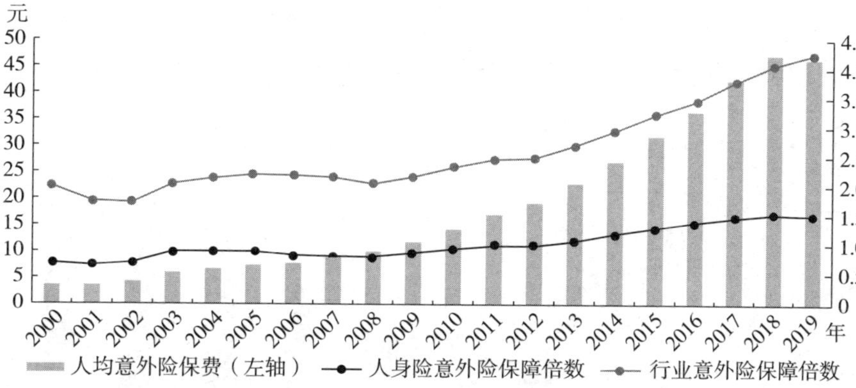

图 8-17　2000—2019 年意外险与保障程度情况

五、意外险思考

第七章第二节“产险意外险，虚假繁荣不再”一文给出了一组数据：“2018年，全行业意外险保险金额为3808.86万亿元，人均保额为272.96万元，人均保额为人均可支配收入的69.54倍。”

2018年行业意外险保费为1076亿元，如果保险金额为3808.86万亿元，则保险费率不足0.0028%；这可能是因航空意外险导致的，航空意外险费率普遍为0.005%，好像也无法自圆其说。

关于这个数据的问题，不再深究，有兴趣的可以沿着这个思路进行考证。但通过前面的分析可以看出，意外险明显是保障不足的。如果保障倍数达到10，整个市场的意外险保费将达到2738亿元。

因为意外险是保障杠杆最高的产品，能够花费很少的保费就可以有很大的保障。所以，现在消费者已经开始明白一个简单的产品配置原则：

（1）先大人：意外险 > 重疾险 > 医疗险 > 寿险。

（2）再小孩：意外险 > 重疾险 > 医疗险 > 教育金。

（3）后老人：意外险 > 医疗险或防癌险。

所以，意外险未来的市场空间可期，图8–18给出了意外险市场预测，预计2020年将接近1300亿元，2025年将达到3000亿元。

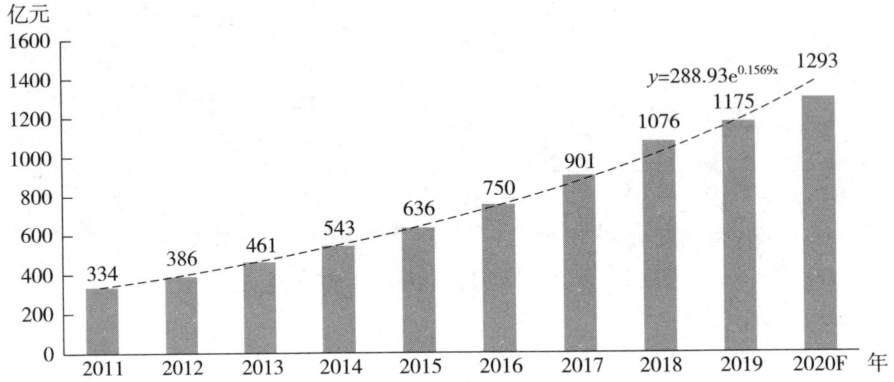

图 8–18　2020 年意外险市场保费规模预测

这就是意外险，一个切实履行“保险姓保”的险种。意外险市场竞争日趋激烈，市场竞争格局已演变为产险、寿险公司分庭抗礼（如图7–15所示）。

意外险竞争的最终结果一定是费率越来越低，这是相对标准化产品的市场规律；就好比汽车市场一样，随着竞争的加剧，卖车已经不赚钱了，所以我们看到2016年以后汽车销售已经转入“后市场”时代。同样，我们已经感受到意外险正在从一个盈利险种变成一个微利险种，正在走向一个微亏险种。

意外险对于保险公司的价值已经发生变化，保险公司要做的就是如何发掘意外险的“后战场”。

意外险市场，就像“狼来了”的寓言故事一样，每年都在喊，但一直遥不可及，对大多数公司来说，就是望梅止渴。但据笔者的观察，当下的情形已经完全不同，种种迹象表明，意外险的“后市场”时代真的来了。

第九章
漫谈产品（七）

普通型寿险，存在即合理?

一、产品导读

1996年5月1日—1999年6月10日，中国人民银行连续7次降息，一年期存款利率从降息前的10.98%降到2.25%，我们现在看来2.25%好像是一个比较合理的水平。

1996年，对于中国的产险和寿险来说也是一个分水岭，当年总保费为800亿元，其中寿险为330亿元（41.3%），产险为470亿元（58.8%）；1996年之后，寿险超越了产险，并且差距越来越大。

截至1999年底，寿险存续业务保费共计3000亿元左右，摆在中国保险业面前的一个巨大问题就是“利差损”（1999年以前寿险预定利率是7.5%，1999年原保监会93号文件强制降为2.5%），当时讨论最多的就是英国公平人寿因利差损破产的故事。

现在来看，当年的“利差损”好像不是什么问题，但就是一个小小的“利差损”，从微观来说改变了中国人寿（国寿存续，中国人寿上市，存续业务剥离到集团，说白了就是“利差损”国家背）；从中观来说改变了中国寿险的产品结构；从宏观来说改变了中国的保险业。

如果1999年中国的寿险保费已经突破2万亿元，相信中国寿险业已经破产。这就是利率的魔力，更是复利的威力。

随着银行利率的不断下调，为防止人身保险业面临利差损风险，及保证人寿保险业务的稳健经营，保险监管部门接连三次下调了寿险保单的预定利率。同时，原中国保监会开始大力推动人身保险新型产品的开发。

各家人身保险公司在原中国保监会的全力支持下，为了有效防范和化解利差损，纷纷对现有产品进行创新。此次产品创新不仅是产品责任配置的创新，而且产品设计类型、产品功能也发生了重大变化。

1999年10月，平安人寿率先推出了世纪理财投资连结保险；2000年4月，分红保险产品面市；2000年8月，万能保险产品面市。

2002年末，新型产品（分红型保险、万能型保险、投资连结型保险）保费收入首次超过传统型产品（普通型保险）保费收入，成为全行业销售的主要人身保险产品。

2019年末，普通型寿险（普通险）保费为10474亿元，占比46%。我们不禁要反问，普通险的存在是合理的吗？存在即合理是客观唯心主义的理论，意思是凡是合乎理性的东西都是现实的；凡是现实的东西都是合乎理性的（出自黑格尔《法哲学原理》序）。

二、普通险概述

普通型寿险（传统型保险）是相对于新型保险（分红型寿险、万能型寿险、投资连结型寿险）的一种产品设计类型，具有如下特点：

第一，保单持有人不具有利润分配权。即不论保险公司实际经营状况如何，客户都不与保险公司一起分享经营成果。

第二，交费固定，费用不透明。通常来说，投保人每期的交费都是提前确定的，保险公司不需要向投保人明示所收取的各项费用。

第三，灵活性不高。比如，投保人在保险期限内不可以提高或降低保险金额，不可以部分退保等。

三、普通险数据

表9-1给出了2000—2019年普通型寿险经营数据情况，包括普通型寿险保费收入、普通型寿险增长率、寿险保费收入（不含健康险、意外险）、寿险增长率、普通险占比等指标。

表 9-1　2000—2019 年普通型寿险经营数据

年份	保费收入 / 亿元		保费增长率 /%		普通型寿险占比 /%
	寿险合计	普通型寿险	寿险合计	普通型寿险	
2000	851	820	—	—	96.4
2001	1289	869	51.4	6.0	67.4
2002	2074	848	60.9	–2.4	40.9
2003	2669	907	28.7	7.0	34.0
2004	2851	1000	6.8	10.2	35.1
2005	3245	960	13.8	–4.0	29.6
2006	3590	1004	10.6	4.6	28.0
2007	4463	1002	24.3	–0.2	22.5
2008	6658	983	49.2	–1.9	14.8
2009	7457	1007	12.0	2.4	13.5
2010	9680	854	29.8	–15.2	8.8
2011	8696	947	–10.2	10.9	10.9
2012	8908	946	2.4	–0.1	10.6
2013	9425	1200	5.8	26.9	12.7
2014	10902	4296	15.7	258.0	39.4
2015	13241	6728	21.5	56.6	50.8

续表

年份	保费收入 / 亿元		保费增长率 /%		普通型寿险占比 /%
	寿险合计	普通型寿险	寿险合计	普通型寿险	
2016	17442	10452	31.7	55.3	59.9
2017	21455	12936	23.0	23.8	60.3
2018	20723	9121	−3.4	−29.5	44.0
2019	22754	10474	9.8	14.8	46.0

从图9–1可以看出，普通险增长率波动巨大，特别是2014年出现了一个跳跃式增长，当年增长率为258%；2010年以前，普通险增长率低于寿险增长率；2011—2017年维持了一个较高的增长，2018年出现了大幅下降，2019年恢复增长。

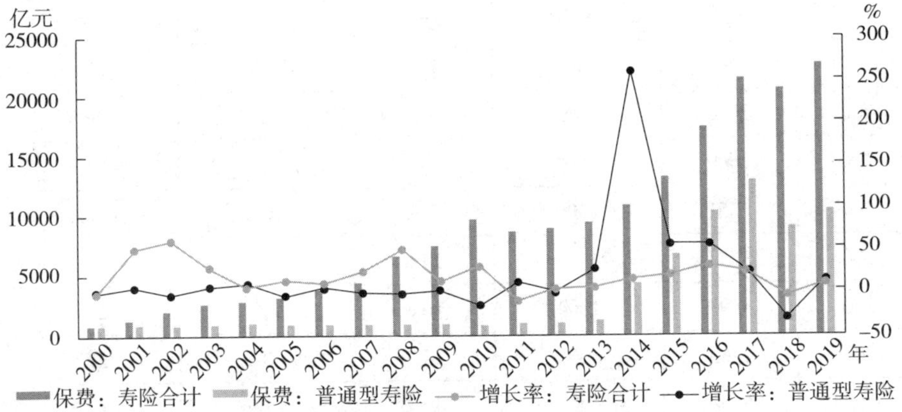

图 9–1　普通型寿险保费收入增长情况

从图9–2可以看出，普通险在寿险中的保费占比先降后升，从2000年的96.38%下降到2010年的8.82%后又增长到2019年的46.03%。

从图9–3可以看出，寿险各类型（普通型寿险、分红型寿险、万能型寿险、投资连结型寿险）保费占比情况波动较大，总体来看是普通险和分红险之间的博弈，此消彼长。

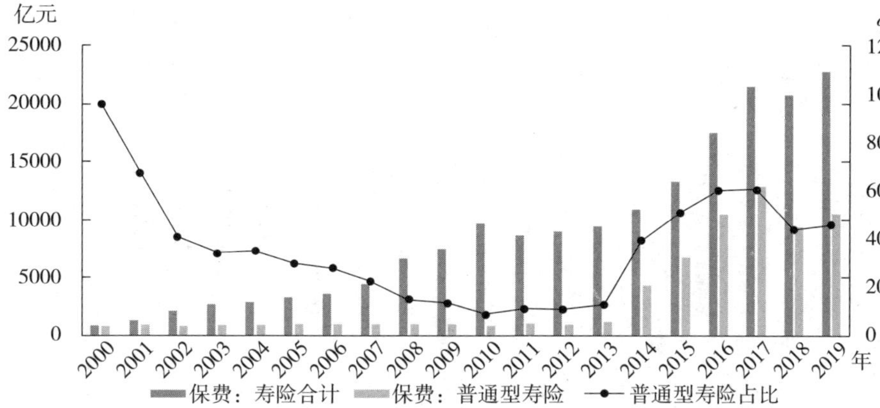

图 9-2 普通型寿险保费收入占比情况

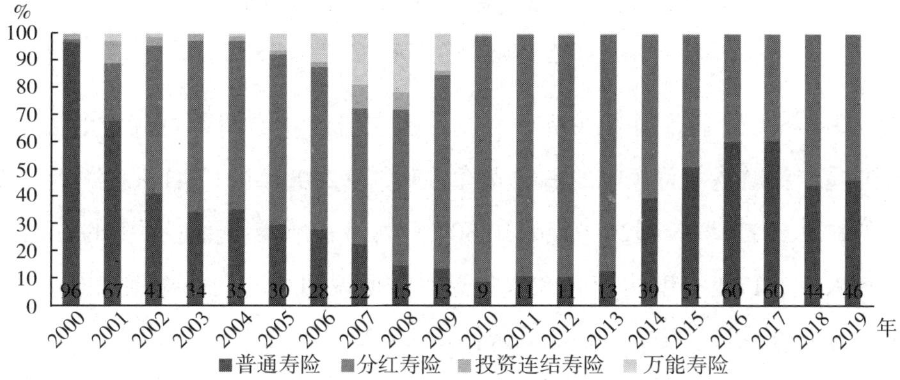

图 9-3 寿险各类型保费收入占比情况

四、普通险发展

普通险与GDP、总人口、利率、居民可支配收入、居民储蓄存款总额、M2供应量、股票市场指数、债券收益率曲线等指标密切相关，这是我们的直观印象。下面我们来分析普通型寿险发展与这些指标之间的关系。

图9-4给出了普通险增长率与居民可支配收入增长率之间的关系（数据未剔除通货膨胀率影响）。可以看出，2012年以前，居民可支配收入增长率普遍高于普通险增长率；2013年开始，随着国民经济的放缓，居民可

支配收入增长同步放缓，但随着人均GDP达到发展中国家水平，普通险增长率开始超过居民可支配收入增长率。

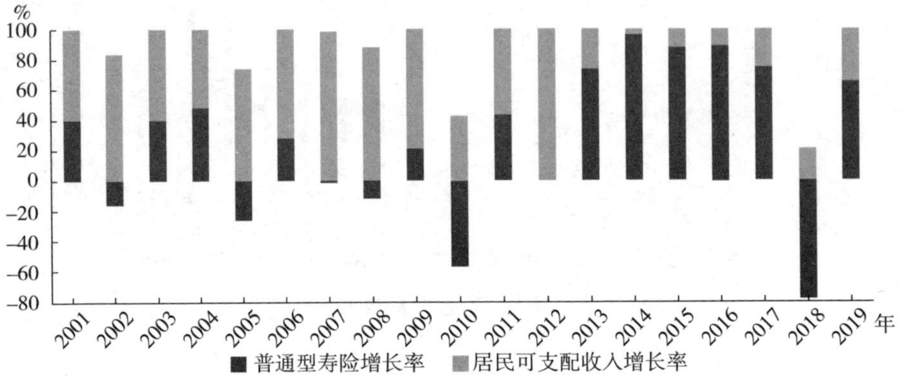

图 9-4　普通型寿险与居民可支配收入增长情况

图9-5给出了普通险保费、寿险保费在居民新增储蓄总额中的占比。普通险在新增储蓄总额中的占比先降后升，从2000年的17.41%下降到2012年的1.69%后又增长到2019年的10.80%；寿险在新增储蓄总额中的占比波动较大，2017年一度达到46.85%，这一方面说明了人们保险意识的提高，另一方面也说明了投资品种的局限性。

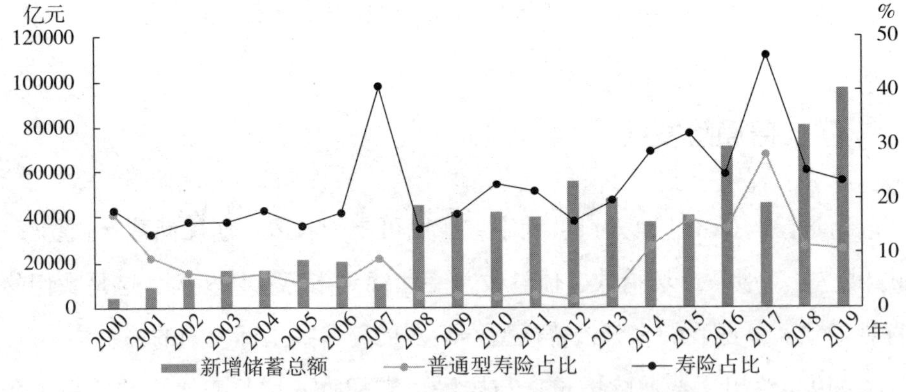

图 9-5　普通型寿险占居民新增储蓄总额比重情况

通过图9-4、图9-5可以看出，我国普通险的发展起起伏伏，与居民可支配收入和新增储蓄总额等指标密切相关，但是总体来看，保险的配置比例还是具有一定的盲目性，波动性较大。

五、普通险思考

回到1999年的利差损，寿险存续业务保费共计3000亿元左右，剩余保险期限平均约为10年，预定利率为7.5%，我们忽略死亡率的影响（对于保险公司来说是死差益）。

回头来看，截至2009年底，使用行业平均投资收益率，这3000亿元存续保费产生的利差损约为1500亿元；扣除500亿元左右的死差益，亏损约为1000亿元（以上基于简单假设进行预测，供参考，一些文献、报告等采用了复杂方法的预测，结果类似）。

这就是利率的威力！显然，这不是要表达利率的威力，而是想探讨普通险的存在是否合理。

1999年6月10日，原中国保监会印发《关于调整寿险保单预定利率的紧急通知》（保监发〔1999〕93号），规定“寿险保单（包括含预定利率因素的长期健康险保单）的预定利率调整为不超过年复利的2.5%，并不得附加利差返还条款”。

2013年8月2日，原中国保监会宣布启动普通型人身保险费率改革，放开了普通型人身保险预定利率，将定价权交给公司和市场。普通型人身保险预定利率由保险公司按照审慎原则自行决定，不再执行的2.5%的上限限制。

虽然放开了预定利率的限制，除个别寿险公司将预定利率调增到3%或更高以外，主要的寿险公司仍采用了2.5%的预定利率。

20年过去了，普通型寿险的预定利率一直维持在2.5%左右，这样的产品消费者得到了什么？

基于2000—2019年人民银行公布的金融机构存款利率（存款利率数据采用了年末的数值，如一年内利率变化多次，未作时间加权）、国家统计局公布的通货膨胀率以及原中国保监会公布的保险投资收益率等数据，我们简单分析一下实际预定利率、实际三年期存款利率、实际保险投资收益率（实际值是在名义值的基础上扣除了通货膨胀的影响）三者之间的关系。

通过图9-6可以看出，实际预定利率小于实际三年期存款利率，更小于实际保险投资收益率。此时我们不禁要反问：这样的产品还有什么价值？

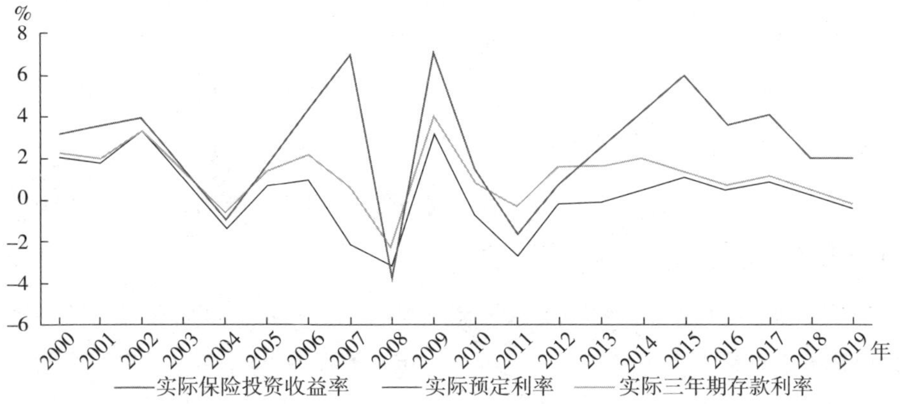

图 9-6　普通险实际预定利率与其他指标的对比

也许我们会说，还有死亡保障，请问哪家寿险公司不是“死差益”，明显，实际的死亡率数据远远低于行业公布的死亡率表。

如果说1999年原保监会强制将预定利率降低到2.5%是保护了整个行业，显然消费者成了冤大头；1999年之后，寿险新型产品开始出现，为什么普通型寿险还保持了46%的占比？

一个产品如成为寿险公司的暴利工具，却还能长盛不衰，我们是不是应该思考其中存在的问题？

难道我们都是哲学家，认为“存在即合理”？显然普通险的存在是不合理的。

“存在即合理”是客观唯心主义的理论。如果普通险的存在是合理的，显然我们的消费者已经变成了客观唯心主义者，这一切可能都是被“忽悠”的，被谁忽悠的不言而喻。

分红型寿险，谜一样的存在

一、产品导读

搜索一下“分红保险（分红险）”，你会发现“分红险就是一个陷阱”“分红险就是一个坑”“分红险的猫腻”“避开分红险，就避开90%的保险坑！”“分红险中你不知道的秘密”“分红险从设计之初，就带着填坑的光荣使命出现在市场上”……看来，分红险对于消费者就是“谜一样的存在”。

“谜一样的存在”，是指此人或物具有一定影响力且非常神秘，独树一帜；让人无法摸透，无法接近，给人虚幻的感觉但却真实地存在。

保险产品提供分红形式源于相互保险组织。对于相互保险组织，投保人（会员）同时也是所有者，因而全部盈余既来自会员也终将归于会员。为了应对相互保险组织的竞争，1776年英国公平人寿推出了分红保险。每个会计年度结束后，将分红业务可分配盈余的一定比例返还给保单持有人，让保单持有人分享保险公司的经营成果。

相互保险组织保单持有人具有股东和保单持有人双重身份，红利分配不存在股东和投保人间的冲突。股份公司一般只是将分红保险业务与其他业务进行独立核算，但是存在投资收益、费用如何在分红业务与其他业务之间分配的问题，这就产生了分红险不透明的问题。

从分红保险产品利源分析的角度归纳，分红保险产品的红利来源于利差益（损）、死差益（损）、费差益（损）、退保差益（损）、再保差益（损）、评估差益（损）以及其他差益（损）等。红利产生的根本原因在于保守的定价假设。

精算师在产品定价时无法准确地预测未来的投资回报、费用发生、死亡率、退保率等变量，为了保证保险公司经营成果的稳定，在定价时会采取比较保守的假设，导致实际收取的保费可能高于产品运营所需要的保费，从而可能产生盈余，如果在经营过程中确实产生了盈余，保险公司通过分红将盈余返还给投保人。

这就是分红险，一个从消费者利益出发的险种，却无法给消费者一个透明的结果，而是要掩盖其本质的目的，即为了保险公司自身经营成果的稳定。

二、分红险概述

分红型保险是指保险公司将其实际经营成果优于评估假设的盈余，按照一定比例向保单持有人进行分配的人寿保险，其具有以下特点：

第一，保单持有人可以获得红利分配。分红保险除具有基本保障功能外，保险公司每年还根据分红保险业务的实际经营状况，决定红利分配，即客户可以与保险公司一起分享公司的经营成果。

第二，红利分配方式包括现金红利和增额红利。现金红利分配是指直接以现金的形式将盈余分配给保单持有人。保险公司可以提供多种红利领取方式，比如现金、抵交保费、累积生息以及购买交清保额等。增额红利分配是指在整个保险期限内每年以增加保额的方式分配红利。

第三，红利的分配是不确定的。分红水平主要取决于保险公司的实际经营成果。

三、分红险数据

表9-2给出了2000—2019年分红险经营数据，包括分红险保费收入、分红险增长率、寿险保费收入（不含健康险、意外险）、寿险增长率、分红险占比等指标。

表 9-2　2000—2019 年分红型寿险经营数据

年份	保费收入 / 亿元		保费增长率 /%		分红型寿险占比 /%
	寿险合计	分红型寿险	寿险合计	分红型寿险	
2000	851	9	—	—	1.0
2001	1289	273	51.4	3059.3	21.2
2002	2074	1122	60.9	311.4	54.1
2003	2669	1681	28.7	49.9	63.0
2004	2851	1760	6.8	4.7	61.7
2005	3245	2020	13.8	14.8	62.2
2006	3590	2130	10.6	5.4	59.3
2007	4463	2221	24.3	4.3	49.8
2008	6658	3799	49.2	71.0	57.1
2009	7457	5295	12.0	39.4	71.0
2010	9680	8686	29.8	64.0	89.7
2011	8696	7667	–10.2	–11.7	88.2
2012	8908	7859	2.4	2.5	88.2
2013	9425	8133	5.8	3.5	86.3
2014	10902	6509	15.7	–20.0	59.7
2015	13241	6413	21.5	–1.5	48.4
2016	17442	6880	31.7	7.3	39.4
2017	21455	8403	23.0	22.1	39.2
2018	20723	11489	–3.4	36.7	55.4
2019	22754	12167	9.8	5.9	53.5

从图9-7可以看出，分红险增长率波动巨大，一些年份增长率超过100%，而一些年份又出现负增长，给人一种混乱的感觉。

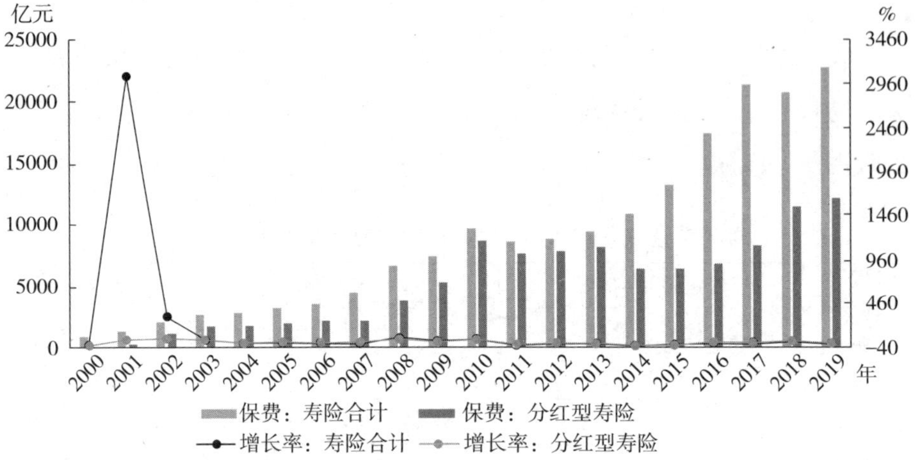

图 9-7　分红型寿险保费收入增长情况

从图9-8可以看出，分红险在寿险中的保费占比先升后降，从2000年的1.01%增长到2013年的86.29%（2010年一度达到89.74%）后又降低到2017年的39.17%，2018年占比快速回升，2019年达到53.47%。

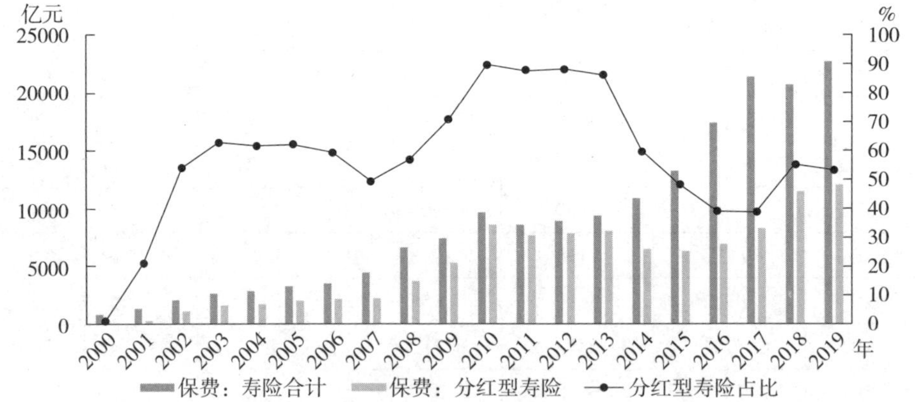

图 9-8　分红型寿险保费收入占比情况

从图9-9可以看出，寿险各类型（普通型寿险、分红型寿险、万能型寿险、投资连结型寿险）保费占比情况波动较大，总体来看是分红险和普通险之间的博弈，此消彼长。

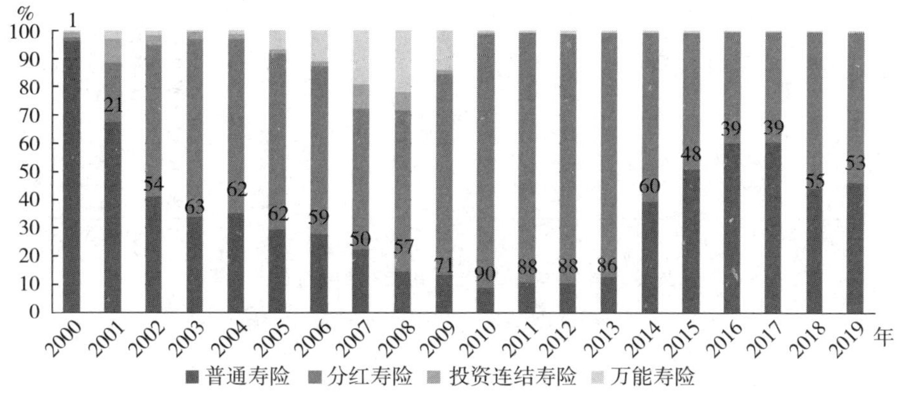

图 9-9　寿险各类型保费收入占比情况

四、分红险发展

分红险与GDP、总人口、利率、居民可支配收入、居民储蓄存款总额、M2供应量、股票市场指数、债券收益率曲线等指标密切相关，这是我们的直观印象。下面我们来分析分红型寿险发展与这些指标之间的关系。

图9-10给出了分红险增长率与居民可支配收入增长率之间的关系（数据未剔除通货膨胀率影响）。可以看出，大多数年份，居民可支配收入增长率高于分红险增长率；2013年开始，随着国民经济的放缓，居民可支配收入增长同步放缓，但随着人均GDP达到发展中国家水平，分红险增长率在2017年开始超过居民可支配收入增长率。

图9-11给出了分红险保费、寿险保费在居民新增储蓄总额中的占比。分红险在新增储蓄总额中的占比先升后降，从2000年的0.18%上升到2010年的20.42%后又降低到2019年的12.54%；寿险在新增储蓄总额中的占比波动较大，2017年一度达到46.85%，这一方面说明了人们保险意识的提高，另一方面也说明了投资品种的局限性。

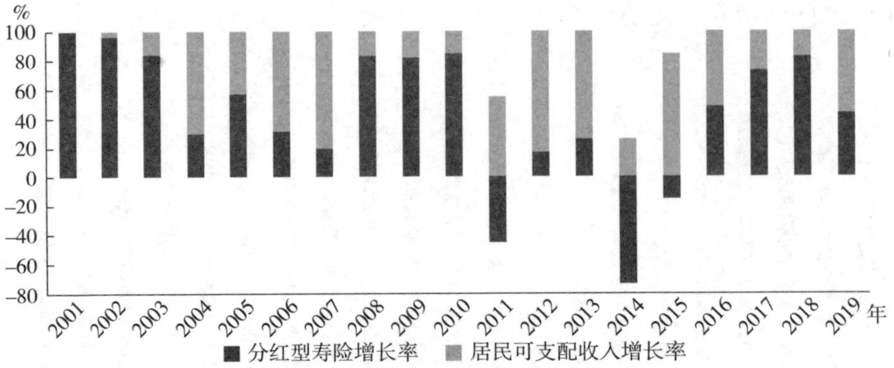

图 9–10　分红型寿险与居民可支配收入增长情况

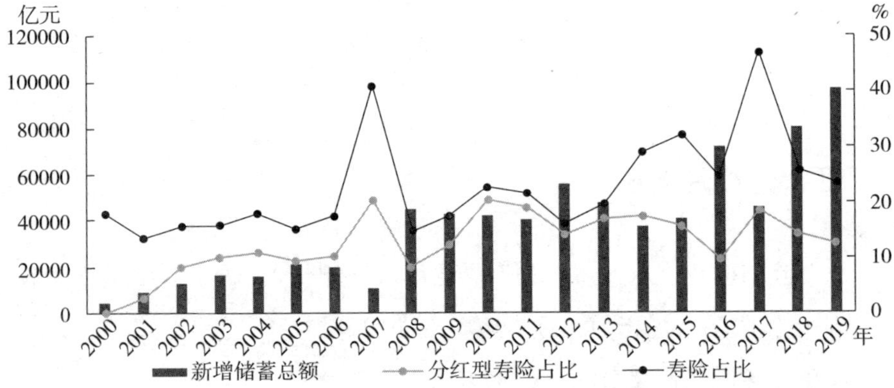

图 9–11　分红型寿险在居民新增储蓄总额中占比情况

通过图9–10、图9–11可以看出，我国分红险的发展起起伏伏，与居民可支配收入和新增储蓄总额等指标密切相关，但是总体来看，保险的配置比例还是具有一定的盲目性，波动性较大。

五、分红险思考

“分红险从设计之初，就带着填坑的光荣使命出现在市场上……”这句话，好像意义深远，更是彰显分红险“谜一样的存在”。

2013年8月2日，原中国保监会放开了普通型人身保险预定利率，但仍规定分红险和万能险的预定利率上限是2.5%。

2015年2月16日，原中国保监会放开万能型人身保险最低保证利率，但仍规定分红险的上限是2.5%。

原中国保监会按照“普通型、万能型、分红型人身险”分三步走的保险费率市场化改革路线图，“成功”地迈出了第一步、第二步。我们期待的第三步却走得有点远!

2015年9月25日，原中国保监会印发《关于推进分红型人身保险费率政策改革有关事项的通知》，规定“对于开发的分红型人身保险产品预定利率不高于3.5%的，报送中国保监会备案；预定利率高于3.5%的，报送中国保监会审批”。变相地完成了所谓的费率市场化改革“三步走”。

在保险费率市场化进程中给出的理由是为了防止保险公司的恶性竞争，与消费者“没半毛钱关系”！从监管政策变动上来看，分红险的存在保护了保险公司，消费者受益的基础是保险公司受益，所以这也就注定了消费者不满意，注定了分红险是“谜一样的存在”。

前面提到分红险红利来源于利差益（损）、死差益（损）、费差益（损）、退保差益（损）、再保差益（损）、评估差益（损）以及其他差益（损）等。这些我们看看就行了，各家公司的报告显示，基本上只有利差益（损）与消费者有关。

笔者查阅了近20年各家公司的分红险报告，发现利差益（损）与保险公司自己的投资收益关系也不大。

此时，我们可以毫不客气地说，消费者的分红更多的是来自“拍脑袋”，来自“对标公司”，来自“沆瀣一气”，来自“墨守成规”，来自“谜一样的存在”……

20年过去了，分红型寿险的预定利率一直维持在2.5%左右，红利水平基本每年维持在1%~1.5%（下面的分析取1.5%），这样的产品消费者得到了什么?

基于2000—2019年中国人民银行公布的金融机构存款利率（存款利率数据采用了年末的数值，如一年内利率变化多次，未作时间加权）、国家统计局公布的通货膨胀率以及原中国保监会公布的保险投资收益率等数据，我们简单分析一下实际收益率（预定利率+红利）、实际三年期存款利率、实际保险投资收益率（实际值是在名义值的基础上扣除了通货膨胀的影响）三者之间的关系。

通过图9-12可以看出，实际收益率略高于实际三年期存款利率，但波动远远大于实际三年期存款利率；实际收益率小于实际保险投资收益率。此时我们不禁要反问，分红险也是用来"填坑"的？

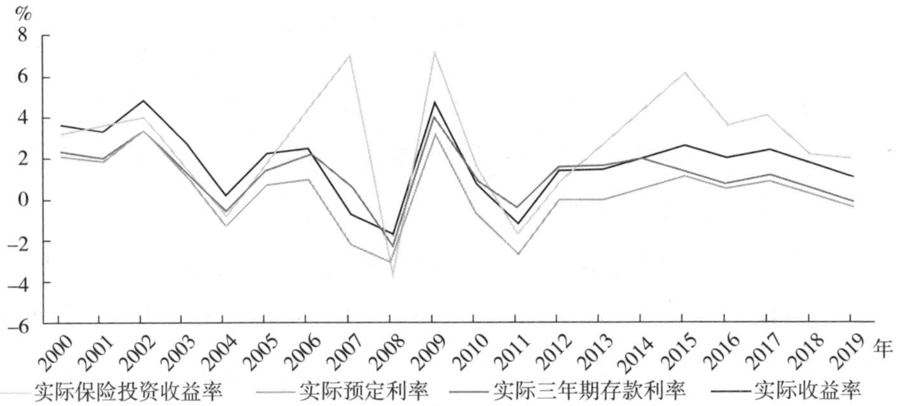

图 9-12　分红险实际收益率与其他指标的对比

分红险，绝对不能被标榜成"分红险绝不赔钱""分红保单一定抗通胀""分红保单投资报酬率诱人"。显然，通过图9-12可以看出，在考虑通货膨胀情况下分红险的一些年份已经出现负收益，且分红险在多数年份收益率都低于保险公司投资收益率，所以说得多了就成"陷阱"了。

普通险，"存在即合理"的背后逻辑是"填坑"，填2000年以前利差损的坑。为什么分红险，一个"目的性不纯"的险种成了"填坑"或"被填坑"的工具？

消费者无法分析保险公司的内部结构和与其他险种的相互关系，而是要根据保险公司整体情况和分红险的预定利率与红利水平关系及行业影响因子得到该分红险的结构和功能规律。

显然，如果按照这样的方式经营“分红险”，我们的消费者都要成为“黑箱理论”[1]专家不可。

最后，希望分红险能走出“谜一样的存在”，走向“神一样的存在”。

万能型寿险，躲过一劫

一、产品导读

不得不说，还是挺佩服当年把Universal Life翻译成万能型寿险（万能险）的前辈。

万能，是指在所有方面或领域都能够达到的一种千变万化的能力，可谓具有无所不能的能力。“万能”二字赋予了万能险独特的魅力。

万能型寿险的设计思想最初是由雷登和阿尔弗雷德·哥廷于1946年提出的。1974年，肯·伯克在北美精算学会学报上提出了发展万能型寿险所需的全部精算公式，伯克将他提出的这一假想保单命名为变额保费寿险。

真正将万能型寿险作为一项产品推出的是加拿大伟西寿险公司（Great-West）的乔治·迪尼，1971年，他的万能型寿险计划以书面的形式正式公开。后来，时任通能·尼尔森·沃伦精算咨询公司总裁的詹姆

① 黑箱理论是指对特定的系统开展研究时，人们把系统作为一个看不透的黑色箱子，在研究中不涉及系统内部的结构和相互关系，仅从其输入输出的特点了解该系统规律，用黑箱方法得到的对一个系统规律的认识。

斯·安德生将万能型寿险逐步推广，并引发了人们对于该产品的需求与思考。

万能型寿险的真正推出和销售，是由曼哈顿寿险公司和加利福尼亚寿险公司于1979年完成的。万能型寿险的概念最初并没有得到北美保险业的广泛认可，它被认为并不符合消费者和代理人的最佳利益。时至今日，万能型寿险已经成为消费者比较青睐的一款产品。

显然，我们没兴趣关心万能险的这段历史。

2000年万能险进入我国市场。2016年，万能险业务占市场份额的31.4%（含保户投资款，2009年之后按照新会计准则保户投资款不再确认为保费收入，下面的分析会发现2010年万能险保费急剧下降的原因），与普通险、分红险形成了三足鼎立、均衡发展的局面。

真正使万能险走向台前、成为媒体热词的是时任证监会主席刘士余的一番“妖精”“害人精”言论。

2016年，随着万能险资金巨额入市，前海人寿、安邦保险（现已改名大家保险）、生命人寿、明天系等公司出现频频举牌的正常投资行为，却因前海人寿举牌万科地产、格力电器等事件让万能险陷入舆论旋涡，让保险公司变成了“门口的野蛮人”。

在2016年的大背景下，监管部门甚至高层批评的并非万能险本身，而是指向“用大众资金从事所谓的杠杆收购”，然而撬动大众资金砸向资本市场举牌的“杠杆”正是万能险。因此，万能险在这次风波中可以说是背了“黑锅”的，确切地说，是我们错误理解了监管的发声。

回想当年，万能险是何等的疯狂，何等的“万能”。但是背后的一切，皆因出现了“资产荒”。

2016年笔者在帮助几家公司寻找可投资资产时，了解到部分寿险公司万能险的保单成本已经接近8%，甚至更高（最近两年部分寿险公司动辄亏损几十亿元，这部分是因为当年万能险埋下的坑）。这么高的保单成本，好像只能去地产、股票市场寻找机会了。

3年多过去了，一些寿险公司是否应该好好地感谢刘士余，因为刘士余一番言论拯救了很多寿险公司。如果没有当年的急刹车，万能险已经迈入1999年的“利差损”，因为进入2017年、2018年、2019年甚至未来三年，已经找不到可以匹配万能险保单成本的资产了。

万能险，逃过一劫，会万劫不复吗？

二、万能险概述

万能型寿险是指包含保险保障功能并设立有保底收益投资账户的人寿保险，其具有以下特点：

第一，交费灵活，收费透明。通常来说，投保人交纳首期保费后，可不定期不定额地交纳保费。同时，保险公司向投保人明示所收取的各项费用。

第二，灵活性高，保额可调整。账户资金可在合同约定的条件下灵活支取。按照合同约定，投保人通常可以提高或降低保险金额。

第三，通常设定最低保证利率，定期结算投资收益。此类产品为投资账户提供最低收益保证，并且可以与保险公司分享最低保证收益以上的投资回报。

三、万能险数据

表9-3给出了2000—2019年万能险经营数据，包括万能险保费收入（2010年之后未考虑保户投资款，后面详述）、万能险增长率、寿险保费收入（不含健康险、意外险）、寿险增长率、万能险占比等指标。

表 9-3　2000—2019 年万能型寿险经营数据

年份	保费收入 / 亿元		保费增长率 /%		万能型寿险占比 /%
	寿险合计	万能型寿险	寿险合计	万能型寿险	
2000	851	6	—	—	0.65
2001	1289	40	51.43	628.39	3.13
2002	2074	34	60.91	–15.52	1.64
2003	2669	17	28.74	–50.25	0.63
2004	2851	39	6.81	129.36	1.36
2005	3245	219	13.82	464.49	6.75
2006	3590	396	10.63	80.76	11.04
2007	4463	846	24.30	113.44	18.95
2008	6658	1451	49.19	71.56	21.79
2009	7457	1044	12.00	–28.04	14.00
2010	9680	87	29.80	–91.69	0.90
2011	8696	77	–10.16	–10.76	0.89
2012	8908	99	2.44	27.43	1.11
2013	9425	87	5.80	–11.28	0.93
2014	10902	92	15.67	5.03	0.84
2015	13241	96	21.46	4.35	0.72
2016	17442	107	31.72	11.40	0.61
2017	21455	112	23.01	4.75	0.52
2018	20723	109	–3.41	–2.98	0.52
2019	22754	109	9.80	0.54	0.48

从图9–13可以看出，2010年以前万能险增长率波动巨大，2010年受会计准则调整的影响，出现了一次巨大负增长，2010年之后增长率稳步上升，最近几年总体来看比较平稳。

从图9–14可以看出，万能险在寿险中的保费占比先升后降，从2000年的0.65%上升到2009年的14%后又降低到2019年的0.48%。

从图9–15可以看出，寿险各类型（普通型寿险、分红型寿险、万能型寿险、投资连结型寿险）保费占比情况波动较大，总体来看万能险的占比受会计准则的变化影响较大，与分红险、普通险“分庭抗礼”的局面没有真实显现出来。

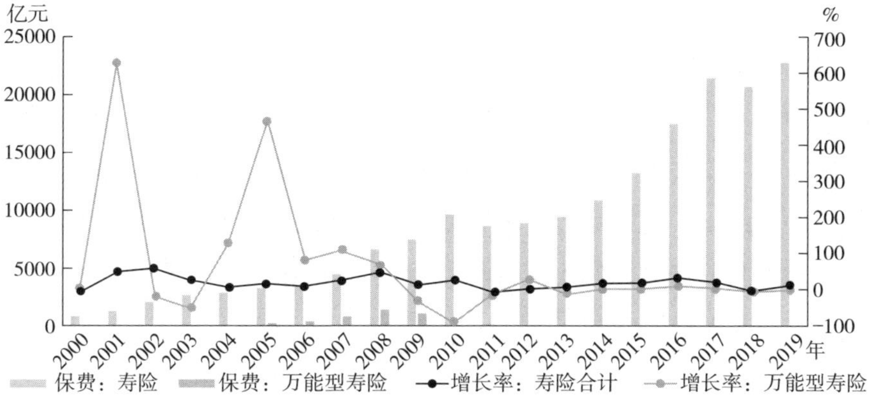

图 9-13　万能型寿险保费收入增长情况

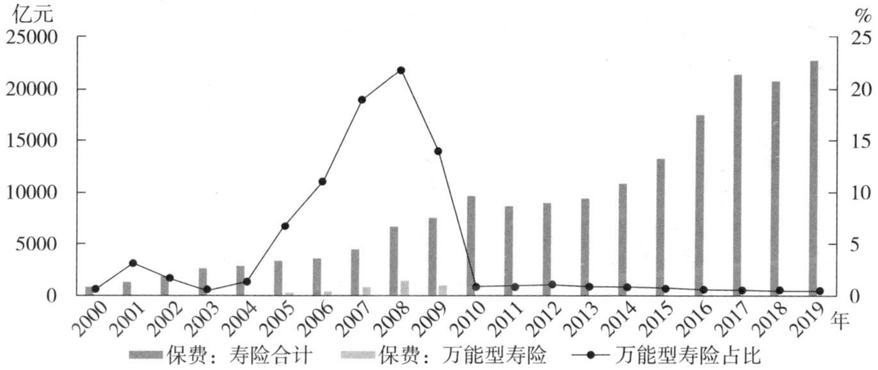

图 9-14　万能型寿险保费收入占比情况

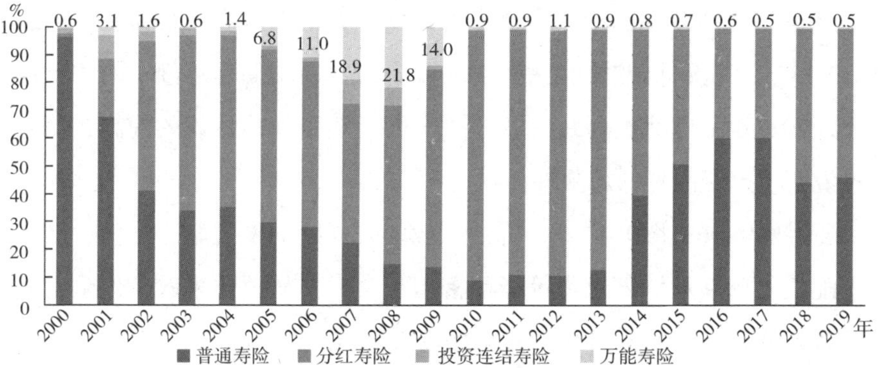

图 9-15　寿险各类型保费收入占比情况

四、万能险发展

万能险与GDP、总人口、利率、居民可支配收入、居民储蓄存款总额、M2供应量、股票市场指数、债券收益率曲线等指标密切相关，这是我们的直观印象。下面我们来分析万能型寿险发展与这些指标之间的关系。

图9-16给出了万能险增长率与居民可支配收入增长率之间的关系（数据未剔除通货膨胀率影响）。可以看出，大多数年份，万能险增长率高于居民可支配收入增长率。

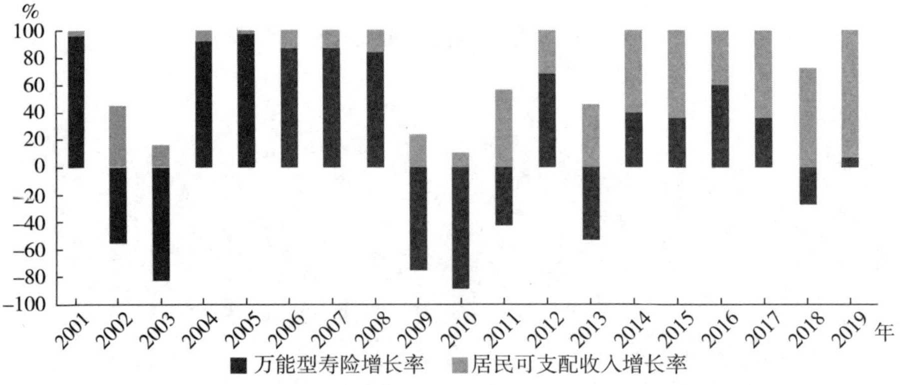

图 9-16 万能型寿险与居民可支配收入增长情况

图9-17给出了万能险保费、寿险保费在居民新增储蓄总额中的占比。万能险在新增储蓄总额中的占比先升后降，从2000年的0.12%上升到2007年的7.73%后又降低到2019年的0.11%；寿险在新增储蓄总额中的占比波动较大，2017年一度达到46.85%，这一方面说明了保险意识的提高，另一方面也说明了投资品种的局限性。

通过图9-16、图9-17可以看出，我国万能险的发展起起伏伏，与居民可支配收入和新增储蓄总额等指标密切相关，但从总体来看，保险的配置比例还是具有一定的盲目性，波动性较大。

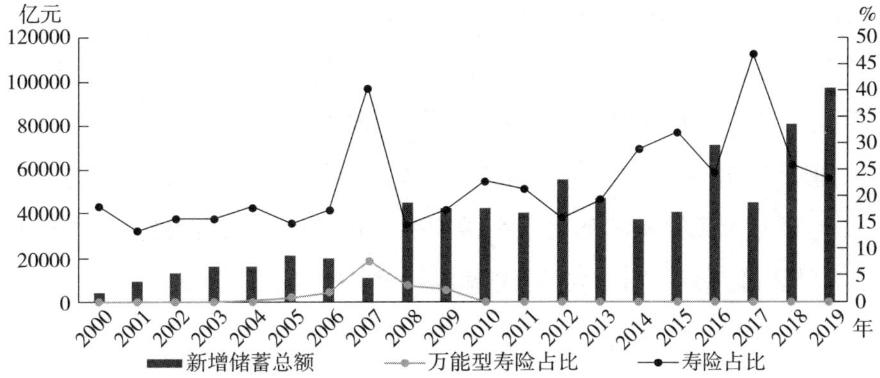

图 9-17　万能型寿险在居民新增储蓄总额占比情况

五、万能险思考

原中国保监会按照“普通型、万能型、分红型人身险”分三步走的路线图进行了保险费率市场化改革，“成功”进行了万能险费率市场化改革，却过早地走了回头路，可见费率市场化之路遥遥无期。

2015年2月16日，原中国保监会放开万能型人身保险最低保证利率限制，不再受2.5%上限约束。

2017年4月1日，原中国保监会印发《关于进一步完善人身保险精算制度有关事项的通知》，规定万能险评估利率不得超过3%，同时对风险保额与现金价值的比例、保单贷款与现金价值的比例等进行了约束。

“普通型、万能型、分红型人身险”保险费率市场化改革路线是国务院批准的，至此寿险的费率市场化告一段落。

20年过去了，万能险的预定利率在2015年以前一直维持在2.5%，2016年达到4%左右，2017年之后重新回归3%；结算利率每年基本都比预定利率高2%左右（下面的分析取2%），这样的产品消费者得到了什么？

基于2000—2019年中国人民银行公布的金融机构存款利率（存款利率数据采用了年末的数值，如一年内利率变化多次，未作时间加权）、国家统计局公布的通货膨胀率以及原中国保监会公布的保险投资收益率等数据，我们简单分析一下实际结算利率、实际三年期存款利率、实际保险投资收益率（实际值是在名义值的基础上扣除了通货膨胀的影响）三者之间的关系。

通过图9–18可以看出，实际结算利率高于实际三年期存款利率，但波动性远远大于实际三年期存款利率；实际结算利率小于实际保险投资收益率，但整体来看，其结算利率每年高于分红险收益率1%~1.5%，这也许就是万能险的价值所在。

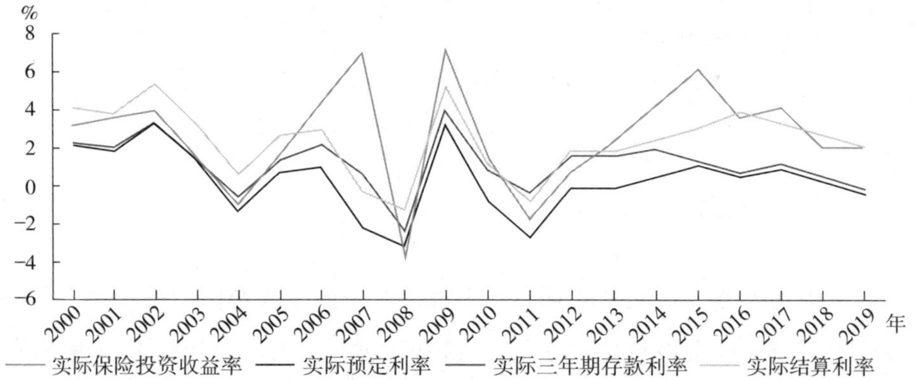

图 9–18　万能险实际结算利率与其他指标的对比

前面提到，2009年新会计准则实施后，万能险的保户投资款不再确认为保费收入，所以我们看到万能险保费2010年后急剧下降。2013年原中国保监会开始公布万能险的保护投资款，万能险保费（含保户投资款）的数据可以更直观地反映万能险的市场运营情况。

表9–4给出了包含保户投资款的万能险保费变化情况，可以看出2019年，万能险保费（含保户投资款）为8820亿元，同比增长9.4%，在寿险公司保费中占比27.7%，已经可以与分红险、普通险“分庭抗礼”。

表 9–4　2000—2019 年万能型寿险产品情况（含保户投资款）

年份	万能型寿险 / 亿元	保户投资款 / 亿元	万能型寿险（含保户投资款）/ 亿元	人身险占比（含保户投资款）/%	增长率（含保户投资款）/%
2000	6	—	6	0.6	—
2001	40	—	40	3.1	628.4

续表

年份	万能型寿险/亿元	保户投资款/亿元	万能型寿险（含保户投资款）/亿元	人身险占比（含保户投资款）/%	增长率（含保户投资款）/%
2002	34	—	34	1.6	–15.5
2003	17	—	17	0.6	–50.2
2004	39	—	39	1.4	129.4
2005	219	—	219	6.8	464.5
2006	396	—	396	11.0	80.8
2007	846	—	846	18.9	113.4
2008	1451	—	1451	21.8	71.6
2009	1044	—	1044	14.0	–28.0
2010	87	—	87	0.9	–91.7
2011	77	—	77	0.9	–10.8
2012	99	—	99	1.1	27.4
2013	87	3212	3300	25.9	3246.3
2014	92	3917	4009	26.5	21.5
2015	96	7647	7742	35.9	93.1
2016	107	11860	11967	39.6	54.6
2017	112	5892	6004	21.6	–49.8
2018	109	7954	8062	27.8	34.3
2019	109	8711	8820	27.7	9.4

2010年、2011年、2012年因没有公布保户投资款数据，表9–4中的数据可能存在一定异常，仅供参考。剔除这三年的影响，总体来看，我国万能险市场占比已经向美国、加拿大市场靠拢。

万能险，一个与国际接轨比较好的险种，正在向“万能”险种的方向演变，希望我们能回归市场，回归万能险的初心，而不是回归设定了条条框框的万能险，更不要成为保险费率市场化的逆行者。下面，我们重新来回顾一下万能险的运作流程（如图9–19、图9–20所示）：

（1）投保人交纳保险费到保险公司，保险公司在扣除初始费用后，将剩余部分转入相应的个人账户。

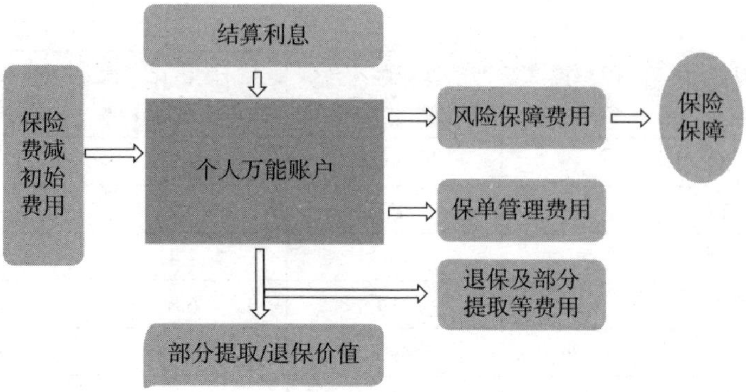

图 9-19　万能险运作原理（一）

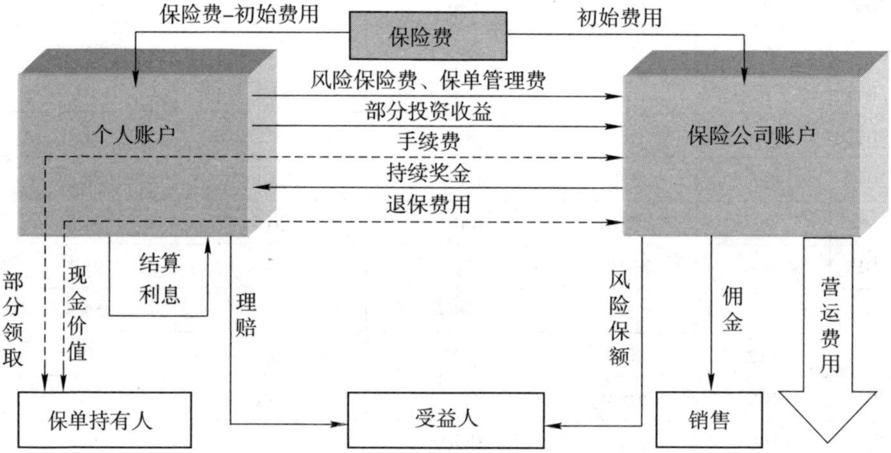

图 9-20　万能险运作原理（二）

注：图中标示“现金价值”“退保费用”“部分领取”和“手续费”的现金流只有发生退保和部分领取时才会发生。理赔只有被保险人死亡时才会发生。退保和理赔发生后，合同终止，其他现金流会同时终止。

（2）保险公司将个人账户的资金用于投资，并定期向投保人公布结算利率，这些结算利率不低于合同规定的最低标准。

（3）保险公司定期（通常为每个月）从个人账户中收取风险保险费和保单管理费。

（4）如果保单持有人中途发生部分领取个人账户价值，保险公司将收取一定手续费。

（5）如果保单持有人中途退保，保险公司扣除退保费用后，将个人账户中的剩余价值全部返还给保单持有人。

（6）一些万能保险产品在保单持有人连续持有保单一定年限后，会向保单持有人派发持续奖金作为奖励。

这就是万能险，躲过一劫，相信其一定会更好地展现其“万能”的一面。

投资连结型寿险，从两次风波说起

一、产品导读

投资连结保险（又名投资连接保险，以下简称“投连险”）最早于20世纪50年代产生于英国，而后流行欧美国家，与传统寿险产品的根本区别是该产品将投资选择权和投资风险同时转移给了客户。

20世纪60年代以后，欧美金融市场波动剧烈，对保险公司的稳定经营造成了极大的威胁，表现在：

（1）当市场收益率升高时，传统预定利率的寿险产品竞争力下降，客户大量退保，或从保险公司获取保单贷款，转而投资股票、共同基金，造成大量现金流出，给保险公司经营带来极大的压力。

（2）当市场收益率持续下降时，传统产品又给保险公司带来利差风险，严重时将导致保险公司破产。

在这两难的困境下，20世纪70年代以来，欧美保险公司开始大力推广投资连结保险，使之迅速成为欧美保险市场的主要产品。

我国的投资连结保险产生于1999年10月23日平安寿险在上海率先推出

的“平安世纪理财投资连结保险”。这是国内保险市场开发的第一代投资连结保险产品，虽然其结构比较简单，但它标志着我国寿险业开始了产品结构的重大调整，对寿险市场产生了巨大的影响。

2003年，对平安寿险来说，是无法承受之重的一年。2001—2003年平安寿险倚仗投连险“新产品策略”，业务快速发展，确立了在许多大城市的领先优势，使行业内其他主体备感压力，随着资本市场的波动，形势发生了大逆转。2003年《南方周末》一篇报道投连险的群体性退保风波在全国蔓延，引起了业界、社会的高度关注，如果不是相关部门的强力介入，后果将不堪设想。

2008年，投连险的诅咒似乎又一次轮回。2006—2007年资本市场的冲高让生命人寿等寿险公司忘却了数年前发生在投连险上的危机：利用高比例投资权益类资产，一时体现在账户价值上的高收益，似乎也可将业务规模狂飙突进。但当被标为创新的投连险随着资本市场逆转，退保风波又一次不期而至，虽然在相关部门快速、果断的措施下天津等地发生的冲击银行柜面事件并没有蔓延为全国性事件，但历史为什么这么快就重新上演？

在欧洲、美国、加拿大、澳大利亚等保险市场上流行的投连险为什么在中国寿险市场上水土不服？是否还会出现第三次风波？这不得不引起我们的深思。

这就是投连险，一个在中国“被诅咒”的产品，每一次的大发展都伴随着“风波”而至。

二、投连险概述

投资连结型保险是指包含保险保障功能并至少在一个投资账户拥有一定资产价值的人寿保险，其具有以下特点：

第一，交费灵活，收费透明。通常来说，投保人交纳首期保费后，可不定期不定额地交纳保费。同时，保险公司向投保人明示所收取的各项费用。

第二，灵活性高，账户资金可自由转换。由于投资连结保险通常具有多个投资账户，不同投资账户具有不同的投资策略和投资方向，投保人可以根据自身偏好将用于投资的保费分配到不同投资账户，按合同约定调整不同账户间的资金分配比例，并可在合同约定条件下灵活支取投资账户的资金。

第三，通常不设定最低保证利率。投资收益可以在账户价格波动中反映出来（保险公司目前通常不迟于一周公布一次账户价格），因此，若具体投资账户运作不佳或随股市波动，投入该投资账户的投资收益可能会出现负数。

三、投连险数据

表9-5给出了2000—2019年投连险经营数据情况，包括投连险保费收入（2010年之后未考虑保户投资款，后面详述）、投连险增长率、寿险保费收入（不含健康险、意外险）、寿险增长率、投连险占比等指标。

表 9-5　2000—2019 年投资连结型寿险经营数据

年份	保费收入 / 亿元		保费增长率 /%		投资连结型寿险占比 /%
	寿险合计	投资连结型寿险	寿险合计	投资连结型寿险	
2000	851	17	—	—	2.0
2001	1289	107	51.4	541.1	8.3
2002	2074	69	60.9	–34.9	3.3
2003	2669	64	28.7	–7.9	2.4
2004	2851	53	6.8	–17.1	1.9
2005	3245	46	13.8	–13.4	1.4
2006	3590	60	10.6	30.5	1.7
2007	4463	394	24.3	558.4	8.8
2008	6658	425	49.2	7.9	6.4

续表

年份	保费收入 / 亿元		保费增长率 /%		投资连结型寿险占比 /%
	寿险合计	投资连结型寿险	寿险合计	投资连结型寿险	
2009	7457	112	12.0	–73.6	1.5
2010	9680	53	29.8	–52.8	0.5
2011	8696	5	–10.2	–91.4	0.1
2012	8908	4	2.4	–3.9	0
2013	9425	4	5.8	1.2	0
2014	10902	4	15.7	0.1	0
2015	13241	4	21.5	–5.5	0
2016	17442	4	31.7	–7.8	0
2017	21455	4	23.0	1.5	0
2018	20723	4	–3.4	5.3	0
2019	22754	4	9.8	6.9	0

从图9–21可以看出，2011年以前投连险增长率波动巨大，从2012年开始投连险基本上维持不变，总体规模还略有下降。

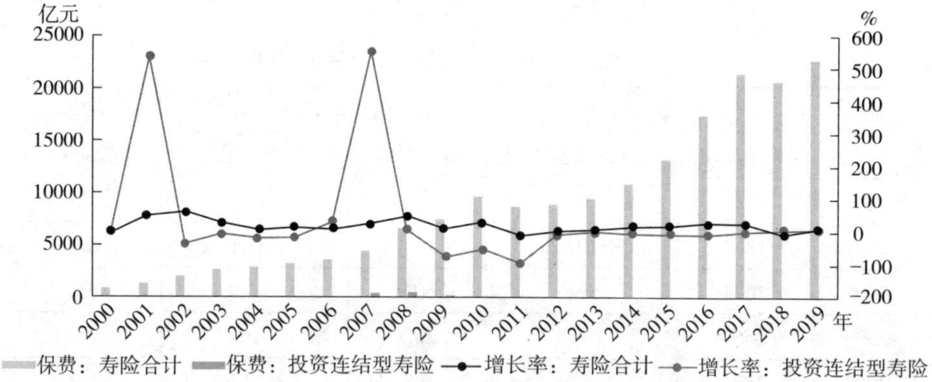

图 9–21　投资连结型寿险保费收入增长情况

从图9–22可以看出，投连险在寿险中的保费占比在2001年、2007年达到了峰值，占比分别为8.27%、8.82%；2010年之后占比逐年下降，2019年已经下降到0.02%。

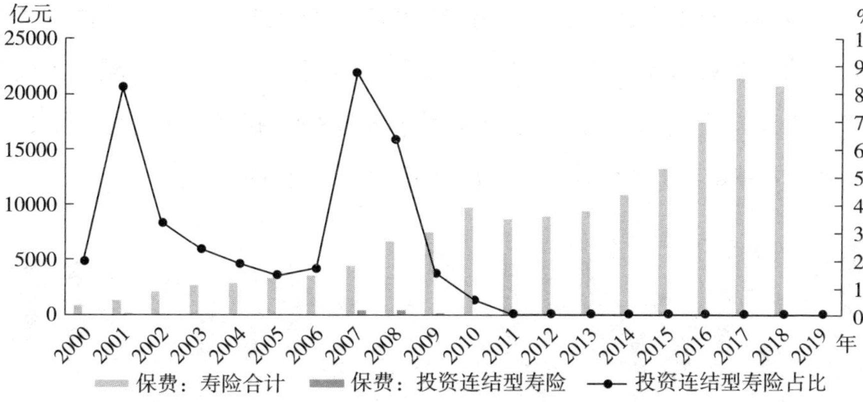

图 9-22　投资连结型寿险保费收入占比情况

从图9-23可以看出，寿险各类型（普通型寿险、分红型寿险、万能型寿险、投资连结型寿险）保费占比情况波动较大。总体来看，投连险因为两次风波，已失去了往日的风采，成为被淡忘的险种。

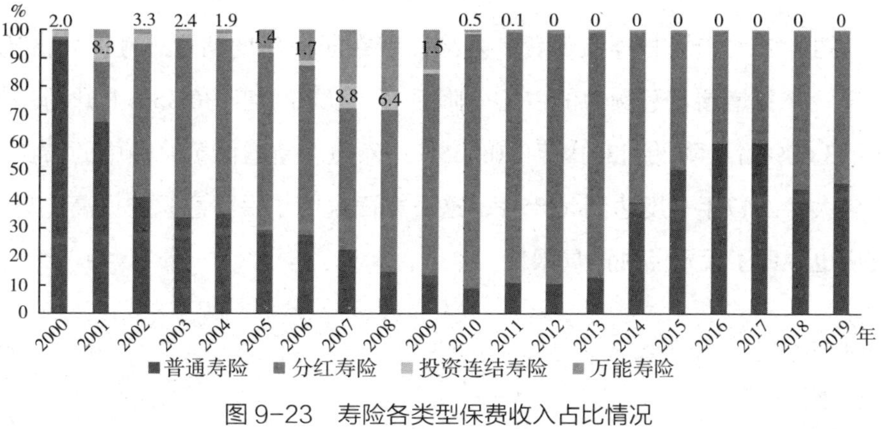

图 9-23　寿险各类型保费收入占比情况

四、投连险发展

投连险与GDP、总人口、利率、居民可支配收入、居民储蓄存款总额、M2供应量、股票市场指数、债券收益率曲线等指标密切相关，这是我们的直观印象。下面我们来分析投资连结型寿险发展与这些指标之间的关系。

图9-24给出了投连险增长率与居民可支配收入增长率之间的关系（数据未剔除通货膨胀率影响）。可以看出，大多数年份居民可支配收入增长率高于投连险增长率；这说明投连险没有被消费者接受。投连险，说白了是“99%的基金+1%的保险”，为什么消费者不接受呢？

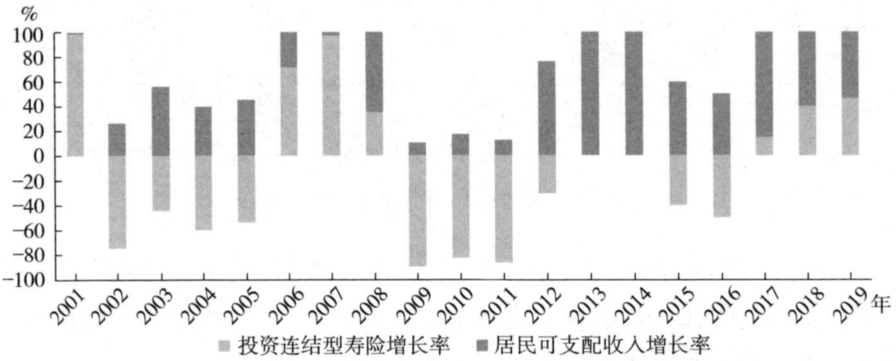

图 9-24　投资连结型寿险与居民可支配收入增长情况

图9-25给出了投连险保费、寿险保费在居民新增储蓄总额中的占比。投连险在新增储蓄总额中的占比先降后升，从2000年的0.35%上升到2007年的3.60%后又降低到2019年的0.005%；寿险在新增储蓄总额中的占比波动较大，2017年一度达到46.85%，这一方面说明了保险意识的提高，另一方面也说明了投资品种的局限性。

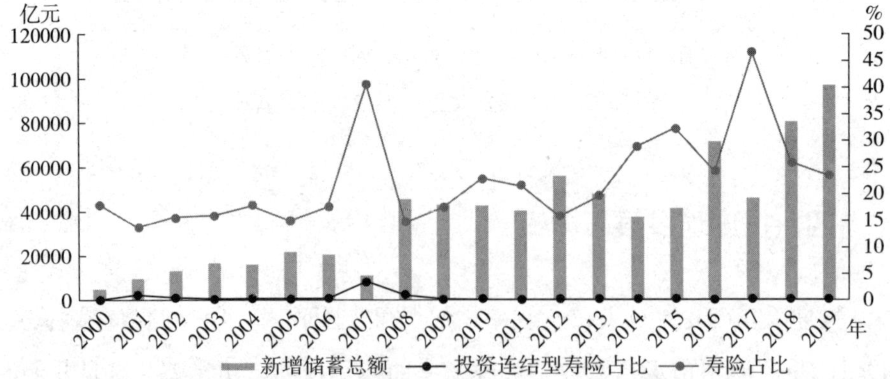

图 9-25　投资连结型寿险在居民新增储蓄总额中占比情况

通过图9–24、图9–25可以看出，我国投连险的发展起起伏伏，与居民可支配收入和新增储蓄总额等指标密切相关，但是总体来看，保险的配置比例还是具有一定的盲目性，波动较大，投连险还没有被消费者接受。

五、投连险思考

马明哲在回应“平安‘投连风波’始末”时指出，“投连险事件，是平安寿险发展史上最严重的一次危机，它给我们上了最深刻的一课，但只要我们能永远记住，它也是我们最为珍贵的一笔财富”。

可见，投连险让平安寿险很受伤。消费者对于基金甚至股票已经完全接受，可以说是全世界最好的股民（全世界最悲哀的股民、全世界最悲惨的股民……），但为什么不能接受投连险？

这可能是消费者对于“保险”二字的认知错误，认为“保险=保证”；如果真是这样，感觉还是清朝时中国对Insurance的翻译——“燕梳”更适合中国的国情，还更有诗意。

投连险两次风波，更深层次的原因还是不专业的销售人员向不适应的保险消费群体推销了客户不了解的产品，所以说市场主体的理性非常重要，当然也不排除消费者的“贪婪”和保险公司的“弱势”。

投资连结保险不提供保底收益，其投资风险由消费者承担，只适合具有理性及长期投资理念、有较高风险承受能力的中高端客户。向退休老人或即将退休的老人等销售投连险，显然高估了中国股市、基金、信托等投资者的“投资常识”。

投连险对保险公司的投资能力提出了更高的要求，每一次的风波都是因为股票市场的逆转导致投连险账户价值缩水引起的。

20年过去了，普通险、分红险、万能险的实际收益率都低于保险实际投资收益率，而投连险的实际投资收益率可以近似为保险实际投资收益率，这就是投连险的价值所在。

通过图9–26可以看出，保险公司的投连险实际投资收益率高于实际三年期存款利率，虽然在一些年份波动性较大，但是我们要明白一点，高收益一定是高风险。从长远来看，只有投连险才可能“跑赢”通货膨胀，这也是为什么在美国、加拿大等国家变额寿险（指数连结保险）等占比较高的原因所在。

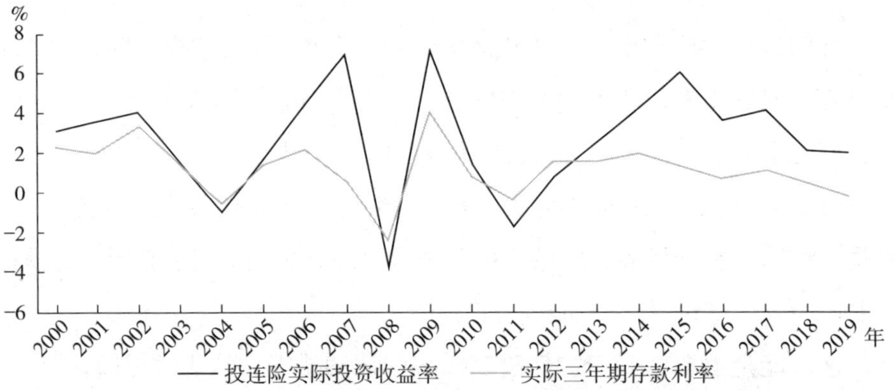

图 9–26　投连险实际投资收益率与实际三年期存款利率的对比

前面提到，2009年新会计准则实施后，投连险的保户投资款不再确认为保费收入，所以我们看到2010年后投连险保费急剧下降。2013年原中国保监会开始公布投连险的保护投资款，投连险保费（含保户投资款）的数据可以更直观地反映投连险的市场运营情况。

表9–6给出了包含保户投资款的投连险保费变化情况，可以看出2019年，投连险保费（含保户投资款）为380亿元，同比增长12.8%，在寿险公司保费中占比1.2%，可见投连险已经可以忽略不计。

表 9–6　2000—2019 年投资连结型寿险经营数据

年份	投资连结型寿险 / 亿元	保户投资款 / 亿元	投资连结型寿险（含保户投资款）/ 亿元	人身险占比（含保户投资款）/%	增长率（含保户投资款）/%
2000	17	—	17	2.0	—
2001	107	—	107	8.3	541.1

续表

年份	投资连结型寿险 / 亿元	保户投资款 / 亿元	投资连结型寿险（含保户投资款）/ 亿元	人身险占比（含保户投资款）/%	增长率（含保户投资款）/%
2002	69	—	69	3.3	–34.9
2003	64	—	64	2.4	–7.9
2004	53	—	53	1.9	–17.1
2005	46	—	46	1.4	–13.4
2006	60	—	60	1.7	30.5
2007	394	—	394	8.8	558.4
2008	425	—	425	6.4	7.9
2009	112	—	112	1.5	–73.6
2010	53	—	53	0.5	–52.8
2011	5	—	5	0.1	–91.4
2012	4	—	4	0.0	–3.9
2013	4	83	88	0.7	1907.5
2014	4	289	294	1.9	235.6
2015	4	678	682	3.2	132.1
2016	4	939	943	3.1	38.2
2017	4	470	474	1.7	–49.7
2018	4	333	337	1.2	–29.0
2019	4	376	380	1.2	12.8

2010年、2011年、2012年因没有公布保护投资款数据，表9–6中的数据可能存在一定异常，仅供参考。剔除这三年的影响，总体来看，我国投连险市场无法与美国、加拿大等市场相比。

投连险，一个“简单”的险种，简单到可以用“99%基金+1%保险”进行定义的产品，却风波不断，更不用说与国际接轨。

截至2018年12月31日，基金管理公司及其子公司、证券公司及其子公司、期货公司及其子公司、私募基金管理机构资产管理业务总规模约为50.36万亿元，其中，公募基金管理机构管理的公募基金规模为13.03万亿元，基金管理公司及其子公司私募资产管理业务规模为11.29万亿元，证券公司及其子公司私募资产管理业务规模为13.36万亿元，期货公司及其子公司私募资产管理业务规模约为1276亿元，私募基金管理机构资产管理规模为12.71万亿元。

投资连结保险，作为一个“基金+保险”的产品，在基金市场里没有“分得一杯羹”，却惹了“一身麻烦”，我们要从灵魂深处进行反思！

投连险，所有问题的症结就是我们把它想“简单”了，并且还“简单”地理解了“连结”二字的含义；笔者在《股票连结保险的定价、准备金评估和风险对冲》（2010年）一书中，认认真真地解读了“投连险”，一个最复杂的产品，复杂到我们所要思考的是整个金融风险，而不是简单的保险风险。

投连险如果从“99%基金+1%保险”去理解，简单的是“1%保险”，复杂的是“99%基金”。

投连险从国际经验来看显然没有被诅咒，被诅咒的是“我们”的不专业、非理性……面向未来，消费者需要投连险，保险行业需要投连险，我们不能因噎废食。

第十章
漫谈产品（八）

年金保险，所谓的养老保险

一、产品导读

2019年8月30日，为深化人身保险费率形成机制改革，中国银保监会发布《关于完善人身保险业责任准备金评估利率形成机制及调整责任准备金评估利率有关事项的通知》（银保监办发〔2019〕182号）。

182号文件影响最大的产品是年金保险，对2013年8月5日及以后签发的普通型养老年金或10年以上的普通型长期年金，将责任准备金评估利率上限由年复利4.025%和预定利率的小者调整为年复利3.5%和预定利率的小者，其他险种的评估利率要求维持不变。

182号文件到底会产生多大影响？182号文件发布时，监管部门做了一个简单测试，年金险存量为3.5万亿元，4.025%定价的存量准备金约为1.26万亿元，评估利率下调后对于法定准备金的影响是1200亿元。下面我们使用2019年的全年数据，对182号文件的影响重新进行评估。

图10-1给出了2001—2019年保险公司经营的年金保险业务及占比情况，使用的是银保监会公开数据，部分年份数据没有公开，笔者做了简单预测。其中，2008年数据根据2008年前三季度数据进行了预估；2009年数

据采用了2008年和2010年的平均值；2011年数据根据2012年个人年金增长率18%进行了预估。

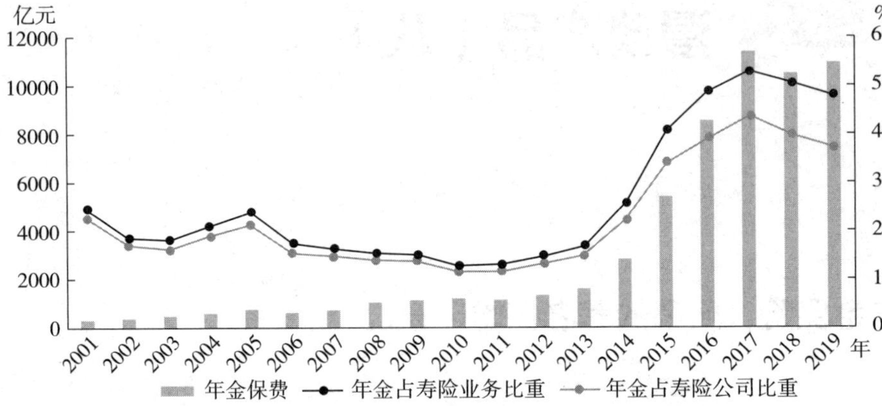

图 10-1　2001—2019 年保险公司年金业务保费收入及占比情况

中国银保监会资金部主任袁序成日前撰写的一篇文章指出，当前保险资金"长钱短配"问题突出。从资产负债管理来看，目前我国保险业平均负债久期为13.19年，资产久期为5.76年，缺口高达7.43年。

我们假设年金业务平均久期为13年，考虑2013年以后准备金评估利率的影响，我们假设2013年剩余年限为6年，2014年剩余年限为7年，以此类推。另外，我们不考虑死亡率、退保率等影响，只考虑评估利率的影响。

表10-1给出了182号文件对年金业务准备金的影响，预测模型假设年金给付比例为10%，年金退保比例为10%。关于这些假设的合理性，后面将通过年金的历年数据进行分析。

表 10-1　准备金评估利率调整影响金额　　单位：亿元

年份	寿险业务保费	寿险公司保费	年金保费	个人年金	团体年金	年金给付	年金退保	年金存量	年金增量	评估利率调整影响
2001	1289	1392	315	163	153	32	32	252	252	—
2002	2074	2246	382	147	234	38	38	557	305	—

续表

年份	寿险业务保费	寿险公司保费	年金保费	个人年金	团体年金	年金给付	年金退保	年金存量	年金增量	评估利率调整影响
2003	2669	2986	482	167	315	48	48	943	385	—
2004	2851	3194	600	182	418	60	60	1423	480	—
2005	3245	3644	778	183	595	78	78	2045	622	—
2006	3590	4059	626	237	389	63	63	2546	501	—
2007	4463	4947	730	339	391	73	73	3130	584	—
2008	6658	7338	1021	474	547	102	102	3947	817	—
2009	7457	8144	1118	682	436	112	112	4841	894	—
2010	9680	10501	1215	890	325	140	122	5794	953	—
2011	8696	9560	1118	1040	78	172	112	6628	834	—
2012	8908	9958	1319	1227	92	187	132	7628	1000	—
2013	9425	10741	1592	1533	59	281	118	8821	1192	37
2014	10902	12690	2822	2777	45	323	311	11008	2188	79
2015	13241	15859	5405	5368	37	507	611	15296	4287	177
2016	17442	21693	8510	8471	38	656	1648	21502	6206	289
2017	21455	26040	11351	11322	29	893	3509	28451	6949	361
2018	20723	26261	10476	10456	20	1227	3877	33823	5372	307
2019	22754	29628	10938	10917	21	1001	3036	40725	6902	432
合计	177523	210880	60797	56575	4223	5992	14080	40725	40725	1682

基于表10–1的数据和上面的假设，2019年末年金业务存量约为4.07万亿元，法定准备金需要补提准备金约为1682亿元。目前保险公司财务报告上的会计利润是基于会计准则准备金（俗称新准则准备金）计算的，这次调整的是法定责任准备金（俗称旧准则准备金，目前主要用于监管统计报数，比如年度《精算报告》）的评估利率，理论上对会计利润并无直接影响，但是这不是我们调整的初衷，所以实际上寿险公司利润下降1682亿元。

2019年底，寿险公司净利润总额为2429亿元，考虑到182号文件的影响，寿险公司实际净利润锐减到747亿元左右，名义净利润没有变化。

我们暂且不考虑对未来寿险市场的其他影响，仅净利润一项的调整，将导致部分寿险公司偿付能力急剧下降，业务发展能力受限。

二、年金保险概述

年金保险是指按照保险合同约定，以生存为给付保险金条件，按约定分期给付生存保险金，且分期给付生存保险金的间隔不超过一年（含一年）的人寿保险。年金保险因其在保险金的给付上大多采用每年定期支付的形式而得名，实际操作中年金保险还有每季度给付、每月给付等多种形式。

常见的年金保险有养老年金保险（商业养老保险）和教育年金保险等。养老年金保险可以为被保险人提供老年生活所需的资金，教育年金保险则可以为子女教育提供必要的经费支持。

三、年金保险数据

2008年之后，按照新会计准则万能险的保户投资款、投连险的保户储金不再确认为保费收入，保险公司为了维持“账面”保费收入，纷纷进军年金保险市场，2013年之后进入高速增长期。

2017年《关于规范人身保险公司产品开发设计行为的通知》（保监发〔134〕号）要求，“两全保险产品、年金保险产品，首次生存保险金给付应在保单生效满5年之后，且每年给付或部分领取比例不得超过已交保险费的20%”。这直接导致大批不符合规定的年金产品停售，同时年金保费收入开始下降。

表10–2、表10–3给出了2013—2019年的年金业务保费及增长数据，可

以看出，年金保险基本延续了上述政策调整的规律。

表 10-2　2013—2019 年年金业务保费收入情况

资本结构	业务类型	2019 年	2018 年	2017 年	2016 年	2015 年	2014 年	2013 年
行业	年金业务 / 亿元	10938	10476	11351	8510	5405	2822	1592
	寿险业务 / 亿元	22754	20723	21455	17442	13241	10902	9425
	寿险公司 / 亿元	29628	26261	26040	21693	15859	12690	10741
	寿险业务占比 /%	48	51	53	49	41	26	17
	寿险公司占比 /%	37	40	44	39	34	22	15
中资	年金业务 / 亿元	10221	9927	10623	8140	5197	2693	1486
	寿险业务 / 亿元	20647	19145	19921	16327	12448	10313	8943
	寿险公司 / 亿元	26824	24134	24106	20305	14868	11956	10144
	寿险业务占比 /%	50	52	53	50	42	26	17
	寿险公司占比 /%	38	41	44	40	35	23	15
	中资年金占比 /%	93	95	94	96	96	95	93
外资	年金业务 / 亿元	717	549	728	369	208	128	106
	寿险业务 / 亿元	2107	1578	1534	1115	793	589	482
	寿险公司 / 亿元	2805	2127	1934	1388	991	734	597
	寿险业务占比 /%	34	35	47	33	26	22	22
	寿险公司占比 /%	26	26	38	27	21	17	18
	外资年金占比 /%	7	5	6	4	4	5	7

表 10-3　2013—2019 年年金业务保费增长情况　%

资本结构	业务类型	2019 年	2018 年	2017 年	2016 年	2015 年	2014 年	2013 年
行业	年金业务	4	−8	33	57	92	77	—
	寿险业务	10	−3	23	32	21	16	—
	寿险公司	13	1	20	37	25	18	—
	寿险业务占比	−5	−4	8	20	58	53	—
	寿险公司占比	−7	−8	11	15	53	50	—

续表

资本结构	业务类型	2019年	2018年	2017年	2016年	2015年	2014年	2013年
中资	年金业务	3	–7	30	57	93	81	—
	寿险业务	8	–4	22	31	21	15	—
	寿险公司	11	0	19	37	24	18	—
	寿险业务占比	–5	–3	7	19	60	57	—
	寿险公司占比	–7	–7	10	15	55	54	—
	中资年金占比	–1	1	–2	–1	1	2	—
外资	年金业务	31	–25	97	77	62	21	—
	寿险业务	34	3	38	41	35	22	—
	寿险公司	32	10	39	40	35	23	—
	寿险业务占比	–2	–27	43	26	20	–1	—
	寿险公司占比	–1	–31	42	27	20	–2	—
	外资年金占比	25	–18	48	13	–15	–32	—

图10–2给出了2013—2019年年金保费收入在寿险业务以及寿险公司保费收入中的占比情况，总体来看，2017年占比达到最高值，最近两年略有下降，但仍然维持在50%左右。可见，年金业务已经成为寿险公司的主打业务。

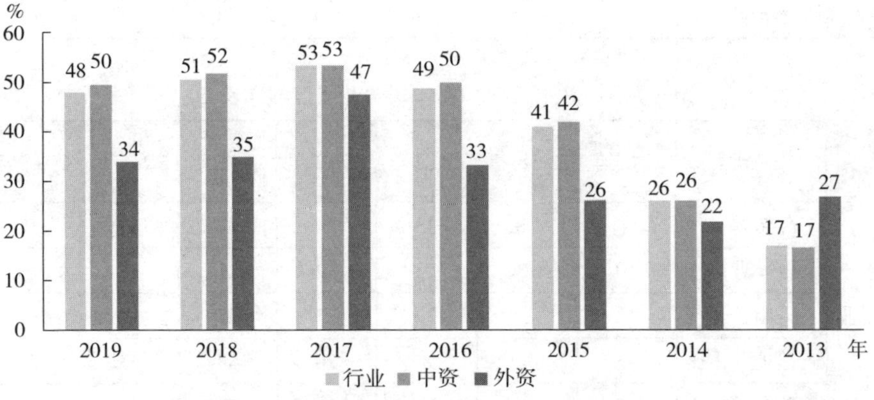

图 10–2　2013—2019 年寿险业务中年金占比情况

四、年金业务类型

（一）年金业务类型

表10–4给出了2013—2019年年金业务保险收入个人和团体情况，可以看出团体年金业务占比逐年下降。从整个行业来看，2019年占比已经不足1%。因此，本节分析不再区分个人业务和团体业务。

表 10–4　2013—2019 年年金业务保险收入个人和团体情况

资本结构	业务类型	缴费类型	2019 年	2018 年	2017 年	2016 年	2015 年	2014 年	2013 年
行业	年金小计 / 亿元		10938	10476	11351	8510	5405	2822	1592
	个人业务	保费收入 / 亿元	10917	10456	11322	8471	5368	2777	1533
		保费占比 /%	99.8	99.8	99.7	99.5	99.3	98.4	96.3
	团体业务	保费收入 / 亿元	20.90	19.88	29.13	38.36	37.28	44.67	59.25
		保费占比 /%	0.2	0.2	0.3	0.5	0.7	1.6	3.7
中资	年金小计 / 亿元		10221	9927	10623	8140	5197	2693	1486
	个人业务	保费收入 / 亿元	10212	9919	10603	8114	5174	2651	1441
		保费占比 /%	99.9	99.9	99.8	99.7	99.6	98.4	97.0
	团体业务	保费收入 / 亿元	10	8	20	26	23	42	45
		保费占比 /%	0.1	0.1	0.2	0.3	0.4	1.6	3.0
外资	年金小计 / 亿元		717	549	728	369	208	128	106
	个人业务	保费收入 / 亿元	706	538	719	357	194	126	92
		保费占比 /%	98.4	97.9	98.7	96.7	93.1	98.0	86.3
	团体业务	保费收入 / 亿元	11	11	10	12	14	3	15
		保费占比 /%	1.6	2.1	1.3	3.3	6.9	2.0	13.7

表10–5给出了2013—2019年年金业务保险收入缴费类型情况，可以看出新单占比逐年下降。从整个行业来看，2019年新单占比为32%，已经回归到2013年的水平。

表 10-5　2013—2019 年年金业务保险收入缴费类型情况

资本结构	业务类型	缴费类型	2019 年	2018 年	2017 年	2016 年	2015 年	2014 年	2013 年
行业	年金小计 / 亿元		10938	10476	11351	8510	5405	2822	1592
	新单占比 /%		32	40	70	76	75	60	33
	续期占比 /%		68	60	30	24	25	40	67
	新单保费	小计 / 亿元	3520	4192	7964	6481	4075	1702	529
		期缴 / 亿元	3188	2808	3554	1719	956	446	245
		趸交 / 亿元	331	1384	4410	4762	3119	1256	285
	续期保费 / 亿元		7418	6285	3387	2029	1330	1120	1063
中资	年金小计 / 亿元		10221	9927	10623	8140	5197	2693	1486
	新单占比 /%		31	40	70	76	76	61	33
	续期占比 /%		69	60	30	24	24	39	67
	新单保费	小计 / 亿元	3192	3931	7391	6219	3955	1650	485
		期缴 / 亿元	2979	2646	3376	1644	922	423	221
		趸交 / 亿元	213	1285	4015	4575	3033	1227	264
	续期保费 / 亿元		7029	5996	3232	1921	1242	1043	1001
外资	年金小计 / 亿元		717	549	728	369	208	128	106
	新单占比 /%		46	47	79	71	58	41	42
	续期占比 /%		54	53	21	29	42	59	58
	新单保费	小计 / 亿元	328	261	573	262	120	52	44
		期缴 / 亿元	209	162	178	75	34	23	24
		趸交 / 亿元	119	98	395	187	86	29	20
	续期保费 / 亿元		389	288	155	107	88	76	62

（二）年金给付及退保

表10-6给出了2013—2019年年金业务给付率情况，年金给付率平均每年在10%左右。

表 10-6　2013—2019 年年金业务给付率情况　%

资本结构	业务类型	2019 年	2018 年	2017 年	2016 年	2015 年	2014 年	2013 年
行业	年金业务	9.1	11.7	7.9	7.7	9.4	11.4	17.7
	寿险业务	19.8	23.8	23.1	28.1	28.4	26.3	25.1
	寿险公司	19.2	22.4	21.9	25.4	26.7	25.6	24.7
中资	年金业务	9.3	11.8	7.9	7.7	9.3	11.2	17.6
	寿险业务	20.4	24.5	23.9	29.1	28.9	26.8	25.7
	寿险公司	19.8	23.2	22.7	26.2	27.2	26.0	25.3
外资	年金业务	7.1	9.2	7.0	7.4	10.9	16.2	18.1
	寿险业务	14.0	14.7	11.8	12.2	19.8	18.3	12.3
	寿险公司	13.6	13.9	11.9	12.7	19.3	18.6	14.3

表10-7给出了2013—2019年年金业务退保率情况，年金退保率逐年上升，最近几年维持在30%左右。

表 10-7　2013—2019 年年金业务退保率情况　%

资本结构	业务类型	2019 年	2018 年	2017 年	2016 年	2015 年	2014 年	2013 年
行业	年金业务	27.75	37.01	30.91	19.37	11.30	11.03	7.44
	寿险业务	24.26	32.49	27.41	24.72	28.84	29.26	19.97
	寿险公司	19.72	27.46	23.49	20.55	25.02	25.52	17.75
中资	年金业务	28.97	36.68	32.13	19.73	11.57	11.34	7.74
	寿险业务	25.46	32.36	28.00	25.50	29.83	30.25	20.41
	寿险公司	20.76	27.63	24.11	21.22	25.97	26.49	18.23
外资	年金业务	10.39	42.99	13.16	11.32	4.53	4.57	3.28
	寿险业务	12.54	34.06	19.82	13.22	13.29	12.00	11.68
	寿险公司	9.72	25.50	15.89	10.77	10.82	9.82	9.60

表10-8给出了2013—2019年年金业务给付率与退保率情况，这直接影响了寿险公司的现金流。

表 10-8　2013—2019 年年金业务给付率与退保率情况　%

资本结构	业务类型	2019 年	2018 年	2017 年	2016 年	2015 年	2014 年	2013 年
行业	年金业务	36.90	48.72	38.78	27.07	20.68	22.47	25.11
	寿险业务	44.08	56.29	50.49	52.78	57.24	55.58	45.03
	寿险公司	38.93	49.87	45.38	45.92	51.72	51.11	42.48
中资	年金业务	38.26	48.53	40.06	27.45	20.89	22.55	25.38
	寿险业务	45.87	56.91	51.94	54.65	58.78	57.02	46.16
	寿险公司	40.56	50.79	46.79	47.46	53.16	52.51	43.57
外资	年金业务	17.54	52.16	20.15	18.69	15.43	20.78	21.40
	寿险业务	26.58	48.73	31.66	25.42	33.10	30.30	23.95
	寿险公司	23.36	39.38	27.79	23.45	30.10	28.45	23.90

基于表10-6、表10-7、表10-8的数据，我们预计了表10-1中的假设，其中年金业务给付率假设为10%，退保率假设为10%。

五、年金保险思考

目前，我国养老保障体系主要有三大支柱：基本养老保险和养老储备基金（国家层面）、企业年金和职业年金（企业层面）、商业养老保险（个人层面）。

人社部公布数据显示，2019年，基本养老保险基金总收入为37830亿元，总支出为34631亿元，当期结余为3199亿元，累计结余为50869亿元。

全国社保基金理事会公布数据显示，2019年末，全国社保基金资产总额共2.6万亿元，累计投资收益额共1.25万亿元，年均投资率为8.15%。在中国的养老金储备中，基本养老保险基金和养老储备基金占比为83%，以企业年金和职业年金为主的第二支柱和由个人储蓄型商业养老保险构成的第三支柱仅占17%。

综上，2019年末，中国养老保障体系资产情况如下：第一支柱国家基本养老保险和养老储备基金，其存量资产约为7.69万亿元，占比78.90%；第二支柱由企业年金和职业年金构成，存量约为1.58万亿元，占比16.18%；第三支柱个人商业养老金，其存量资产约为0.5万亿元，占比5.12%。

2019年末，中国养老保障体系资产余额约为9.77万亿元，占2019年GDP总量的10%。与经济合作与发展组织（OECD）50%左右的占比相比，中国养老保障体系资产占比差距较大。预计到2025年，如果个人商业养老保险存量达到6万亿元，其将成为中国养老保障体系的重要组成部分，其中在中国养老保障体系"三支柱"中的作用将超过由企业年金和职业年金组成的"第二支柱"。为此，国家接连发文推动商业养老保险的发展。

2017年7月4日，国务院办公厅印发《关于加快发展商业养老保险的若干意见》（以下简称《若干意见》），进一步加速推动商业养老保险进程。

2020年1月23日，经国务院同意，中国银保监会联合发展改革委、财政部、人力资源和社会保障部、卫生健康委、医保局等13部门印发了《关于促进社会服务领域商业保险发展的意见》（以下简称《意见》）。

《若干意见》明确，我国将从四个方面推动养老保险发展：创新商业养老保险产品和服务、鼓励商业保险机构投资养老服务产业、发挥商业养老保险资金长期投资优势、提升管理服务水平。到2020年，基本建立运营安全稳健、产品形态多样、服务领域较广、专业能力较强、持续适度盈利、经营诚信规范的商业养老保险体系。

《意见》提出加快发展商业养老保险，强化商业养老保险保障功能。大力发展商业养老年金保险，推动商业保险机构加快开发投保简便、交费灵活、收益稳健的个人账户式商业养老保险产品；支持商业保险机构发展与养老服务相衔接的保险产品；完善个人税收递延型商业养老保险试点政策。在安全审慎的基础上，拓宽商业养老保险资金投资范围和运用方式，实现长期保值增值。

《若干意见》确定的目标尚未完成，《意见》又提出了新的目标。

2020年已经来临，显然商业养老保险（年金保险）已经走向了一条不同的道路，此时银保监会印发182号文件，却没有令商业养老保险回归正途。因此，年金保险的改革已经迫在眉睫，并且这场改革需要“新范式”。

寿险布局7×91棋盘，如何落子

一、产品导读

人身保险是以人的寿命和身体为保险标的的保险。其基本内容是投保人与保险人通过订立保险合同确立双方的权利和义务，投保人向保险人支付保险费，在保险期限内，当被保险人发生死亡、残疾、疾病、年老等保险事故或生存到保险合同约定的年龄或期限时，由保险人向被保险人或受益人给付保险金。

随着保险业的不断创新与发展，人身保险产品呈现体系内部融合、行业之间渗透的趋势。人身保险产品通常可以按照保险责任、设计类型、投保方式、产品功能、销售渠道、缴费方式等几种维度进行分类。这就是人身保险，寿险公司所面对的是一个庞大的、复杂的产品系统，如果按照保险责任、设计类型、投保方式、产品功能、销售渠道、缴费方式等逐步展开，将是一个六维空间，甚至十维空间。

本书从保险责任、设计类型两个维度进行了分析，给出了自己的一点看法。有时难免偏颇，有时难免草率，这仅代表个人的一点拙见，就当一个“引子”吧。

（1）寿险，寿险公司的主战场。

（2）健康险，寿险公司的新战场。

（3）意外险，寿险公司的后战场。

（4）普通型寿险，存在即合理？

（5）分红型寿险，谜一样的存在。

（6）万能型寿险，躲过一劫。

（7）投资连结型寿险，从两次风波说起。

（8）年金保险，所谓的养老保险。

寿险3大险种（年金属于寿险）、4大设计类型，20年的发展已经结尾，摆在我们面前的是一道崭新的课题：91家寿险公司如何在一个已成定式的棋盘上布局，并且是在一个7×91的棋盘上精准落子。

我们从这些分析中看懂了一些数据，读懂了一些故事，此时，你心中的棋盘是否已经布局完？是否已经准备落子？

二、寿险概述

（1）风险：人身保险的保险责任包括生、老、病、死、伤、残等各个方面，即人们在日常生活中可能遭受的意外伤害、疾病、衰老、死亡等各种不幸事故。人身保险的给付条件是当被保险人遭受保险责任范围内的保险事故，由保险人依据保险合同向被保险人或其受益人给付保险金。

（2）产品：人身保险所承保的责任涵盖了人生中与人的身体和寿命相关的各种风险，大到人的生死存亡，小到人的疾病伤害。事实上，人的死亡概率、疾病率、伤残率等都是可以测度的，可以通过大量的观察发现其规律性，这就是人身保险经营中至关重要的大数法则。人身保险公司也正是通过科学地运用这一原理设计出各种各样的人身保险产品以满足不同人群的保险保障需要。

三、寿险数据

表10–9给出了2000—2019年寿险保费收入及赔款支出情况，包括寿险（寿险指寿险公司，下同）3险种（人寿保险、健康险、意外险）保费合计、实际保费收入、3险种赔款合计、实际赔款支出、保费差异率、赔款差异率；差异率=（合计值–实际值）/实际值。

图10–3可以更直观地看出保费收入和赔款支出差异情况。

表 10–9　2000—2019 年寿险保费收入及赔款支出情况

年份	3 险种保费合计 / 亿元	实际保费收入 / 亿元	3 险种赔款合计 / 亿元	实际赔款支出 / 亿元	保费差异率 /%	赔款差异率 /%
2000	958	957	212	212	0.1	0
2001	1392	1392	242	242	0	0
2002	2246	2246	287	287	0	0
2003	2986	2986	354	354	0	0
2004	3194	3194	424	424	0	0
2005	3644	3645	421	421	0	0
2006	4059	4059	620	620	0	0
2007	4947	4947	1201	1233	0	–2.6
2008	7338	7338	1496	1496	0	0
2009	8144	8144	1487	1487	0	0
2010	10501	10501	1385	1385	0	0
2011	9560	9721	1690	1680	–1.7	0.6
2012	9958	10157	1819	1819	–2.0	0
2013	10741	11010	2656	2656	–2.4	0
2014	12690	12690	3248	3248	0	0
2015	15859	15859	4234	4234	0	0
2016	21693	21693	5505	5505	0	0
2017	26040	26040	5699	5699	0	0
2018	26261	26261	5886	5886	0	0
2019	29628	29628	5615	5615	0	0

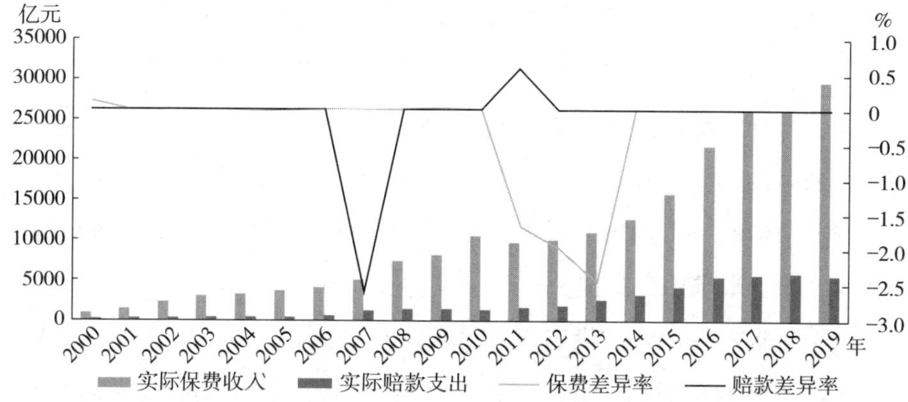

图 10-3　2000—2019 年寿险保费收入和赔款支出情况

从赔款角度来看，只有2007年出现了偏差，可能是因寿险和产险意健险经营数据差错造成的。

从保费收入角度来看，2010年、2011年、2012年3险种合计数据分别小于实际数据（原银保监会公布的数据）161亿元、199亿元、269亿元。

笔者查阅了这三年的相关数据，发现原银保监会公布的数据包含万能险和投连险的保户投资款，即虽然从2010年保户投资款不再确认为保费收入，但在统计时仍把这部分确认为保费收入。

另外，这三年投连险占比较少，如没有更多数据支持，可把161亿元、199亿元、269亿元分别作为2010年、2011年、2012年万能险的保户投资款。

整体来看，所有年份数据差异都在误差允许范围之内，可用于分析研究；2010年、2011年、2012年的保费数据虽然偏差有点大，但未改变数据的整体趋势，所以不影响前面给出的分析结果。

四、寿险发展

对于寿险的发展，本书还是从风险的角度入手，这样便于各家寿险公司对号入座：

（1）传统风险。主要包括市场风险、保险风险、声誉风险等。对于保险风险，因为有行业公布的死亡率表、疾病发生率表等基础数据支持，所以各家公司尚未因保险风险造成经营成果的巨大波动。对于市场风险，主要是普通险的利率风险，1999年之前因预定利率较高，所有公司都陷入了“利差损”风险。对于声誉风险，主要是寿险销售误导致使消费者对保险的排斥，行业形象因此受损。

（2）激进经营风险。投连险两次风波、万能险“举牌风波”等，无不是因为激进的业务策略造成的；再有就是个别公司经营成果犹如过山车，大多是因为激进的投资策略造成的。总体来看，对于寿险这个百年大业，一个比一个激进的公司比比皆是，不再一一点评。

（3）宏观环境变动风险。2000—2019年，中国经济经历了三个大的阶段：2000—2007年，需求拉动下的经济强力扩张；2008—2013年，危机后内生增长动能的逐渐衰减；2014年至今，产能和债务压力下增长的全面放缓。

同期，中国保险业也经历了几个发展阶段：1996年以前（“老三家”时代）、1996年前后（泰康、新华等入场）、2000年前后（外资入场）、2006年前后（民营企业入场）、2013年前后（地方法人机构和地产商入场）。

显然，如果寿险公司成立后，没有认清宏观环境变动风险，相信这些公司已经病入膏肓；这样的公司更是比比皆是，也不再一一点评。

（4）行业传递风险。随着经济全球化、信息化和金融业综合经营发展，保险公司与银行、证券、基金等领域的交叉有所增多，一些互联网理财和P2P平台委托保险代理人销售非保险产品，跨市场、跨区域、跨行业传递风险开始显现。

最近这几年发生的保险代理人（例如，平安寿险）销售P2P、私募产品而导致消费者血本无归的案例比比皆是，为此保险监管部门多次叫停这种行为。相信在2020年，会有更多的公司因一时蝇头小利或内外勾结而自食恶果。

3大险种，4大设计类型，91家公司，20年的市场变迁，所暴露的问题无非上述四大风险，发展不能以风险为代价；保险公司是经营风险的，如果连自己的风险都应对不好，谈何管理消费者的风险。

另外，消费者只关心自己的风险是否得到了保障，而不会关心你发展得好不好，你经营不好，消费者会毫不犹豫地选择经营好的。

五、寿险思考

前面提到，寿险可以按照保险责任、设计类型、投保方式、产品功能、销售渠道、缴费方式等逐步展开，我们先回顾一下这些不同维度的数据。

图10-4给出了按照保险责任分类，寿险、健康险、意外险3大险种保费收入占比情况。

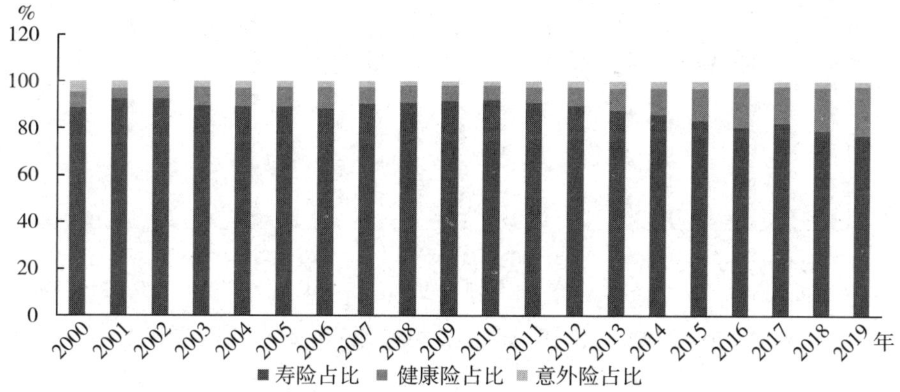

图 10-4　2000—2019 年寿险公司保费分布情况（保险责任）

图10-5给出了按照产品设计类型分类，普通险、分红险、万能险、投连险4大类型保费收入占比情况。

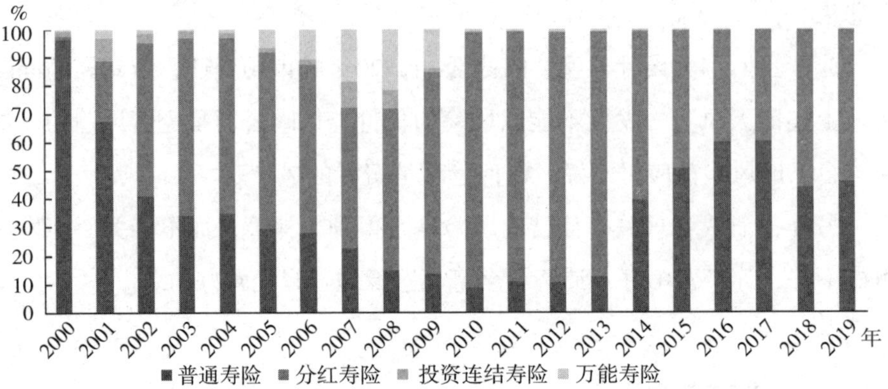

图 10-5　2000—2019 年寿险公司保费分布情况（设计类型）

图10-6给出了按照销售渠道类型分类，公司直销、个人代理、保险专业代理、银邮代理、其他兼业代理、保险经纪业务6大渠道保费收入占比情况。

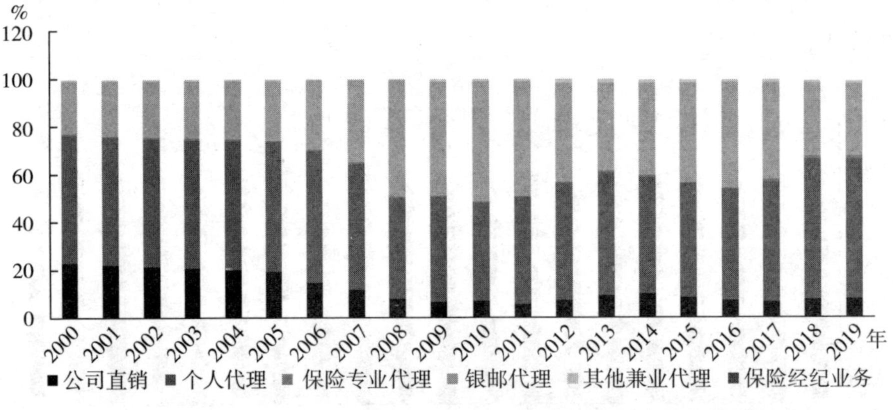

图 10-6　2000—2019 年寿险公司保费分布情况（销售渠道）

图10-7给出了按照缴费方式分类，新单（新单趸交、新单期缴）、续期两大类型保费收入占比情况。

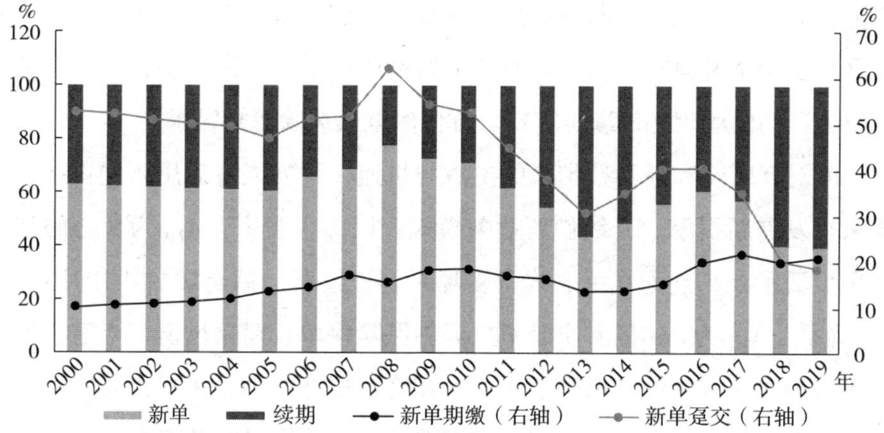

图 10-7　2000—2019 年寿险公司保费分布情况（缴费方式）

对于投保方式（个单、团单），目前寿险团单保费占比已经连续多年不足1%，并且在逐年下降，2019年团单占比仅为0.28%。可以看出，这种分类方式已经没有意义，未来的产品设计、监管制度可以考虑淡化这二者的区别。

对于产品功能（风险保障型产品和长期储蓄型产品），这个分类方式比较模糊，虽然我们一直在谈“保险姓保”“回归保障”等概念，但是却无法用风险保障型产品和长期储蓄型产品进行笼统的分类。

寿险，3大险种，4大类型，6大渠道，4种缴费，2种投保，这是一个3×4×6×4×2的矩阵，通过这个矩阵，思考寿险未来的发展，这是91家寿险公司不得不面对的问题。

在进入正题之前，我们先看一段平安寿险的介绍（当然笔者仍然坚持学谁别学平安）：

平安人寿秉承“保险姓保”理念，聚焦“产品+”战略，延伸寿险产品边界。2017年对主力保障型产品“平安福”进行优化升级，提升保障额度；细分客群，开发具有癌症多次给付、长期残疾护理、高端终身寿险等保障功能的产品，构建多元化保障供给体系；依托集团资源推出就医360

服务，为客户提供“诊断—治疗—康复”全流程解决方案和服务支持，并结合平安RUN健康行项目，打造“上游健康预防，中游经济补偿，下游医疗服务”的健康闭环，满足客户全方位的健康风险管理需求。

面对互联网和新科技带来的挑战与机遇，平安人寿运用领先科技，打造未来发展新引擎，升级创新业务模式。以“金管家”App为核心的移动金融生活平台，连通线上、线下多场景客户经营。截至2017年12月31日，“金管家”App为1.36亿名注册用户提供保险保单、财富增值、丰富活动和健康管理等全方位的金融生活服务。在客户服务方面，平安人寿以科技创造极致客户体验。业内首创“智慧客服”，依托集团海量客户数据和AI技术，构建业务甄别、风险定位、在线自助、空中门店四大能力，大幅提升保全、理赔、核保的服务时效。70%的理赔客户可以实现30分钟内赔付，96%的投保可以实时承保。推出两个月后，“智慧客服”累计受理空中业务超2.8万件，日均受理约为400件，最快用时为3分钟。

从上述几段话中，我们可以读出多少信息量，如果你告诉我，没看懂，如果你还正好是管理者……算了，还是没有如果吧。

“未来已来”到底有多难？寿险公司，面对行业发展各唱各调，却寄希望监管部门通过行政命令推动行业变革；面对保险产品的供需矛盾，却寄希望社会来唤醒消费者的保险意识；面对公司内部改革，永远争辩的是权责划分，认为内部权责都要精准有效界定，这不正是现在政府正在突破的难题吗？

“力不从心”的症结何在？寿险公司，一直在思考到底是负债主导还是资产主导，一直在和自己较劲，如果这样，一定会是这样的结果：思想障碍难消除、运行机制难构建、利益藩篱难打破。

“零敲碎打”的局怎么破？寿险公司，面对3×4×6×4×2×91的棋盘，要认真思考自己的生死问题，做到布局有序，落子有声；要通过顶层设计、上下联动，完善向死而生的目标机制。

寿险市场变迁20年，91家寿险公司，3大险种，4大类型，6大渠道，4种缴费，2种投保，家家有本难念的经。

至此，“漫谈保险”完成了产险、寿险的产品分析，数据汇总如表10-10所示。关于“漫谈保险”更多内容，可关注笔者的公众号“小城不小”。

表 10-10　2000—2019 年保险行业数据汇总　　单位：亿元

年份	寿险公司		产险公司		行业		差异(产寿-行业)	
	保费	赔付	保费	赔付	保费	赔付	保费	赔付
2000	958	212	637	324	1600	534	-4.68	2.08
2001	1392	242	717	349	2112	589	-3.24	1.92
2002	2246	287	807	422	3054	707	-1.51	2.19
2003	2986	354	894	487	3880	841	-0.41	-0.31
2004	3194	424	1125	584	4318	1004	0.04	3.47
2005	3644	421	1281	693	4928	1133	-3.38	-18.32
2006	4059	620	1580	845	5640	1465	-0.74	0.39
2007	4947	1233	2086	1067	7033	2300	-0.42	0.49
2008	7338	1496	2446	1475	9784	2971	—	-0.16
2009	8144	1487	2993	1638	11137	3125	—	0.70
2010	10501	1385	4027	1815	14528	3200	-0.01	0.40
2011	9560	1680	4779	2249	14339	3929	0.05	0.44
2012	9958	1819	5530	2897	15488	4716	—	-0.01
2013	10741	2656	6481	3556	17222	6212	-0.15	—
2014	12690	3248	7544	3968	20235	7216	0.00	—
2015	15859	4234	8423	4448	24283	8682	-0.13	—
2016	21693	5505	9266	5042	30959	10547	-0.12	—
2017	26040	5699	10541	5497	36581	11197	-0.08	—
2018	26261	5886	11756	6455	38017	12341	-0.06	—
2019	29628	5615	13016	7279	42645	12894	—	—

参考文献

一、参考的相关书籍

[1] 陈辉. 金融科技：框架与实践[M]. 北京：中国经济出版社，2018.

[2] 陈辉. 监管科技：框架与实践[M]. 北京：中国经济出版社，2019.

[3] 陈辉. 相互保险：开启保险新方式[M]. 北京：中国经济出版社，2017.

[4] 陈辉. 相互保险：定义保险新方式[M]. 北京：中国经济出版社，2018.

[5] 陈辉. 相互保险：创新保险新方式[M]. 北京：中国经济出版社，2018.

[6] 陈辉. 相互保险：开创保险新未来[M]. 北京：中国经济出版社，2019.

[7] 陈辉. 相互保险：理论与实务教程[M]. 北京：中国经济出版社，2019.

[8] 陈辉. 小数据之美：精准捕捉未来的商业小趋势[M]. 北京：中信出版社，2019.

[9] 陈辉. 股票连接保险的定价、准备金评估和风险对冲研究[M]. 北京：中国财政经济出版社，2011.

[10] 张宁，陈辉，赵亮. 中国金融科技创新发展指数报告（2018）[M]. 北京：财经科学出版社，2019.

[11] 寇业富，张宁，陈辉，等. 中国保险公司竞争力评价研究报告（2011）[M]. 北京：中国文史出版社，2011.

[12] 寇业富，陈辉，张宁，等. 中国保险公司竞争力评价研究报告

（2012）[M]. 北京：中国文史出版社，2012.

［13］寇业富，陈辉，张宁，等. 中国保险公司竞争力评价研究报告（2013）[M]. 北京：中国财政经济出版社，2013.

［14］寇业富，陈辉，张宁，等. 中国保险公司竞争力评价研究报告（2014）[M]. 北京：中国财政经济出版社，2014.

［15］寇业富，陈辉，张宁，等. 中国保险公司竞争力评价研究报告（2015）[M]. 北京：中国财政经济出版社，2015.

［16］寇业富，陈辉，张宁，等. 中国保险公司竞争力评价研究报告（2016）[M]. 北京：中国财政经济出版社，2016.

［17］寇业富，陈辉，张宁，等. 中国保险公司竞争力评价研究报告（2017）[M]. 北京：中国财政经济出版社，2017.

［18］寇业富，陈辉，张宁，等. 中国保险公司竞争力评价研究报告（2018）[M]. 北京：中国财政经济出版社，2018.

［19］寇业富，陈辉，张宁，等. 中国保险公司竞争力评价研究报告（2019）[M]. 北京：中国经济出版社，2019.

［20］寇业富，陈辉，张宁，等. 中国保险市场发展分析蓝皮书（2016）[M]. 北京：中国经济出版社，2016.

［21］寇业富，陈辉，张宁，等. 中国保险市场发展分析蓝皮书（2017）[M]. 北京：中国经济出版社，2017.

［22］寇业富，陈辉，等. 中国保险市场发展分析蓝皮书（2018）[M]. 北京：中国财政经济出版社，2018.

［23］寇业富，陈辉，等. 中国保险市场发展分析蓝皮书（2019）[M]. 北京：中国财政经济出版社，2019.

［24］张宁，林锦添，陈辉. 每个人都可以成为精算师——新非寿险精算实务[M]. 北京：财经科学出版社，2020（4）.

［25］陈辉，李晓林. 寿险公司价值评估研究[M]. 北京：中国财政经济

出版社，2017.

［26］奚玉莉，杨芮，陈辉，等. 互联网保险新模式[M]. 北京：中信出版社，2016.

［27］陈辉. 人身保险产品研究——机理、发展与监管[M]. 北京：中国财政经济出版社，2010.

［28］李晓林，寇业富，陈辉，等. 保险学词典[M]. 上海：上海财经大学出版社，2010.

二、参考的其他相关资料

［1］小城不小公众号，Small Is The New Big.

［2］央财国际研究院网站，http://www.yangcai.org.

［3］中国精算科技实验室数据库，http://www.ciaslab.com.

［4］中国人民银行网站，http://www.pbc.gov.cn.

［5］中国银行保险监督管理委员会网站，http://www.cbrc.gov.cn.

［6］国家统计局网站，http://www.stats.gov.cn.

［7］百度百科，http://baike.baidu.com.

［8］维基百科，http://zh.wikipedia.org.

［9］国家数据，http://www. data.stats.gov.cn.

［10］国际研究数据库，http://www.lexis.com.

［11］国际保险监督官协会，http://www.iaisweb.org.

［12］百度、谷歌等网站以及微信公众号发表的一些文献，不再详述。